JN335699

ially
TPP交渉の論点と日本
―国益をめぐる攻防―

石川幸一・馬田啓一・渡邊頼純 編著

文眞堂

はしがき

　年内妥結かそれとも漂流か。TPP（環太平洋経済連携協定）交渉が正念場を迎えている。TPP 交渉参加 12 カ国は昨年末の妥結を目指したが，関税撤廃や知的財産権，国有企業規律などセンシティブな問題をめぐる対立が解消されず越年となった。日米の関税協議が膠着し，交渉全体のブレーキとなるなか，4月の日米首脳会談が一つのヤマ場とされた。だが，共同声明では，日米協議の成果について「前進する道筋を特定した」と記すにとどまり，「大筋合意」の文言は盛り込まれなかった。

　TPP 交渉の先行きは依然として不透明である。5 月の APEC 貿易相会合（中国・青島）に合わせて TPP 閣僚会合がシンガポールで開催されたが，「交渉の進捗状況を確認する」会議に終わり，大筋合意はまたも先送りされた。11 月の米議会中間選挙の影響で，実質的な協議は一段と難しくなった。7 月に首席交渉官会合の開催が予定されているが，今夏の大筋合意を逃せば，TPP 交渉が再び本格化できるのは中間選挙後になる。交渉妥結は 2015 年以降にずれ込む可能性も出てきた。交渉参加国の間の溝が埋まらずに，TPP 交渉は漂流してしまうのだろうか。

　秘密主義を貫く TPP 交渉においてどのような議論が行われているのか，一部の交渉関係者を除き，その内実を知ることは容易ではない。とりわけ関税撤廃，知的財産権，国有企業規律，投資（ISDS 条項），環境など，難航している交渉分野の具体的な争点に関心が集まっている。難しいガラス細工のような交渉だが，合意への道筋をどう付けようとしているのか。本書では，目下焦眉の TPP 交渉の意義と背景を明らかにするとともに，主要な交渉分野について可能な限り TPP 交渉の争点を浮き彫りにしようと試みた。3 部 16 章から構成される本書の内容は，以下のとおりである。

　TPP 交渉の進展によって，アジア太平洋における通商秩序の力学が大きく変化しつつある。第 1 部（第 1 章～第 5 章）の総論では，TPP などメガ FTA の

潮流に対して，東アジアの日本，中国，ASEAN，韓国がそれぞれどのように対応しようとしているのかに注目した。

WTO離れとメガFTA締結の動きが加速している。21世紀型貿易のルールづくりの主役は今やメガFTAである。第1章では，TPPを中心にメガFTAの最近の動きと今後の日本の対応について論じている。

TPP交渉で農産物5項目の関税を守ることが本当に日本の国益になるのだろうか。第2章は，TPP参加を機に，日本は農政を改革し農業立国に舵を切るべきだと主張している。

TPP交渉は東アジアの経済統合化にも大きな影響を与えている。第3章は，ASEANによるRCEP（東アジア地域包括的経済連携）提案の背景，TPPとRCEPの今後の関係について論じている。

中国が将来TPPに参加する可能性はあるのだろうか。TPPによる中国包囲網に中国は警戒を強めている。第4章は，中国がTPPに対してどのように対応しようとしているのかを考察している。

韓国のFTA戦略はTPP参加表明によって新たな局面を迎えている。第5章は，韓国のFTA戦略のこれまでの経緯や意義と，TPP参加を睨んだ今後の展望，日本への含意などについて論じている。

第2部（第6章〜第15章）はTPP交渉の各論である。物品市場アクセス，原産地規則，知的財産権，政府調達，投資，競争政策，サービス，環境などを主要な交渉分野を取り上げ，各国の意見が対立している論点を整理している。

関税撤廃に関しては各国ともセンシティブな品目を抱えており，例外措置を認めるかが焦点となっているが，第6章は，物品市場アクセス分野における代表的なセンシティブ品目の交渉とその影響を分析している。

原産地規則をめぐっては米国とベトナムが「ヤーン・フォワード」の導入をめぐって対立したが，第7章では，繊維製品の原産地規則に関するTPPの規定について様々な側面から検討を行っている。

知的財産権の分野では，WTOの「TRIPSプラス」のルールを求める米国とそれに反発する新興国との対立の構図が生まれた。第8章は，著作権保護期間の延長と，非親告罪，音などの商標権について取り上げている。また，第9章は，医薬品の特許期間延長問題を取り上げ，後発のジェネリック医薬品への影

響などについて考察している。

　TPP 交渉参加国の多くが WTO の政府調達協定（GPA）に参加していない。第 10 章では，交渉参加国の政府調達状況と課題について概観し，TPP 交渉における政府調達問題の論点について検討している。

　投資保護を目的とした ISDS 条項（投資家対国家の紛争処理手続き）については「毒素条項」と呼ばれるなど誤解も多い。第 11 章では，米韓 FTA から得られる知見に基づき，TPP における ISDS 条項の妥当性について検討している。

　競争政策分野では，中国の国家資本主義に照準を合わせて国有企業規律の導入を目指す米国と，国有企業の存在が大きいマレーシアやベトナムが対立した。第 12 章は，国有企業規律をめぐる諸問題について検討している。

　いまアジア太平洋地域におけるサービス貿易の自由化に注目が集まっている。第 13 章では，サービス貿易のうち越境サービス，一時的入国，電気通信の 3 つの分野の自由化に関して，TPP 交渉の意義と背景，課題を考察している。また，第 14 章では，金融サービスに関して，日本の攻めと守りの交渉のあり方を検討している。

　環境分野では，高い環境基準を求める米国に新興国が反発しているが，第 15 章では，米国が TPP 交渉で提案した「グリーン・ペーパー」を参考にしながら，「産品非関連 PPM」ルールが可能かどうか検討している。

　第 3 部（第 16 章）は総括である。アジア太平洋地域における経済連携の動きをどう読むべきか。第 16 章（結章）では，TPP 交渉を中心にアジア太平洋の新たな通商秩序の構築に向けた動きを取り上げ，正念場を迎えた TPP 交渉の現状と問題点，日本の対応などについて総括している。

　以上のように，本書は，第一線で活躍する気鋭の研究者たちが執筆陣に参加し，TPP 推進論の立場から，TPP 交渉の主要な論点について考察したものである。個々のテーマについて自己の主張を自由に論じてもらい，編著者が執筆者の意見を調整するようなことは一切していない。本書の刊行によって，TPP 交渉の主要な論点と，日本の立ち位置について読者の理解が深まれば，本書の出版を企画した編著者にとって誠に幸甚である。

　なお，本書と合わせて，石川幸一・馬田啓一・木村福成・渡邊頼純編著『TPP と日本の決断』文眞堂（2013 年 2 月発行，本体 2600 円）もご高覧いた

だきたい。TPP交渉の意義と課題に関して，なお一層理解が深まるものと確信している。

　最後に，本書の刊行を快諾し，編集の労をとっていただいた文眞堂の前野弘氏と前野隆氏に，執筆者一同心からお礼を申し上げたい。

2014年5月

編著者

目　次

はしがき ……………………………………………………………………… i

第1部　総　論

第1章　メガFTAsの潮流と日本の対応 ……………（渡邊　頼純）　3
はじめに―そもそもなぜ貿易自由化は必要なのか？ ………………… 3
第1節　世界貿易の潮流としてのFTAと日本の対応 ………………… 5
第2節　メガFTAsの生成と展開 ………………………………………… 8
　1．FTAAPへ向けての複数国間FTA ………………………………… 8
　2．日EUEPA ……………………………………………………………… 15
第3節　結びにかえて―メガFTAsとWTO体制― ………………… 16

第2章　TPPと農業立国 ……………………………（山下　一仁）　19
はじめに ……………………………………………………………………… 19
第1節　日本の農業保護の特徴 …………………………………………… 20
第2節　特別の権能を持つJA農協 ……………………………………… 21
第3節　高米価・減反政策による米農業衰退 …………………………… 22
第4節　米農業衰退が農協発展の基礎 …………………………………… 24
第5節　問題の本質は"TPPと農協"だ ………………………………… 26
第6節　TPP交渉の行方 …………………………………………………… 27
第7節　正しい農業政策 …………………………………………………… 29
第8節　農業こそTPPが必要 …………………………………………… 30

第9節　2013年の見直しが招く減反の崩壊 …………………………… 31

第3章　TPPと東アジア経済統合 ………………………（清水　一史）33

はじめに …………………………………………………………………… 33
第1節　ASEANと東アジアの地域経済協力 …………………………… 34
　　1．ASEAN域内経済協力の展開とASEAN経済共同体 …………… 34
　　2．ASEANを中心とする東アジアの地域経済協力とFTA ………… 35
第2節　世界金融危機後の東アジア
　　　　―TPP交渉とASEANによるRCEPの提案― ………………… 37
　　1．世界金融危機後の東アジアとTPP ……………………………… 37
　　2．2010年からのFTA交渉の加速 ………………………………… 38
　　3．ASEANによるRCEPの提案 …………………………………… 39
第3節　RCEP交渉の開始と日本のTPP交渉参加 …………………… 41
　　1．TPP交渉の進展とRCEP交渉の開始 …………………………… 41
　　2．日本のTPP交渉参加とFTA交渉の加速 ……………………… 41
おわりに―TPP交渉の今後と東アジア経済統合― …………………… 43

第4章　TPPと中国の参加問題 ………………………（江原　規由）47

はじめに …………………………………………………………………… 47
第1節　TPP参加は第2次WTO加盟 ………………………………… 48
第2節　上海自貿区とTPPの関係 ……………………………………… 49
第3節　中国のTPP対応の切り札は韓国，オーストラリア ………… 51
第4節　BRICSとRCEPそして日中韓FTAはTPPへの面対応 …… 53
第5節　TPP参加の前提としての米中投資協定の締結 ……………… 54
第6節　シルクロードFTAへの道を探る …………………………… 55

第5章　転換期を迎えた韓国のFTA戦略とTPP参加
　　　　………………………………………………………（奥田　聡）59

はじめに …………………………………………………………………… 59
第1節　輸出主導による経済発展の軌跡 ………………………………… 60

1．輸出主導の発展政策の成功 …………………………………… 60
　　2．輸出強化でつかんだ繁栄―現在も輸出が経済成長の原動力 …… 61
　第2節　FTAの採用とその後のあゆみ ………………………………… 62
　　1．FTAの採用とその後の取り組み ……………………………… 62
　　2．これまでのFTA推進の成果 …………………………………… 63
　　3．これまでのFTAが輸出増加を実現した背景 ………………… 65
　　4．朴槿恵政権におけるFTA戦略 ………………………………… 66
　第3節　韓国のTPP参加表明 …………………………………………… 67
　　1．TPPに消極的だった韓国 ……………………………………… 67
　　2．韓国のTPPへの関心表明：方針転換の背景 ………………… 68
　第4節　韓国のTPP参加：日本への含意 ……………………………… 70
　　1．韓国のTPP参加は日本に有利 ………………………………… 70
　　2．TPPを日韓協業促進のために活用せよ ……………………… 71

第2部　各　　論（分野別）

第6章　物品市場アクセスとセンシティブ品目 ……（高橋　俊樹）77

　はじめに ……………………………………………………………………… 77
　第1節　関税削減と市場アクセス ……………………………………… 77
　　1．TPP，日中韓FTA，RCEPの関税率と削減効果 …………… 77
　　2．TPP加盟国における高い関税品目と物品市場アクセス …… 81
　第2節　代表的なセンシティブ品目の交渉とその影響 ……………… 83
　　1．米国は関税割当で砂糖の輸入を規制 ………………………… 83
　　2．米国の砂糖交渉の行方 ………………………………………… 84
　　3．ニュージーランド乳製品の競争力の背景 …………………… 85
　　4．方針を変えた米国の乳製品関連団体 ………………………… 86
　　5．メキシコの米国砂糖市場へのアクセス改善の意味 ………… 88
　第3節　繊維・アパレル，地理的表示などのその他の市場アクセス
　　　　　交渉 ……………………………………………………………… 89
　　1．繊維・アパレルと原産地規則 ………………………………… 89

2．衛生植物検疫と地理的表示 ………………………………… 89

第7章　国内産業の保護に配慮したFTA規定
―繊維製品の原産地規則・諸制度を例として―……（梅島　修）92

はじめに ………………………………………………………………… 92
第1節　繊維製品に関するFTA規定 ……………………………… 93
　1．米国のFTA ………………………………………………… 93
　2．EU …………………………………………………………… 98
第2節　TPP等の広域FTAで我が国が採るべき規定 …………… 100
　1．TPPにおける繊維原産地基準 …………………………… 100
　2．TPP繊維原産地基準についての我が国の立場 ………… 101
　3．繊維製品に関するその他の規制・制度 ………………… 102

第8章　知的財産権問題の争点
―著作権と商標権―…………………………（吉野　文雄）105

はじめに ………………………………………………………………… 105
第1節　知的財産権の国際問題 …………………………………… 106
　1．知的財産権とは何か ……………………………………… 106
　2．TPP加盟交渉参加国と知的財産 ………………………… 107
第2節　TPP加盟交渉における著作権と商標 …………………… 109
　1．著作権の国際的側面 ……………………………………… 109
　2．著作権保護期間の延長 …………………………………… 110
　3．著作権の非親告罪化 ……………………………………… 112
　4．音とにおいの商標権保護 ………………………………… 114
第3節　日本の対応 ………………………………………………… 115

第9章　医薬品とTPP ……………………………（増田　耕太郎）118

はじめに ………………………………………………………………… 118
第1節　医薬品の知的財産保護 …………………………………… 119
　1．医薬品の知的財産保護 …………………………………… 119

2．米国の医薬品に関する主張 ………………………………………… 120
　第2節　医薬品の知的財産保護のための規制……………………………… 122
　　1．規制の方法…………………………………………………………… 122
　　2．特許の規制による保護 ……………………………………………… 123
　　3．薬事規制による医薬品のデータ保護など………………………… 125
　　4．その他 ………………………………………………………………… 130
　まとめ ……………………………………………………………………… 130

第10章　TPP交渉における政府調達の論点 ………（石川　幸一）133

　はじめに …………………………………………………………………… 133
　第1節　WTOの政府調達規定とその概要 ……………………………… 133
　　1．政府調達の取扱いの経緯 …………………………………………… 133
　　2．政府調達規定の概要 ………………………………………………… 134
　第2節　TPP交渉における政府調達の論点 ……………………………… 136
　　1．P4の規定 ……………………………………………………………… 136
　　2．TPP交渉の状況 ……………………………………………………… 136
　　3．主要な論点…………………………………………………………… 137
　第3節　主要国の政府調達の現状と課題 ………………………………… 138
　　1．米国 …………………………………………………………………… 138
　　2．マレーシアおよびその他の国 ……………………………………… 139
　第4節　TPP参加による日本への影響…………………………………… 140
　　1．GPAおよびEPAでの日本の約束 ………………………………… 140
　　2．日本への影響について ……………………………………………… 142

第11章　投資とISDS条項
　　　　　―米韓FTAから得られる知見― ………………（高安　雄一）144

　はじめに …………………………………………………………………… 144
　第1節　間接収用の判断基準 ……………………………………………… 145
　第2節　政府の政策と協定上の義務との関係…………………………… 147
　第3節　国際仲裁機関の中立性等 ………………………………………… 148

x　目　次

　　　1．世界銀行と国際仲裁機関との関係 …………………………………… 149
　　　2．国際仲裁機関とアメリカの投資家の勝訴率 ………………………… 150
　　　3．アメリカの投資家と国際仲裁機関への提訴 ………………………… 151
　おわりに ………………………………………………………………………… 152

第12章　TPPと競争政策の焦点：国有企業規律 …（馬田　啓一）154

　はじめに ………………………………………………………………………… 154
　第1節　なぜ国有企業規律が必要なのか …………………………………… 154
　　　1．国家資本主義への高まる警戒感 ……………………………………… 154
　　　2．国有企業と不公正な競争 ……………………………………………… 155
　第2節　TPPは国家資本主義の歯止めとなるか …………………………… 157
　　　1．米国による中国包囲網の形成 ………………………………………… 157
　　　2．米産業界が求める公正な競争 ………………………………………… 158
　　　3．国有企業規律をめぐるTPP交渉の攻防 …………………………… 159
　第3節　国有企業の問題は対岸の火事か …………………………………… 161
　　　1．TPPと郵政民営化問題 ……………………………………………… 161
　　　2．国家資本主義と日本のFTA戦略 …………………………………… 163

第13章　TPPとサービス自由化
　　　　　―越境サービス，一時的入国，電気通信を巡る論点―
　　　　　……………………………………………………（石戸　光）167

　はじめに ………………………………………………………………………… 167
　第1節　サービス貿易とTPP ………………………………………………… 168
　　　1．越境サービスのルール ………………………………………………… 170
　　　2．越境サービスの市場アクセス ………………………………………… 172
　　　3．電気通信サービスのルールおよび市場アクセス …………………… 172
　　　4．一時的入国（商用関係者の移動）のルールおよび市場アクセス … 173
　第2節　TPPの参加国間におけるサービス貿易フローの状況 …………… 174
　第3節　サービス貿易とTPP：政策提言 …………………………………… 177

目　次　xi

第 14 章　金融サービス分野交渉
　　　　　―日本の立ち位置― ……………………………（赤羽　裕）179

はじめに …………………………………………………………………… 179
第 1 節　既存 EPA の当該分野の契約内容 …………………………… 180
　　1．TPP 参加国との EPA 契約締結状況 …………………………… 180
　　2．スイスとの EPA 協定における金融サービスの内容 ………… 182
第 2 節　ASEAN+3 での取組との関係 ………………………………… 183
　　1．ASEAN+3 での取組概要と日本への影響 …………………… 183
　　2．TPP「金融サービス」分野との関係 ………………………… 185
第 3 節　米国との関係 ………………………………………………… 186
　　1．論点の整理 ……………………………………………………… 186
　　2．交渉での留意事項 ……………………………………………… 187
第 4 節　日本の視点からの「金融サービス分野」交渉 …………… 188

第 15 章　TPP と環境規律
　　　　　―産品非関連 PPM ルールの導入は可能か―……（岩田　伸人）191

はじめに …………………………………………………………………… 191
第 1 節　産品関連 PPM と産品非関連 PPM ………………………… 192
第 2 節　TPP に対する環境 NGO の誤解 …………………………… 193
第 3 節　TPP 交渉と環境規定 ………………………………………… 194
第 4 節　WTO における産品非関連 PPM の規律化 ………………… 195
第 5 節　TPP の環境ルールに関わる米国提案 ……………………… 196
第 6 節　産品非関連 PPM と WTO 交渉……………………………… 198
第 7 節　漁業補助金をめぐる WTO での議論 ……………………… 199
第 8 節　産品非関連 PPMs と地域貿易協定 ………………………… 201
第 9 節　GATT 第 20 条の「環境領域」と地球環境 ………………… 202
第 10 節　仮説）「現行 TPP 交渉では，実質的な産品非関連 PPM の
　　　　　規律化を目指す方向にある。」 ………………………………… 203
第 11 節　理論的帰結 …………………………………………………… 208

おわりに（結論に代えて）………………………………………………………… 210

第3部　総　　括

第16章　TPP交渉と日本の通商戦略……………………（馬田　啓一）215

はじめに ……………………………………………………………………… 215
第1節　TPPの背景：変わるアジア太平洋の力学 ……………………… 216
　　1．FTAAP実現の道筋：TPPはAPECの先遣隊 ……………………… 216
　　2．TPPと国家資本主義をめぐる米中の角逐 ………………………… 218
　　3．ASEANの懸念：TPPは危険な誘惑？ …………………………… 221
第2節　TPP交渉の現状と問題点 ………………………………………… 223
　　1．TPPは21世紀型FTAモデル ……………………………………… 223
　　2．TPP交渉の争点：センシティビティの扱い ……………………… 224
　　3．米国のTPA法案：両刃の剣 ……………………………………… 228
第3節　TPP交渉と日本の対応 …………………………………………… 230
　　1．TPPとアベノミクスの成長戦略 …………………………………… 230
　　2．正念場のTPP交渉：妥結か，漂流か …………………………… 231

索　　引 ……………………………………………………………………… 237

第1部
総　　論

第1章
メガFTAsの潮流と日本の対応

はじめに―そもそもなぜ貿易自由化は必要なのか？

　国と国との間で行われる貿易は国境を越えてモノやサービスが出て行く「輸出」と入ってくる「輸入」で成り立っている。では，なぜ輸出入が始まるのか？それは相対的に自国で生産すると割高になるものを他国から輸入して，自国で相対的に安価に作れるものを他国へ輸出することでその国の経済厚生が改善され，資源の有効利用が促進されるからだ。日本を例にとれば，日本には資本や技術が相対的に豊かに存在している。だから，「資本集約的」あるいは「技術集約的」な自動車産業で輸出し，国土のたった3割しか耕作に適した土地がないところに人口が集中しているから「土地集約的」な農業は輸入した方が良いということになる。これが「比較優位の原則」と呼ばれるもので，自由貿易を支える基本理論である。

(1) 保護主義の抵抗

　しかし，実際の貿易はこの理論通りには行かない。資本や技術が十分になくても自動車を「国民車」構想で作ろうとする国もあれば，狭い農地でも農薬や化学肥料を大量に投入して農業生産を維持しようとする国もある。比較優位は時間の経過と共に変化するから，時がたてばかつての比較優位国もいつかは「比較劣位」に陥るが，そのような局面ではどの国も少しでも優位を保とうと必死にもがく。それが国家主導で行われるようになると，いよいよ「保護主義」の抬頭ということになる。

　保護主義はなかなかやっかいである。自由貿易は「広く薄く」国民に恩恵をもたらすが，保護主義はピンポイントで「狭く厚く」保護を求める産業セク

ターに恩恵をもたらすからだ。自由貿易の効能が抽象的なのに対し、保護主義のメッセージは極めて具体的である。TPP（環太平洋経済連携協定）を巡る議論でも、賛成派は「GDPを0.65％押し上げる効果がある」とか「投資や競争のルール作りが重要」とか言うが、反対派は「日本農業が崩壊する」と極めて具体的で一見説得力があるように聞こえる。保護主義勢力の前では自由貿易派は無力に近い。

(2) 保護主義に負けた世界は戦争へ

世界経済の成長率が高めに維持され、パイ全体が大きくなっている間は保護主義は影を潜めている。しかし、景気が悪くなり、市場の争奪が始まると、保護主義が顕在化する。1929年10月の「暗黒の木曜日」を皮切りに始まった世界恐慌は各国を保護主義に駆り立てた。アメリカは悪名高い高関税「ホーレー・スムート関税」で自国市場を守り、イギリスやフランスは植民地を取り込んでそれぞれの通貨圏である「ポンド圏」や「フラン圏」を構築、高関税と為替の切り下げ競争で自国市場と自国産業を保護しようとした。ドイツや日本もこれに続いた。「列強」と呼ばれた大国が次々と「近隣窮乏化政策」をとりだしたことで、世界経済は加速度的に分裂することになる。そしてその先に当然の帰結として起こったのが第二次世界大戦である。

(3) 「平和に交易する国は戦争しない」（コーデル・ハル、日米開戦時の米国務長官）

保護主義のパワーの前には力及ばない自由貿易の論理を戦後世界中に広げたのはアメリカであった。そのためアメリカは自国通貨のドルを基軸通貨として世界で流通させ、同時に自国市場を他国からの財の輸出に開放した。今日でも中国をはじめ、途上国からの財の輸出に最も開かれた市場はアメリカ市場である。アメリカ政府は自由貿易のための制度として、当初ITO（国際貿易機関）を創設しようとし、その憲章の採択までこぎつけたが、保護主義的なアメリカ議会がその批准を拒否したため、1948年にGATT（関税貿易一般協定）を発効させることで国際貿易体制をかろうじて支えた。GATTの下での8回目の多国間交渉であるウルグアイ・ラウンド（1986-94年）を通じて出来上がったのが現在のWTO（世界貿易機関）である。ITOの構想は実に60年の歳月をかけてようやく実現されたわけだ。

しかし，今その WTO が「がけっぷち」に立っている。2001 年 11 月に開始された WTO の下での初めての多国間貿易交渉，いわゆる「ドーハ・ラウンド」が 13 年たった今になっても決着せず，WTO そのものの有効性が問われ始めているからだ。アメリカ自身も議会が伝統的に保護主義であり，しかも現政権の民主党はより保護主義的傾向が強いことから，大統領に交渉権限を付与する「貿易促進権限（Trade Promotion Authority：TPA），いわゆる「ファースト・トラック法案」の行方も五里霧中である。このように通商体制における問題は自由貿易主義ではなく，実は保護貿易主義なのである。

　折しも環太平洋の TPP ならびに環大西洋の TTIP（環大西洋貿易投資連携協定）といった大規模な地域間 FTA（以下，「メガ FTA」と呼ぶ）が交渉されている。日本も EU との二国間 EPA 交渉を行っている。いずれにおいても投資，競争，政府調達といった分野で新たなルール作りへの取り組みが進行している。したがって，もしこれら三つのメガ FTA が歩調を合わせることができれば，その行く着く先はマルチの WTO 体制の強化である。国を滅ぼすのは貿易の自由化ではなく，保護主義である。今，問われているのは，日本，アメリカ，EU を中心とした先進諸国が保護主義との闘いで「共同戦線」を張り，WTO 体制に新たなモメンタムを与えることができるかどうかである。

第 1 節　世界貿易の潮流としての FTA と日本の対応

　FTA（自由貿易協定）は関税同盟（customs union）と同様，地域経済統合の 1 形態で，加盟国間で関税や関税以外の様々な貿易上の障害（非関税障壁や規制など）を撤廃し，モノやサービスの自由な取引を実現しようとするものだ。日本が現在進めているのはこの FTA であるが，日本政府はこれを「経済連携協定」（英語で Economic Partnership Agreement，略して EPA）と呼んでいる。伝統的な FTA はモノの分野での貿易障壁の撤廃，いわば国境措置の自由化に関心が集中していたが，日本はモノの貿易やサービス貿易の自由化だけではなく，投資保護や投資に関する規制の撤廃・緩和，知的所有権の保護，独占禁止法に代表される競争政策における協力，政府調達市場の開放，サービスを提供

する自然人の移動，ビジネス環境整備，環境や観光分野などにおける二国間協力など相手国ないしは地域との経済関係全般の強化を目指す幅広い内容を含めている。FTA を経済連携協定（EPA）の中核に据えながらも，我が国はよりダイナミックなパートナーシップを相手国とのあいだで構築しようとしているわけだ。

　さて，日本が第二次世界大戦後，一貫して貿易立国を目指してきたことは異論の余地が無い。資源や石油は途上国に依存し，日本製品の輸出先としては欧米市場に依存していた日本経済にとって無差別原則を規範とする GATT 体制はもっとも有利なシステムを提供していたと言える。

　しかし，今から約 30 年前の 1985 年 9 月のいわゆる「プラザ合意」を境に状況は大きく変化する。「プラザ合意」により円高・ドル安が進み，日本の製造業はこぞって労働コストの安い東南アジアへ，さらには改革開放路線をとりだした中国に直接投資を行い，生産拠点を移して行った。その結果として，日本と ASEAN 諸国並びに中国との貿易比率が急速に高まり，東アジア地域内の輸出は 30 パーセント代の前半から 5 割強まで，輸入は同じく 6 割近くまで上昇した。こうして日本にとって東アジア地域の重要性が相対的に高まったことが，日本の貿易政策にも大きな変化を呼び起こすことになる。

　今世紀の最初の年 2001 年に開始されたシンガポールとの EPA 交渉は日本がそれまでの GATT/WTO の多国間主義一筋の貿易政策から FTA を取り入れた重層的な貿易政策に転換した第一歩であった。2002 年の 11 月にこのシンガポールとの協定は発効したが，同じ月に日本にとって 2 つ目となるメキシコとの EPA の交渉が始まった。農業産品で新たな自由化を行わずに済んだシンガポールの場合と違い，メキシコとの交渉では対日輸出の 2 割を占める農業産品の市場アクセスの改善が大きな課題となり，相当困難な交渉を強いられることになった。そのメキシコとも交渉開始から 17 カ月で大筋合意に至り，それから半年後の 2004 年 9 月にメキシコを訪問した小泉首相（当時）とフォックス大統領（当時）とのあいだで署名式が行われ，2005 年の 4 月 1 日からこの協定は発効した。これにより，米国や EU など既に先行してメキシコと FTA を結んでいた国々の企業に比べて競争上不利な状況にあった日系企業にとってようやく対等の競争条件が整ったことになり，人口約 1 億人超のメキシコ市場にお

ける劣勢を挽回することが可能になったわけだ。

　日本にとって初の FTA となったシンガポールとの交渉でいわば「頭の体操」をし，メキシコで難しい農業交渉の肩慣らしを行い，これらの経験をベースに日本は 2003 年末から 2004 年初頭にかけ韓国やタイ，マレーシア，フィリピン等との EPA 交渉を順次開始し，ASEAN 全体との包括的 EPA を含めて 13 件（2014 年 5 月現在）の二国間 EPA を発効させている。

　交渉があまり進んでいないのが韓国である。GDP で 10 対 1 の格差があることから，韓国側に自動車産業界を中心に相当な警戒感があることが根底にあると思われるが，日本が農業や水産物などで慎重な姿勢を出しすぎたからという見方もある。しかし「ASEAN プラス 6」の FTA やその中核となる「日中韓 EPA」などを推進する際，民主主義国で GATT/WTO 体制での経験も長い韓国との FTA が必要不可欠になってくる。日韓両国首脳の政治的なイニシアティブにより交渉を再開し，前進させるべき時は今しかないと思われる。

　このように，日本は二国間の FTA を ASEAN 諸国とのあいだで積み上げながら，最終的には ASEAN 全体と FTA 関係を樹立していく方向にある。中国や韓国，さらにはオーストラリアやニュージーランド（NZ），インドも ASEAN との FTA を締結しているので，既に 5 つの「ASEAN プラス・ワン」の FTA が並立して存在いることになる。

　「ASEAN プラス・ワン」の動きと並行して既にふれた日中韓の北東アジア 3 国の FTA も交渉が 2013 年 3 月に開始されている。民間レベルの研究会がほぼ 10 年近く続き，それと並行して投資協定が交渉された。日中韓投資協定の方は 2014 年 5 月に発効している。これが推進力となって今後さらに FTA 交渉が進展し，日中韓 FTA 交渉の妥結につながることが期待されている。日中韓豪州 NZ インドそれぞれが ASEAN と締結する 5 つの「ASEAN プラス・ワン」FTA と「日中韓 FTA」が成立すれば，それが東アジア全体をカバーする「ASEAN+6」の枠組みに広がり，「東アジア FTA」が手の届くところに近づいてくる。2013 年 5 月からは「ASEAN+6」を基礎とした「東アジア地域包括的経済連携」（Regional Comprehensive Economic Partnership in East Asia：RCEP）が交渉されている。

　東アジア以外でも日本と FTA を結びたいとする国は多数あった。スイス

やオーストラリア，インド，チリ，ペルーなどとのEPA交渉が行われ，成功裡にEPAは締結された。その他，コロンビア，モンゴル，カナダとの二国間EPA交渉も2012年以来新たにスタートしている。

カナダは農産品に留まらず，石油や天然ガスなども産出しており，有数の資源国である。チリには銅があり，モンゴルにはウラン鉱石やレアメタルなどの希土類が，コロンビアには鉄や食糧がある。これら諸国とは「資源供給源確保型EPA」を目指すことも重要な点となっている。

世界に目を転じると，欧州にはEU，米州にはNAFTAや交渉は中断したがFTAA（全米自由貿易地域）構想が，また南米にはメルコスール（南米共同市場）があり，それぞれその地域の繁栄と安定のために自由化と競争力強化に努めている。東アジアにおいても韓国や中国が積極的にFTAを展開している。中国はNZやチリとは既にFTA関係に入っており，また，ブラジルとの交渉にも意欲的である。今や世界はFTAという「制度構築」を通じて国際競争力の強化に努めており，日本もどれだけ質の高いEPAをデザインできるかを問われている。このような世界的なトレンドに迅速に対応するため，高関税などの国境措置で農産品を保護するという従来の発想から転換して，直接支払いなどで農家に対し所得保障することにより，農業問題でEPAをブロックしないメカニズムを早急に手当てする段階に来ている。

以下では21世紀型FTAの特徴である「地域間（inter-regional）FTA」ないしは「広域FTA」としての「メガFTAs」の新たな展開を概観する。

第2節　メガFTAsの生成と展開

1．FTAAPへ向けての複数国間FTA

APECに参加している21の国と地域を包括的にカバーする自由貿易圏構想がFTAAP（Free Trade Area of Asia-Pacific：アジア太平洋自由貿易圏）であり，2006年にアメリカがベトナム・ハノイでのAPEC首脳会議で提唱した。この時，APEC首脳（APEC Leaders）は，長期的展望としてのFTAAPを含め，域内の地域経済統合を促進する方法と手段について研究を進めることで合意し

た。

　そもそも APEC は 1989 年にオーストラリアと日本の共同提案で創設された貿易・投資の自由化を推進するための「緩やかな協力のフォーラム」である。GATT・WTO や二国間 FTA と異なり，「権利と義務のバランス」や「関税譲許」（交渉を通じて低減させた関税率をそのレベルから引き上げないことを約束すること）といった法的概念を基本原則とせず，あくまでも参加国の自主性に任せて自由化努力を相互に助長し，たとえ約束したことを実現できない場合でも「名指しで非難しない」（no name, no shame）ことを旨としてきた。したがって，APEC の累次の貿易大臣会合や首脳会議では，各国から報告される自由化実績をそのまま取りまとめるという形でその成果を確認してきた。このような形態から APEC は「貿易・投資の自由化のインキュベーター」であるとか，「協調的自由化努力の取りまとめプロセス」（compilation process of concerted efforts for liberalization of trade and investment）と呼ばれていた。

　その APEC に明確な方向性を与えたのが 1994 年 11 月の「ボゴール宣言」であった。同宣言は「APEC 域内の先進国・地域は 2010 年までに，途上国・地域は 2020 年までに，自由で開かれた貿易投資を達成することを目標とする」と高らかに謳いあげた。翌年大阪で開催された APEC 首脳会議ではボゴール宣言を実現するための具体的方策として「大阪行動計画」を発表した。

　その後，APEC をバックアップする民間セクターの団体である「APEC ビジネス諮問委員会」（ABAC）はアジア太平洋地域をカバーする FTA 構想を提言し，これが前述の FTAAP に繋がっている。

　さらに 2010 年 11 月に横浜で開催された首脳会議では，「FTAAP は，ASEAN+3，ASEAN+6，TPP 協定といった現在進行している地域的な取り組みを基礎として更に発展させることにより，包括的な自由貿易協定として追及されるべきであることが確認され，その実現に向けて具体的な措置をとっていくこと」が合意された。

　その後 ASEAN を中心に中国が提案した ASEAN+3 と日本が提案した ASEAN+6 との調整が進み，2012 年の 8 月以降の議論の中で ASEAN+6 をベースとした RCEP（東アジア地域包括的経済連携）が東アジアにおける FTA の枠組みとして定着することとなった。

かくして，アジア太平洋地域には，①TPP，②RCEP，③日中韓FTAの3つの枠組みが併存併走することとなった。以下，その3つの広域FTAを概観する。

(1) TPPの概要と交渉の進捗

TPP（環太平洋経済連携協定）は2006年にシンガポール，NZ，チリ，ブルネイの4カ国が発効させた「環太平洋戦略的経済連携協定」（いわゆる「P4」協定）にその起源をもつ。その後2008年9月にアメリカが交渉参加の意図を表明したあと次第にその重要性を高めてきた。2010年3月には，オーストラリア，ペルー，ベトナムを加え8カ国で交渉がスタート，同年10月にはマレーシアも参加した。さらに，2011年11月には，日本，カナダ，メキシコが交渉参加に向けた協議を開始するとの意向を表明，その内カナダとメキシコは2012年10月から交渉に参加し，日本も2013年7月から交渉に参加することとなった。

こうしてTPP交渉に参加する国は12カ国となり，そのGDPの合計はAPEC全体の70.8％（2010年）を占め，APECの中でも「クリティカル・マス」（全体の趨勢を決定づけるような多数派）を形成するに至った。APEC参加国ではこの他にもタイ，フィリピン，台湾などの国・地域がTPP参加の意向を公式ないしは非公式に表明している。また中国もTPPに対して近年は「オープンな態度」を取る旨明らかにしており，将来的にはTPPへの参加も排除されていない[1]。

TPPの基本的考え方は次の2点に集約される。それは，①目標として，高い水準の自由化を目指すこと，②非関税分野や新しい分野を含む包括的な協定を策定すること，の2点である。

①については，モノの貿易の分野とサービス貿易の分野で市場アクセスの大胆な改善を達成することが期待されており，とりわけモノの貿易については100％に限りなく近い関税撤廃を原則としている。市場アクセス交渉では農産品を含め，全ての品目を自由化交渉の対象として交渉のテーブルに載せなければならないが，最終的な関税撤廃の原則については必ずしも明確ではなく，自国産業に影響の大きな「センシティブ品目」（日本では「重要品目」とも言う）の扱いは交渉分野全体の「パッケージ」の中で決まるとされている[2]。

②については，投資，競争政策，知的財産，政府調達等のルール作りのほか，環境，労働，「分野横断的事項」（horizontal issues）の新たな3分野をも含む包括的協定を目指すことになっている。TPP 交渉は21の分野で行われるが，日本にとっては環境，労働，分野横断的事項の3分野以外は既にこれまでの EPA 交渉や投資協定交渉で取り上げてきた事項であり，日本としては2001年のシンガポールとの EPA 交渉以来10年超にわたり蓄積してきた知見や交渉ノウハウを活用することができる[3]。

TPP 交渉への日本の参加に関して行われた一連の日米交渉は極めて重要である。2013年12月の衆議院選挙で安倍晋三総裁が率いる自由民主党は「『聖域なき関税撤廃』を前提とする限り，TPP 交渉参加に反対する」との公約を掲げて選挙を戦い，政権を奪還していた。したがって，安倍首相にとって交渉参加を実現するためには「関税撤廃の例外」の可能性についてオバマ大統領から言質を取っておく必要があった。それが2013年2月22日のワシントンで行われた日米首脳会談の焦点であった。

この日米首脳会談の中で，安倍首相から，(a) 日本には一定の農産品，アメリカには一定の工業製品というように，両国ともに二国間貿易上の「センシティビティ」[4]が存在すること，(b) 最終的な結果は交渉の中で決まっていくものであること，(c) TPP 交渉参加に際し，一方的に全ての関税を撤廃することをあらかじめ約束することは求められないこと，の3点について述べ，これらについてオバマ大統領との間で明示的に確認された，と日本政府は発表している。

発表された「日米共同声明」は，これら3点を確認した上で，日米間で二国間協議が継続されることを明らかにし，その中で自動車部門や保険部門に関する「懸案事項」に対処し，その他の非関税措置に対処すること，および TPP の高い水準を満たすことについて更なる作業が残されているとした[5]。

こうして安倍政権としては先の衆議院選挙の際の公約には違わない「形式」を整えることができたわけで，この「共同声明」を受けて1カ月後の安倍首相による「TPP 交渉参加表明会見」（3月15日），さらにそれに続く「日米協議における合意」（4月12日）につながる。

この「日米協議における合意」は基本的には前述の「共同声明」を具体化

したものであり，保険，投資，規格・基準，衛生植物検疫（SPS）措置などの非関税措置にTPP交渉と並行して取り組むことを決定した。この合意において最も注目されたのは自動車分野に関する次のような決定および確認事項であった。それらは，(a) TPP交渉と並行して自動車貿易に関する交渉を行うことを決定し，対象項目としては，透明性，流通制度，基準，環境対応車・新技術搭載車，財政上のインセンティブ（特に軽自動車に関連するもの）など，(b) TPPの市場アクセス交渉を行う中で，アメリカの自動車関税（乗用車には2.5％，トラックには25％）は，TPP交渉における最も長い段階的な引き下げ期間によって撤廃され，かつ，最大限に後ろ倒しされること，および，この扱いは米韓FTAにおけるアメリカの自動車関税の取り扱いを実質的に上回るものとなること，の2点である。

　このように一連の日米合意は，日本の農業とアメリカの自動車という双方の「センシティビティ」をいわばトレード・オフする形になっており，互いの「弱い」産業セクターを保護するために相手の「強い」産業セクターをいわば「人質」に取る結果になっている。その意味でこの日米合意は「ネガティブ・リンケージ」の上に成立していると言えよう。しかし，このようなリンケージは貿易の「縮小均衡」につながる危険があり，高いレベルの市場アクセスを目指すTPPの本来の目的からは逸脱するものとみることもできよう。また，アメリカ産の農産品に対し関税割り当て（tariff quota）を提供し，その特定数量に関して通常のMFN関税よりも削減した特恵関税を適用することで二国間貿易を増やすことができると主張することも出来ようが，しかし，それでは「自由貿易」というよりはむしろ二国間主義に基づいた「管理貿易」（managed trade）とのそしりを免れないのではないか。

　2014年4月23日から25日までオバマ大統領は国賓として日本を訪問，24日午前には安倍首相との首脳会談も開催された。しかし，その時までに二国間協議は合意に至らず，「共同記者会見」は行われたが，「共同声明」は首脳会談後も引き続き行われた閣僚協議の結果を見て発表という異例の展開となった。

　結局閣僚協議でも合意に至ることは出来ず，オバマ大統領離日直前に発表された「日米共同声明」では，「TPPに関する二国間の重要な課題について前進する道筋を特定（We have identified a path forward on important bilateral TPP issues)」し，これは「交渉における重要な節目を画し，より幅広い交渉への新たな弾みをもたらす（This marks a key milestone in the TPP negotiations and will inject fresh momentum into the broader talks）」と述べるに留まった[6]。

2014年5月18日から20日にかけてシンガポールで開催されたTPP閣僚会合では，「交渉を妥結させるために何が必要か共通の見解を確立した」ことを確認し，「今後数週間は関税とルールについて集中的に取り組む」としたうえで，7月に首席交渉官会合を開催することを決めた[7]。日米両国でTPP全参加国の総GDPの約8割を占めるが，その日米で市場アクセス交渉が合意に至っていないために決定的な推進力に欠けることがTPP全体の合意を阻んでいるように思われる。11月にはアメリカで中間選挙が予定されており，7月までに日米合意ができないとTPP全体の合意も中間選挙後に先送りになる可能性もあり，日米関税交渉の進展にTPPの成否もかかっていると言えよう[8]。

(2) RCEPの展開

東アジアのFTAを巡っては2004年に中国が提案した「ASEAN+3」と2006年に日本が提案した「ASEAN+6」の2構想が拮抗していた。2011年11月，ASEAN首脳は，これら2つの構想を踏まえ，ASEANとFTAを締結しているFTAパートナー諸国との経済連携を達成するためのプロセスを開始することで一致した。

2012年8月，ASEAN諸国とFTAパートナー諸国の経済大臣会合が開催され，同年11月の交渉立ち上げを首脳に提言するため，交渉の基本指針および目的にかかる文書（「RCEP交渉の基本指針及び目的」）を採択した。

この文書は，「交渉範囲」として物品貿易，サービス貿易，投資，経済及び技術協力，知的財産，競争政策，紛争解決などを特定している。また，「約束水準」としては，参加国の個別のかつ多様な事情を認識しつつ，既存の「ASEAN+1」のFTAよりも相当程度改善した，より広く，深い約束がなされるものと規定している。サービス貿易についてもすべての分野を交渉の対象とし，WTOと整合的な形で包括的で質の高い協定を目指すと謳っている。また，投資については投資の促進，保護，円滑化，自由化の4つの要素を含む協定を目指すとしている。交渉スケジュールも野心的で，2013年早期に開始し（実際に同年5月に第1回交渉を実施），2015年末までに交渉を完了すること

を目指すとしている。

RCEP が実現すれば，人口約 34 億人（世界全体の約半分），GDP 約 20 兆ドル（世界全体の約 3 割），貿易総額 10 兆ドル（世界全体の約 3 割）を占める広域経済圏が実現することになる。ASEAN の後発 3 カ国（カンボジア，ラオス，ミャンマー）ならびに自由化に必ずしも前向きではないインドなども含まれているため交渉の先行きは楽観できないが，東アジア全体で発展段階の低い国々の底上げを図り，ボトムアップ型の「包摂的発展」(inclusive growth) を実現することができると RCEP の意義と存在価値は高まる。

(3) 日中韓 FTA

交渉は 2013 年 3 月に開始されたが，交渉にたどり着くまでの道のりは平坦なものではなかった。民間レベルの共同研究は 2003 年から 2009 年まで行われ，その後産官学の共同研究がスタートするが，2011 年 12 月まで 7 回の研究会合を開催した。2012 年 5 月の日中韓サミット（北京）おいてようやく日中韓 FTA の年内の交渉開始について合意，その後事務レベルでの準備会合を 3 回開催して実務的な準備を進めた。そして 2012 年 11 月 ASEAN 関連首脳会議の機会に開催された日中韓貿易大臣会合（プノンペン）において日中韓 FTA 交渉の開始を宣言するに至る。2013 年 2 月に東京において第 1 回交渉会合に向けた準備会合を開催し，ソウルでの第 1 回交渉会合に繋げたのである。

交渉当事者間では RCEP 交渉よりも十分に早いタイミングでの実質合意を目指すとの野心的な目標を共有していると言われている。交渉分野としては，物品貿易，サービス貿易，投資，知的財産，競争政策など 11 分野を交渉対象として作業部会で協議している。また，電子商取引，政府調達，環境，食料の 4 分野については専門家会合で議論することになっている。

日本にとって輸出入ともに第 1 位の中国，ならびに第 3 位の貿易パートナーである韓国との FTA であり，実現すれば大きなインパクトがある。これら 3 カ国の GDP の合計は世界全体の約 2 割，アジアの約 7 割を占めるため，グローバル経済に与える影響も大きい。中国，韓国とも MFN 関税は比較的高く，中国の自動車関税は 25％，工作機械は 9.7％，液晶デバイスは 5〜12％，韓国の場合，板ガラスが 8％，ギヤボックス・同部品が 8％，化学品・同調整品が 5〜6.5％となっており，高いレベルの関税撤廃が実現すれば，日本の輸

出にとっては強力な追い風となる。

　いわゆる歴史問題や尖閣諸島の問題で悪化した日中関係，同じく竹島問題などで悪化した日韓関係という政治的な困難もある中で2014年2月までで4回の交渉会合を開催できたことは評価に値するが，問題は韓国が中国との二国間のFTAを優先し，交渉をよりスピード感をもって進めていることである。中韓FTAが実質的に先行している中で，日中韓の三国間FTAを交渉していくのは容易ではない。中韓両国が三国間FTAに前向きになることがあるとすれば，それは両国がまだ参加していないTPPが前進するときである。その意味でTPPの進展は日中韓FTA並びにRCEPの進捗に大きな影響を与える。

2．日EUEPA

　EUは日本にとってアメリカと並ぶ重要なグローバル・パートナーであり，民主主義，人権，法の支配，市場原理など普遍的価値を共有している。2012年の貿易では輸出において6兆5000億円で，中国，アメリカ，ASEANに続いて第4位，輸入では6兆6418億円で，中国，ASEANに次いで第3位のパートナーである。投資についてもEUは対日投資のトップの座にあり，日本は対EU投資でアメリカに次いで第2位につけている。EUと日本のGDPはそれぞれ世界のGDPの25.2%，8.4%であり，その合計は33.6%となるが，これはTPP12カ国の38.2%にせまる規模である。

　日EU貿易の構造は従来は日本側の一方的輸出超過であったが，近年は輸出入が均衡する傾向を示しており，2013年にはEUが初めて貿易黒字を計上した。既にEUの対日輸出の約7割が関税ゼロとなっており，EU側としてはモノの貿易に関する限り，FTAを日本と締結するインセンティブはなかった。特に自動車関税が10%，プラズマテレビが14%と製造業関連の関税率が比較的高く，いずれも関税がゼロとなっている日本とのFTAには消極的であった。他方，日本側は韓国・EUFTAが2011年7月に発効していることから，EU市場における競争劣後を挽回するためにEUとのEPA交渉開始を急いでいた。

　物品の関税撤廃に関心を有する日本側に対し，EU側が関心をもったのが，非関税障壁であり，具体的には新薬の許認可プロセスや軽自動車の財政上の優遇措置，食品添加物の基準認証などが含まれている。また，EUは政府調達，

とりわけ鉄道関連物品の調達について大きな関心を有しており，高い優先順位をつけている。欧州委員会は，日本が非関税措置の軽減撤廃に十分に応じない場合には交渉開始1年後に交渉を中断する可能性も示唆していた。

　日EU交渉は，まず交渉の大枠を決めるための「スコーピング作業（scoping exercise）」を2011年5月から1年間かけて行い，その後2013年4月から正式に交渉を開始，合計5回の交渉を行った。その後2014年5月上旬，安倍首相の一連の欧州歴訪を経て，5月21日欧州委員会は対日EPA交渉の継続を提案する報告書を加盟各国政府に対し提出した。欧州委員会はこの報告書の中で鉄道分野を含む非関税措置への日本の取り組みを評価したと言われている[9]。交渉継続の最終決定は加盟国の議論を経て行われることになるが，これでほぼ見通しはついたことになる。

第3節　結びにかえて―メガFTAsとWTO体制―

　本章では特に日本が関連するFTAAPに向けたメガFTAs（TPP，RCEP，日中韓FTA）と日EUEPAを見てきた。本章では紙幅の都合から十分触れることができなかったが，EUとアメリカは現在TTIP（Trans-Atlantic Trade and Investment Partnership）を交渉しており，EUとカナダ，EUとメキシコは既にFTAを締結している。そうであれば，EU，北米，そして東アジアという3つの巨大経済圏（メガ・リージョン）は相互に3つの地域間FTAsを交渉していることになる。つまり，EUと北米はTTIP（＋EU・カナダFTA，EU・メキシコFTA），北米（＋南米の太平洋側）と東アジアはTPP，東アジアとEUは日EUEPA（＋韓国EUFTA）で相互に結ばれていることになる。（第1-1図参照）

　TTIP，TPP，日EUEPAはともに高いレベルの市場アクセス，投資や競争など新たなルールの構築，基準認証の調和，規制の収斂などを言わば「共通項」として交渉している。これらはいずれもWTOの「ドーハ・ラウンド」では交渉を断念した項目であり，もしメガFTAsで交渉がまとまり，その最大公約数の部分を将来WTOに持ち帰ることができれば，新たなWTO体制へのインプットになる可能性がある。地域間統合をマルチ化してWTO体制の立て直し

を図る絶好の契機をメガFTAsは提供しているのではないだろうか。

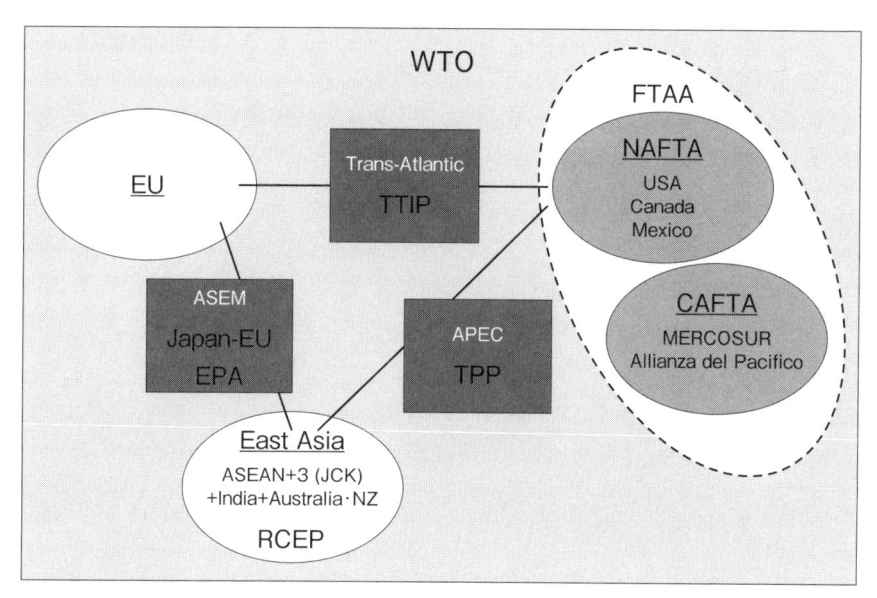

第1-1図　3つのメガ・リージョンとメガFTAs

(出所）筆者作成。

注
1) ボアオ・フォーラムの開会式における李克強総理の演説（2014年4月10日）「中国はTPPについては開放的な態度を保っており，世界貿易の発展と公平・開放的な貿易環境に資するものであれば，中国はその成り行きを好ましく思っている。」と述べた。
2) 外務省経済局，「今後のFTA・TPPの展開について」，2013年4月，14-15ページ。
3) 渡邊頼純，『TPP参加という決断』（ウェッジ，2011年），128-173ページ
4) "sensitivity"とは，当該国にとって重要であり，かつ輸入の増加により悪影響を受ける恐れが高い品目・分野を意味する。外務省経済局前掲資料，2013年4月，16-17ページ
5) 外務省前掲資料，2013年4月，17ページ。経済産業省通商政策局『経済連携交渉の現状と今後の展望等』，2013年7月，17ページ。首脳会談の直後には両首脳による共同記者会見が行われるのが通例であるが，この首脳会談では行われなかった。このことはこの「共同声明」がいかに微妙なバランスと両国議会への配慮に上に成り立っているかを物語っている。
6) 『日本経済新聞』2014年4月26日「日米共同声明の要旨」。
7) 『日本経済新聞』2014年5月21日「TPP今夏へ集中協議　閣僚会合，一定の前進」。
8) 報道によれば，関税分野で焦点となっているのは，日本の牛肉関税（現在は38.5％），豚肉の輸入にかかる「差額関税制度」の撤廃と関税率の削減，乳製品（チーズ，バター等）の関税撤廃などが問題になっているとの由。コメ，麦については関税を存置することをアメリカは容認する意向との報道もある。『日本経済新聞』2014年4月26日「進展も合意届かず　牛肉など歩み寄り，

豚肉・車　最後の壁」
9）『日本経済新聞』2014 年 5 月 22 日（夕刊）「対日 EPA 交渉継続へ　欧州委が報告書　鉄道など対応評価」。

（渡邊頼純）

第2章
TPP と農業立国

はじめに

　TPP に参加すると農業は壊滅すると農業界は主張した。交渉参加後，農業界の意見を受けて，自民党や国会の委員会は，米，麦，牛肉・豚肉，乳製品，砂糖などを関税撤廃の例外とし，これが確保できない場合は，TPP 交渉から脱退も辞さないと決議した。しかし，これらの農産物の生産額は 4 兆円程度で，自動車産業の 13 分の 1 に過ぎない。それが日本の TPP 交渉を左右している。

　これらの議論には，日本農業は競争力のない弱い存在だという前提がある。しかも，関税で守っているのは，国内の高い農産物＝食料品価格である。例えば，消費量の 14％に過ぎない国産小麦の高い価格を守るために，86％の外国産麦についても関税を課して，消費者に高いパンやうどんを買わせている。高関税で守られている農産物の 4 兆円という生産額も，内外価格差が 2 倍だとすれば，国際価格で評価すると 2 兆円の実力しかない産業だということになる。

　多くの政治家は，貧しい人が高い食料品を買うことになる逆進性が問題だとして，消費税増税に反対した。その一方で，関税で食料品価格を吊り上げている逆進的な農政を維持することは，政治家にとって国益のようである。

　日本と異なり，アメリカや EU は，財政から直接支払いを農家に交付することで，消費者には低い価格で農産物を供給しながら，農業を保護する政策に切り替えている。関税がなくなり価格が下がっても，直接支払いを行えば，農家は影響を受けない。

　しかし，農業界の TPP 反対論者は，関税による消費者負担を財政負担に置き換えるなら，巨額な負担が必要となると主張する。例えば，米で 1 兆 7000

億円必要だという主張がある。これが正しいのなら，国内の米生産額は1兆8000億円なので，消費者は現在，外国から1000億円で買える米に1兆7000億円もの負担を行っていることになる。こうした主張は，現在，消費者に多額の負担を強いていると白状していることに他ならない。しかも，先ほどの小麦のように，消費者は輸入している外国産麦にも高い価格を払っているので，消費者負担はこれよりもさらに大きい。もし，国内農産物価格と国際価格との差を直接支払いで補てんすれば，消費者にとっては，国内産だけでなく外国産農産物の消費者負担までなくなるという大きなメリットが生じる。

　農業サイドから見ても，関税で守っている国内農産物市場は高齢化と人口減少で縮小し，これに合わせて生産をしていくと農業の長期的な衰退は避けられない。国内農産物市場しか考えられない農業界の人たちが，農業の明るい将来ビジョンを描けるとは，とても思えない。

　アメリカや豪州と比べると格段に規模の小さいEUは，高い生産性と直接支払いで，穀物を輸出している。直接支払いでも農業は保護できるし，農産物の国際競争力を向上することができる。それなのに，なぜ日本では，農産物の関税維持，さらには関税で守られている高い農産物・食料品価格の維持，が国益になるのだろうか？

第1節　日本の農業保護の特徴

　OECDが開発したPSE（Producer Support Estimate：生産者支持推定量）という農業保護の指標は，政府から農家への支払いである「納税者負担」の部分と，消費者が安い国際価格ではなく高い国内価格を農家に払うことで農家に所得移転している「消費者負担」の部分から成る。

　各国のPSEの内訳をみると，消費者負担の部分の割合は，ウルグアイ・ラウンド農業合意で保護削減の基準年とされた1986〜88年の数値，アメリカ37％，EU86％，日本90％に比べ，2010年ではアメリカ6％，EU15％，日本78％（約3.6兆円）となっている。アメリカやEUが価格支持から財政による直接支払いに移行しているにもかかわらず，日本の農業保護は依然価格支持中

心である。国内価格が国際価格を大きく上回るため，高関税が必要となる。

　米については，財政負担をしながら消費者負担も高めるという政策を40年以上も実施している。5000億円もの税金を使って農家に減反に参加させることにより，供給を減少させ，主食である米の値段を上げて，6000億円もの消費者負担を強いている。1兆8000億円の米生産に対して，国民は，納税者として消費者として二重の負担をしており，その合計は1兆円を超える。

　自民党は，2013年の減反見直しで米粉やエサ用の米生産の補助金を大幅に増額しようとしている。これによって主食用の米生産が減少すれば，その価格は上昇し，国民負担はさらに高まる。減反を廃止して，その補助金の一部を減反廃止による価格低下で影響を受ける農家への補償に切り替えれば，少ない財政負担で済むだけでなく，これまで国民に負担させてきた膨大な消費者負担は消えてなくなる。しかし，このような生産者，消費者，納税者にとって最も望ましい政策の採用は，日本では政治的に困難である。

第2節　特別の権能を持つJA農協

　日本が価格支持から直接支払いに移行できないのは，アメリカやEUになくて，日本に存在するものがあるからである。JA農協である。

　農協は戦後最大の圧力団体である。農地改革で多数の小作人に農地の所有権を与えたため，農村は保守化した。この農村を組織したのが，農協だった。農協が動員する票は自民党を支え，自民党は農林水産省の予算や組織の維持や増加に力を貸し，農協は米価や農協施設への補助金などでメリットを受ける"農政トライアングル"が成立した。水田は票田となり，農村を基盤とする自民党の長期安定政権が実現した。

　政府が米を買い入れた食管制度の時代，農協は米価引き上げの一大政治運動を展開した。食管制度がなくなった今も米価が低下すると，農協は政治力を発揮して政府に市場で米を買い入れさせ，米価を引き上げさせる。政治力こそ農協の最大の経営資産である。自民党の多数の議員は，2012年末の衆議院選挙では「TPP反対」，TPP参加後の2013年の参議院選挙では「農産物の関税撤廃

反対」を，それぞれ農協に約束して当選した。選挙を前にして"踏み絵"を迫るという農協の伝統的な政治手段である。

　アメリカやEUの農協は，特定の農産物の販売，資材の購入などそれぞれの事業を専門に行う農協であり，日本の農協のように，銀行，生命保険，損害保険，農産物や農業資材の販売，生活物資・サービスの供給など，ありとあらゆる事業を総合的に行う農協はない。日本の法人の中でも，このような権能を与えられているのは，農協だけである。銀行は他事業の兼業を禁止されているし，生命保険会社は損害保険業務を行えない。

　しかも，JAバンクの貯金残高は2012年度には90兆円まで拡大し，我が国第二を争うメガバンクとなっている。農協保険事業の総資産は51兆円で，生命保険最大手の日本生命の55兆円と肩を並べる。農産物や生活物資の売上でも中堅の総合商社に肩を並べる。農協はありとあらゆる事業を行う巨大企業体である。

　農業産出額は1984年の11.7兆円をピークに減少傾向が続き，2012年には8.5兆円とピーク時の約3分の2の水準まで低下した。農業が衰退する一方なのに，なぜ農業の協同組合である農協が発展するのだろうか？

第3節　高米価・減反政策による米農業衰退

　所得は，価格に生産量をかけた売上額からコストを引いたものであるから，所得を上げようとすれば，価格または生産量を上げるかコストを下げればよい。

　食管制度の時代には，政府が農協を通じて農家から米を買い入れる価格を，高く設定することによって，農家所得を保護するという政策が続けられた。1995年食管制度がなくなって以降も，減反政策によって補助金を農家に与えて生産を減少させ，高い米価を維持している。

　規模の大きい農家の米生産費（15ha以上の規模で実際にかかるコストは1俵あたり7023円）は零細な農家（0.5ha未満の規模で1万6845円）の半分以下である（2012年）。また，1俵（60kg）あたりの農産物のコストは，1ha当

たりの肥料，農薬，機械などのコストを1ha当たり何俵とれるかという単収で割ったものだから，単収が倍になれば，コストは半分になる。つまり，米価を上げなくても，規模拡大と単収向上を行えば，コストは下がり，所得は上がる。

　図が示す通り，都府県の平均的な農家である1ha未満の農家が農業から得ている所得は，ほぼゼロである。ゼロの農業所得にどれだけの戸数をかけようが，ゼロはゼロである。20haの農地がある集落なら，1人の農業者に全ての農地を任せて耕作してもらうと，1450万円の所得を稼いでくれる。これを農業のインフラである農地や水路の維持管理を行う対価として，農地を提供した集落の構成員に地代を配分した方が集落全体のためになる。農村振興のためにも，農業の構造改革が必要なのだ。

　しかし，農地面積が一定で一戸当たりの規模を拡大することは，農業に従事する戸数を減少させるということである。組合員の圧倒的多数である米農家戸数を維持したい農協は，農業の構造改革に一貫して反対した。農協が実現した高い米価のおかげで，零細で高コストの兼業農家が滞留し，農地を手放そうとはしなくなった。この結果，農業だけで生計を維持しようとする主業農家に農地は集まらず，主業農家が規模を拡大してコストダウン，収益向上を図るという道は困難となった。主たる収入が農業である主業農家の販売シェアは，野菜

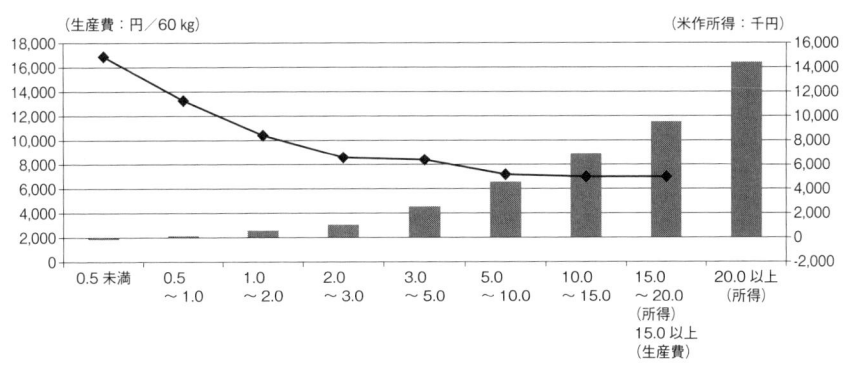

第2-1図　米の規模別生産費と所得

出所：農林水産省「農業経営統計調査 平成24年 個別経営の営農類型別経営統計（経営収支）―水田作経営―」及び「農業経営統計調査 平成24年産 米生産費」より作成。

では80％，酪農では93％にもなるのに，高米価政策のせいで米だけ38％と異常に低い。

しかも，減反政策は単収向上を阻害した。総消費量が一定の下で単収が増えれば，米生産に必要な水田面積は縮小し，減反面積が拡大するので，減反補助金が増えてしまう。このため，財政当局は，単収向上を農林水産省に厳に禁じた。1970年の減反開始後，政府の研究機関にとって単収向上のための品種改良はタブーとなった。今では，日本の米単収はカリフォルニア米より，4割も低い。ある民間企業はカリフォルニア米を上回る収量の品種を開発し，一部の主業農家はこれを栽培している。しかし，多数の兼業農家に苗を供給する農協は，生産が増えて米価が低下することを恐れ，これを採用しようとはしない。

高い米価は米の消費を減少させた。高米価政策によって生産と消費の両面で打撃を加えられた米農業は，衰退した。農業の中でも，特に米の産出額は10年間で半減し，農業産出額に占める米の割合は，2010年には，とうとう2割を切ってしまった。

水田を水田として使わせない減反政策は，米生産を縮小したばかりか，水資源の涵養や洪水防止など農業の多面的機能も損なった上，350万haあった水田の100万haを失い，食料安全保障も損なった。

第4節　米農業衰退が農協発展の基礎

戦後の食糧難時代，農家は高値のヤミ市場に米を流してしまう。それでは政府に米が集まらなくなるので，農林省が戦時中の統制団体を衣替えして作ったのが，農協である。米農業が衰退するのに，米農業に基礎を置く農協は大きく発展した。というより，米農業が衰退したことで農協は発展したと言った方が適切である。

次の第2-2図は，さまざまな農業の中で，コメだけ農業所得の割合が著しく低く，農外所得（兼業収入）と年金の割合が異常に高いことを示している。コメを作っているのは，兼業農家や年金生活者である。

次の第2-3図は農家所得（平均値）の内訳である。米の兼業農家の農業所得

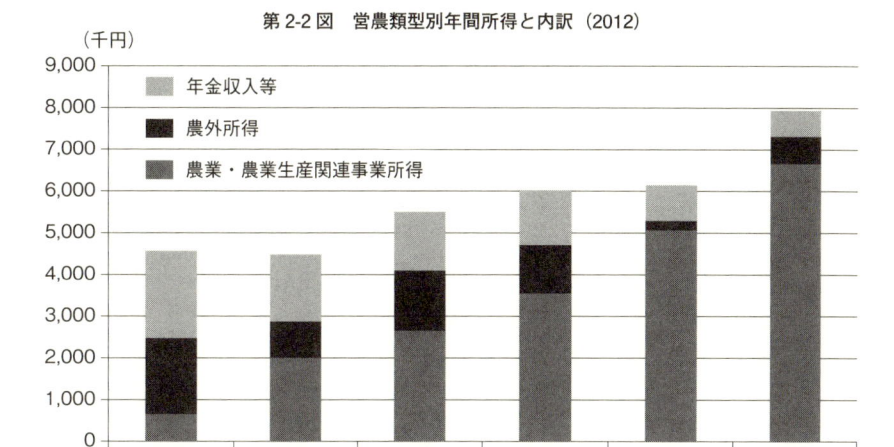

第 2-2 図　営農類型別年間所得と内訳（2012）

出所：平成 24 年度　営農類型別経営統計（個別経営）より。

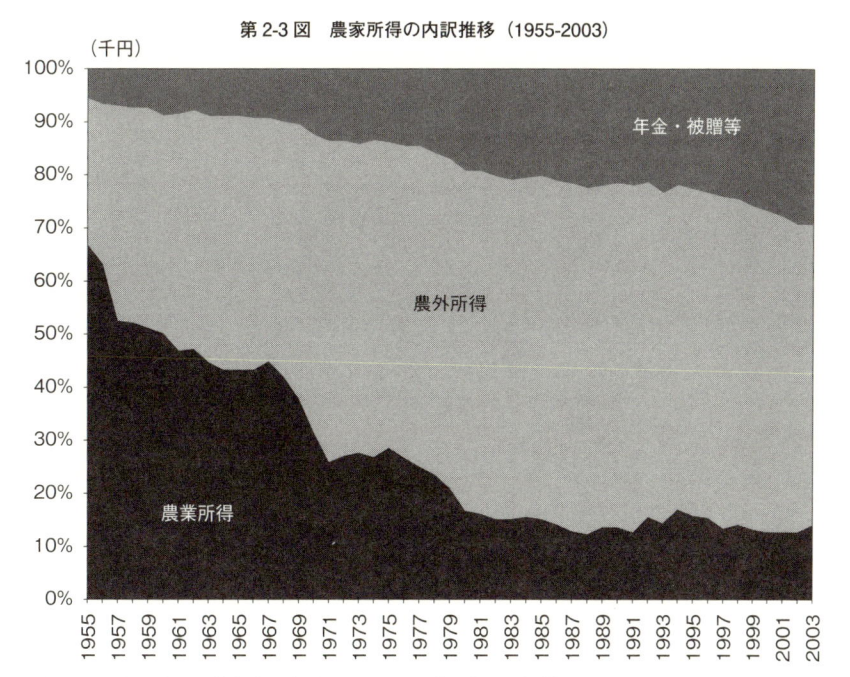

第 2-3 図　農家所得の内訳推移（1955-2003）

注：2004 年以降，調査方法が変更されたため以前と数値が接続しない。
出所：農林水産省『農業経営動向統計』より作成。

は少なくても，その農外所得（兼業収入）は他の農家と比較にならないほど大きい。しかも，米農家は農家戸数の7割を占める。したがって，農家全体では，米の兼業農家の所得が支配的な数値となってしまう。兼業化，高齢化の進展で，農外所得，年金収入が大きく増加した。1955年には農家所得の67％を占めていた農業所得は，2003年では14％に過ぎない。農業所得110万円に対して，農外所得432万円は4倍，年金等229万円は2倍である。

　米農業の衰退をもたらした兼業農家の滞留は，農協にとって好都合だった。農業所得の4倍に達する兼業所得も年間数兆円に及ぶ農地の転用利益も，銀行業務を兼務できる農協の口座に預金され，農協は日本第2位のメガバンクとなった。米価を高くして兼業農家を維持したことが，農協発展の基礎となった。

第5節　問題の本質は"TPPと農協"だ

　関税がなくなれば，国内価格を高くしている減反政策は維持できない。これで価格が下がっても，財政から直接支払い，所得補償を行えば，農家は影響を受けない。しかし，高い所得を得ている兼業農家の所得を補償することは，国民納税者の納得が得られない。そうなれば，米価低下によりコスト割れした兼業農家は農地を出してくる。直接支払いは主業農家に交付されるので，農地はこれによって地代負担能力が高まった主業農家に集積し，米産業の規模拡大，コストダウン，収益向上が実現する。減反廃止で，単収も向上する。米消費も増えるし，消費者は価格低下の利益を受ける。

　これまで高い関税で外国産農産物から国内市場を守ってきたが，高齢化，人口減少で縮小する国内市場に頼る限り，日本農業はさらに衰退せざるをえない。日本農業を維持，振興しようとすると，輸出市場を開拓せざるを得ない。国際的にも高い評価を受けている日本の米が，減反廃止と直接支払いによる生産性向上で価格競争力を持つようになると，世界市場を開拓できる。

　しかし，価格が下がって販売手数料収入が減少する農協は困る。それだけではない。関税がなくなって米価が下がり，兼業農家がいなくなり，主業農家主

体の農業が実現することは，農協にとって組織基盤を揺るがす一大事だ。農協がTPPに対して大反対運動を展開しているのは，このためだ。農協にとって10年先の農業がどうなるかは重要なことではない。問題の本質は，"TPPと農業"ではなく"TPPと農協"なのだ。農協が強い政治力を維持する以上，我が国が自力で減反廃止などの抜本的な農政改革を実行することは，不可能である。

第6節　TPP交渉の行方

　我が国の農業総生産額約8兆円（2010年度）のうち，ほとんど関税のかかっていない品目の割合は，野菜28％，果物9％，養鶏業9％，花4％，これだけで5割である。TPPに参加して関税を撤廃しても，日本農業は壊滅などしない。

　今の関税システムは，1993年に妥結したウルグアイ・ラウンド交渉の結果，できあがった。当時，日本の農産物輸入は，関税さえ払えば自由に輸入できるものと，一定数量以上は輸入させないという数量制限制度の下にあるもの，の二つから成り立っていた。関税自体は，どちらの制度のものでも，高くはなかった。

　同交渉では，数量制限は禁止され，関税だけの輸入制度とすることが合意された。その際，数量制限を廃止する代わりに，その対象品目に限り，国内価格と国際価格との差，つまり内外価格差を関税に置き換えることが認められた。これが"関税化"である。

　内外価格差で置き換えられる関税については，国内農業を保護するため，内外価格差を算定する際できる限り安い国際価格を使うことによって，大きな数値を設定した。米については，カリフォルニア米ではなく安いタイ米の価格を使い，kgあたり402円という関税を設定した。今の関税は，ウルグアイ・ラウンド合意に従いこれを15％削減した341円である。これは，今の国内米価230円程度を大きく上回っている。たとえ輸入米の価格がゼロでも，関税を払うと国内の米と競争できない。過剰な保護関税である。現在の高関税はこのよ

うな関税化の結果である。

　今，日本政府はこれらの関税化品目等について，関税の削減もしないという方針でTPP交渉に臨んでいる。しかし，高いレベルの自由化を目指しているTPP交渉で，この交渉方針は維持できない。

　通商交渉で原則に対して例外を主張する国は，代償を払わされる。ウルグアイ・ラウンド交渉で，関税化すれば消費量の5％の関税ゼロの輸入枠（ミニマム・アクセス）を設定するだけで済んだのに，我が国は米について関税化の例外措置を要求したために，この輸入枠を消費量の8％まで拡大するという代償を払わなければならなかった。それが過重だと分かったので，1999年に関税化に移行し，消費量の7.2％（77万トン）に抑えることとした。最初から関税化を受け入れておけばよかったのである。逆に，数量制限がガット違反と裁定され，低関税で即時自由化しなければならなかったはずの乳製品は，ウルグアイ・ラウンド交渉まで自由化を引き延ばしていたために，関税化によって関税の大幅な引き上げなど有利な条件を獲得することができた。ウルグアイ・ラウンド交渉の結果は，例外を勝ちとった米の一人負けである。

　安倍首相はオバマ大統領との会談で農産物に聖域があることを確認したと，自民党内に説明したうえで，TPP交渉参加に踏み切った。少なくとも，聖域の中の聖域である米については，関税を維持しなければならない。しかし，米国の米業界の対日輸出を増やさなければならないという実利にも対応しなければならない。そうすると，TPP交渉で例外を主張する以上，TPP参加国に対する関税ゼロの輸入枠を設定するしかない。米農業にとって需要は更に減少する。

　残念なことに，私の予想は当たってしまった。TPP交渉について，米，麦，砂糖については現在の関税を維持するとともに，米，麦については，米国産の輸入枠を拡大するという報道がなされている。

　日本の政治において聖域中の聖域である米の関税を日本が削減できないのは，アメリカの米業界もわかっている。小麦は，農水省が独占的に輸入している「国家貿易制度」のおかげで，数十年もアメリカ6割，カナダ，豪州各2割のシェアが固定している。関税がなくなると，アメリカはカナダ，豪州だけでなく，EUなど他の国とも，価格競争を含めた真剣勝負をしなければならなくなる。そうなるとアメリカの輸出が減る可能性が高い。米も小麦も，関税がか

からない輸入枠の設定・拡大がアメリカの利益になる。砂糖については，そもそも輸出競争力はない。アメリカは日本に関税維持の名を与えて，輸出利益を拡大するという実を採ったのである。

第7節　正しい農業政策

　農業界はアメリカや豪州に比べて規模が小さいので，競争できないという主張を行っている。農家1戸当たりの農地面積は，日本を1とすると，EU6，アメリカ75，豪州1309である。

　確かに規模が大きい方がコストは低い。しかし，規模だけが重要ではない。この主張が正しいのであれば，世界最大の農産物輸出国アメリカも豪州の17分の1なので，競争できないことになる。これは，土地の肥沃度や各国が作っている作物の違いを無視している。同じ小麦作でも，土地が痩せている豪州の面積当たりの収量（単収）は，イギリスの5分の1である。EUの規模はアメリカや豪州と比べものにならない（アメリカの12分の1，豪州の218分の1）が，単収の高さと政府からの直接支払いで，国際市場へ穀物を輸出している。作物については，アメリカは大豆やとうもろこし，豪州は牧草による畜産が主体である。米作主体の日本農業と比較するのは妥当ではない。

　より重要な点は，自動車に高級車と低価格車があるように，同一の農産物の中にも品質に大きな差がある。国内でも，同じコシヒカリという品種でも，新潟県魚沼産と一般産地のコシヒカリでは，1.5倍の価格差がある。国際市場で，日本米は最も高い評価を受けている。現在，香港では，同じコシヒカリでも日本産はカリフォルニア産の1.6倍，中国産の2.5倍の価格となっている。高級車は軽自動車のコストでは生産できない。高品質の製品がコストも価格も高いのは当然である。

　しかも，この主張には，関税が撤廃され，政府が何も対策を講じないという前提がある。アメリカやEUは直接支払いという鎧を着て競争しているのに，日本農業だけが徒手空拳で競争する必要はない。近年国際価格の上昇により，内外価格差は縮小し，必要な直接支払いの額も減少している。現在の価格で

も，台湾，香港などへ米を輸出している生産者がいる。世界に冠たる品質の米が，生産性向上と直接支払いで価格競争力を持つようになると，鬼に金棒となる。米の輸出は原発事故の影響を乗り越えて，着実に増加している。これは，内外価格差は大きなものではないことを示している。

　仮に，減反廃止により日本米の価格がkgあたり130円に低下し，三農問題の解決による農村部の労働コストの上昇や人民元の切り上げによって中国産米の価格が220円に上昇すると，商社は日本市場で米を130円で買い付けて220円で輸出すると利益を得る。この結果，国内での供給が減少し，輸出価格の水準まで国内価格も上昇する。これによって国内の米生産は拡大するし，直接支払いも減額できる。

第8節　農業こそTPPが必要

　米の生産は1994年1200万トンから800万トンに3分の1も減った。これまで高い関税で守ってきた国内の市場は，今後高齢化と人口減少でさらに縮小する。これに合わせて生産すると，日本農業は安楽死するしかない。

　日本農業を維持，振興しようとすると，輸出により海外市場を開拓せざるを得ない。その際，輸出相手国の関税について，100％と0％のどちらが良いのかと問われれば，0％が良いに決まっている。国内農業がいくらコスト削減に努力しても，輸出しようとする国の関税が高ければ輸出できない。貿易相手国の関税を撤廃し輸出をより容易にするTPPなどの貿易自由化交渉に積極的に対応しなければ，日本農業は衰退するしか道がない。TPPは農業のためにも必要なのだ。その際の正しい政策は，減反廃止による価格引下げと主業農家に対する直接支払いである。守るべきは農業であって，関税という手段ではない。

　もちろん日本の産業や農業にとって有望な市場は中国である。しかし，今でも関税1％で中国へ輸出できるが，日本ではkg当たり300円で買える日本米が，上海では1300円もする。中国では，国営企業が流通を独占し，高額のマージンを徴収しているからだ。このような事実上の関税が残る限り自由に輸出できない。

アメリカがTPPで狙っているものに，中国の国営企業に対する規律がある。同じ社会主義国家で国営企業を抱えるベトナムなどを仮想中国と見なして交渉することで，いずれ中国がTPPに参加する場合に規律しようとしているのだ。日本が日中のFTA交渉で中国に国営企業に対する規律を要求しても，中国は相手にしないだろう。アメリカの力を借りて国営企業に対する規律を作るしかない。TPP交渉に参加することが中国市場開拓の道となる。

第9節 2013年の見直しが招く減反の崩壊

2009年に自民党は，農家が米粉・エサ用に米を生産・販売した場合でも，主食用に米を販売した場合の10a当たりの収入10.5万円と同じ収入を確保できるよう，8万円の補助金を導入した。2013年の減反見直しは，2010年に民主党が導入した戸別所得補償を廃止する代わりに，2009年に導入した補助金を最大10.5万円にまで増額し，米粉・エサ用の米価をさらに引き下げて，その生産を増やそうとしているものである。この補助金は主食用米の販売収入と同額であるから，もし農家が主食用の収入と同じ収入で満足するなら，農家は米粉・エサ用の米をタダで販売することができる。補助率100％の補助金である。

現在米粉・エサ用の米作付面積は6.8万haで，減反面積100万haの1割にも満たないが，補助単価が大きいので，トータル2500億円の減反補助金のうち544億円がこれだけに支払われている。農林水産省はエサ用に最大450万トンの需要があるとしている。10a当たり単収700kgなら，面積で64万haだ。10.5万円を払うと，これだけで7000億円かかる。残りの減反面積を合わせると，減反補助金は8000億円に達する。

今回の見直しで，補助金が効きすぎて，米粉・エサ用の米の収益の方がよくなれば，主食用の米の作付けが減少し，主食用の米価はさらに上がる。そうなると，税金投入の増加とあわせて，国民負担はさらに高まる。

国際的にも，補助金漬けによる米粉やエサ用の米生産は，輸入小麦やトウモロコシを代替してしまい，これらのほとんどを輸出国しているアメリカの利益

を大きく損なう。アメリカがWTOに減反補助金を提訴すれば，日本車に報復関税をかけることが可能だ。高米価・減反政策を徹底した行きつく先が，減反の崩壊と農協の動揺を招くかもしれない。一筋の光明である。

参考文献
山下一仁（2012）『TPP おばけ騒動と黒幕』オークラ出版。
山下一仁（2013）『日本の農業を破壊したのは誰か─「農業立国」に舵を切れ』講談社。
山下一仁（2014）『農協解体』宝島社。

（山下一仁）

第3章
TPPと東アジア経済統合

はじめに

　環太平洋経済連携協定（TPP）の交渉進展が，東アジアの経済統合に大きな影響を与えている。TPP交渉の進展は従来進展のなかった東アジア全体の自由貿易協定（FTA）の確立を促し，ASEANが提案した東アジア地域包括的経済連携（RCEP）は2015年の実現に向けて交渉が進められている。また日本は2013年7月に遂にTPP交渉に参加し，日本の参加によりTPPは東アジアの経済統合へ更に大きな影響を与えている。

　東アジアではASEANが経済統合をリードしてきた。ASEANは，1976年から域内経済協力を開始し，1992年からはASEAN自由貿易地域（AFTA）を推進し，現在，2015年のASEAN経済共同体（AEC）の実現を目指している。また東アジアにおいては，ASEANを中心として重層的な協力が展開してきた。アジア経済危機を契機にASEAN+3の枠組みが確立し，ASEAN+6の枠組みも進められてきた。そしてASEANを軸としたASEAN+1のFTAが急速に確立されてきた。しかしながら2008年からの世界金融危機後の構造変化の中で，TPPが大きな意味を持ち始め，東アジアの経済統合の実現に多大な影響を与えている。

　本章では，現在の世界経済の変化の中で，TPPが東アジア経済統合にどのような影響を与えているかを考察したい。更に日本がTPPと東アジア経済統合においてどのような影響を与えているかについても触れたい。筆者は世界経済の構造変化の下でのASEANと東アジアの経済統合を長期的に研究してきている。本章ではそれらの研究の延長に，TPPと東アジア経済統合に関して考察す

る。

第1節　ASEAN と東アジアの地域経済協力

1．ASEAN 域内経済協力の展開と ASEAN 経済共同体

　東アジアでは，ASEAN が域内経済協力・経済統合の嚆矢であった。1967年に設立された ASEAN は，当初の政治協力に加え，1976年の第1回首脳会議と「ASEAN 協和宣言」より域内経済協力を開始した。1976年からの域内経済協力は，外資に対する制限のうえに企図された「集団的輸入代替重化学工業化戦略」によるものであったが挫折に終わり，1987年の第3回首脳会議を転換点として，1985年9月のプラザ合意を契機とする世界経済の構造変化をもとに，「集団的外資依存輸出指向型工業化戦略」へと転換した[1]。

　1991年から生じた ASEAN を取り巻く政治経済構造の歴史的諸変化，すなわちアジア冷戦構造の変化，中国の改革・開放に基づく急速な成長と対内直接投資の急増等から，更に域内経済協力の深化と拡大が進められ，1992年の第4回首脳会議からは ASEAN 自由貿易地域（AFTA）が推進されてきた。そして冷戦構造の変化を契機に，1995年には ASEAN 諸国と長年敵対関係にあったベトナムが ASEAN に加盟した。1997年にはラオス，ミャンマーが加盟，1999年にはカンボジアも加盟し，ASEAN は東南アジア全域を領域とすることとなった。

　1997年のアジア経済危機を契機として，ASEAN を取り巻く世界経済・東アジア経済の構造は，更に大きく変化してきた。中国の急成長と影響力の拡大，WTO による世界大での貿易自由化の停滞などのアジア経済危機以降の構造変化のもとで，ASEAN にとっては更に協力・統合の深化が目標とされた。

　2003年10月の第9回首脳会議における「第2 ASEAN 協和宣言」は，ASEAN 安全保障共同体（ASC），ASEAN 経済共同体（AEC），ASEAN 社会文化共同体（ASCC）から成る ASEAN 共同体（AC）の実現を打ち出した。AEC は ASEAN 共同体を構成する3つの共同体の中心であり，2020年までに財・サービス・投資・熟練労働力の自由な移動に特徴付けられる単一市場・生産基

地を構築する構想であった[2]。AECの提案は，中国やインドなど競争者が台頭する中での，ASEAN首脳達のASEANによる直接投資を呼び込む能力への危惧によるものであった[3]。

2007年1月の第12回ASEAN首脳会議では，ASEAN共同体創設を5年前倒しして2015年とすることを宣言し，2007年11月の第13回首脳会議では，第1に，全加盟国によって「ASEAN憲章」が署名され，第2に，AECの2015年までのロードマップである「AECブループリント」が発出された。2008年からは，ブループリントを確実に実施させるために，スコアカードと事務局によるモニタリングを実施してきている。

2010年1月には先行加盟6カ国で関税が撤廃されAFTAが完成した。先行6カ国では品目ベースで99.65％の関税が撤廃された。新規加盟4カ国においても，全品目の98.96％で関税が0～5％となった[4]。2010年10月の第17回ASEAN首脳会議では，AECの確立と域内格差の是正を後押しするために「ASEAN連結性マスタープラン」が出された。こうしてASEANでは，2015年のAECの実現に向けて，着実に行動が取られてきた。

2．ASEANを中心とする東アジアの地域経済協力とFTA

ASEANは，東アジアの地域経済協力においても，中心となってきた（第2-1図参照）。東アジアにおいては，アジア経済危機とその対策を契機に，地域経済協力が重層的・多層的に展開してきた。それが東アジアの地域経済協力の特徴であるが，その中心はASEANであった[5]。

東アジア大の地域経済協力は，アジア経済危機直後の1997年12月の第1回ASEAN+3首脳会議が基点であった。1998年の第2回首脳会議では，ASEAN首脳会議に合わせて毎年開催されることが合意された。2003年5月にはASEAN+3財務相会議においてチェンマイ・イニシアチブ（CMI）が合意された。通貨危機の予防と拡大防止のためのセーフティーネット構築のさきがけであり，通貨金融協力から東アジア大の地域経済協力が展開してきた。ASEAN+3は，通貨金融を含め19分野での協力を進め，広域のFTAに関しても13カ国による東アジア自由貿易地域（EAFTA）構想に合意した。

2005年の一連のASEAN首脳会議の際には，初の東アジア首脳会議（EAS）

第 3-1 図　ASEAN を中心とする東アジアの地域協力

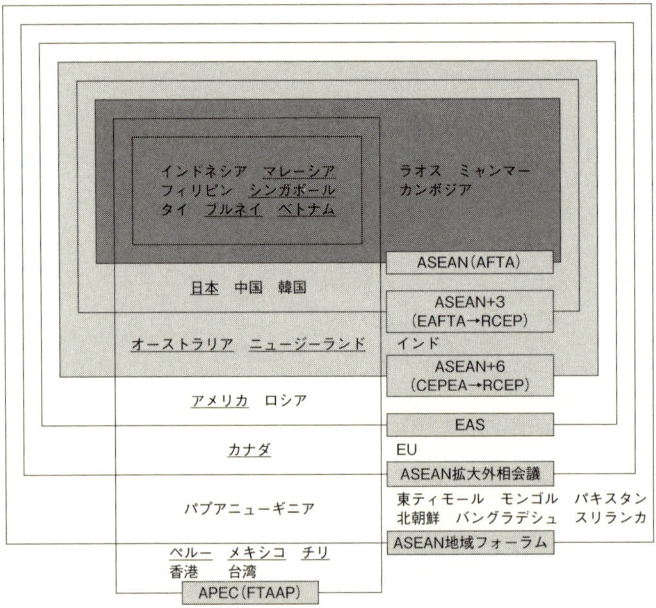

	インドネシア　マレーシア フィリピン　シンガポール タイ　ブルネイ　ベトナム	ラオス　ミャンマー カンボジア
		ASEAN(AFTA)
	日本　中国　韓国	ASEAN+3 (EAFTA→RCEP)
	オーストラリア　ニュージーランド　インド	ASEAN+6 (CEPEA→RCEP)
		EAS
	アメリカ　ロシア	EU
	カナダ	ASEAN拡大外相会議
	パプアニューギニア	東ティモール　モンゴル　パキスタン 北朝鮮　バングラデシュ　スリランカ
		ASEAN地域フォーラム
	ペルー　メキシコ　チリ 香港　台湾	
	APEC(FTAAP)	

注：(　) は自由貿易地域（構想を含む）である。
　　ASEAN：東南アジア諸国連合，AFTA：ASEAN 自由貿易地域，EAFTA：東アジア自由貿易地域，EAS：東アジア首脳会議，CEPEA：東アジア包括的経済連携，RCEP：東アジア地域包括的経済連携，APEC：アジア太平洋経済協力，FTAAP：アジア太平洋自由貿易圏。
　　下線は，環太平洋経済連携協定（TPP）交渉参加国。
出所：筆者作成。

も開催された。参加国は ASEAN10 カ国，日本，中国，韓国に加えて，インド，オーストラリア，ニュージーランドの計16カ国であった。EAS は，ASEAN+3 首脳会議とともにその後も毎年開催され，テーマとしてはエネルギー，教育，防災，鳥インフルエンザ，金融等を設定している。広域 FTA に関しても，2006年の第2回 EAS で 16 カ国による東アジア包括的経済連携（CEPEA）構想に合意した。

　東アジアにおいては，FTA や経済連携協定（EPA）も急速に展開してきた。その中でも ASEAN 中国自由貿易地域（ACFTA），ASEAN 日本包括的経済連携協定（AJCEP），ASEAN 韓国 FTA（AKFTA），ASEAN インド FTA（AIFTA）

など，ASEAN を中心とする ASEAN+1 の FTA が中心である。ACFTA がそれらの嚆矢であり，2002 年 11 月には「包括的経済協力枠組み協定」を締結し，2010 年までに先行加盟 6 カ国と，2015 年までに新規加盟 4 カ国と関税を撤廃することを合意した。ACFTA に続き，AJCEP，AKFTA も締結された。2009 年 2 月には ASEAN オーストラリア・ニュージーランド FTA（AANZFTA）が締結され，8 月には ASEAN インド間で包括的経済協力枠組み協定の下での物品貿易協定が締結された。こうして ASEAN を中心とする ASEAN+1 の FTA 網が，東アジアを覆ってきた。ただし，東アジア広域の FTA に関しては，日本が推す CEPEA と中国が推す EAFTA が検討されてきたが，実際に交渉に入ることはできなかった。

第 2 節　世界金融危機後の東アジア
　　　　―TPP 交渉と ASEAN による RCEP の提案―

1．世界金融危機後の東アジアと TPP

　2008 年の世界金融危機後の構造変化は，ASEAN と東アジアに大きな転換を迫っている[6]。世界金融危機は，アジア経済危機から回復しその後発展を続けてきた ASEAN と東アジアの各国にとっても打撃となった。世界経済は新たな段階に入り，これまでのアメリカの過剰消費と金融的蓄積に基づいた東アジアと世界経済の成長の構造は転換を迫られてきた。そのような構造変化の中で，新たな世界大の経済管理と地域的な経済管理が求められている。現在，WTO による貿易自由化と経済管理の進展は困難であり，地域による貿易自由化と経済管理がより不可避となってきている。

　ASEAN と東アジアにおいては，アメリカやヨーロッパのような域外需要の確保とともに，域内需要に基づく発展を支援することが，これまで以上に強く要請されている。東アジアは，他の地域に比較して世界金融危機からいち早く回復し，現在の世界経済における主要な生産基地並びに中間財の市場であるとともに，成長による所得上昇と巨大な人口により，主要な最終消費財市場になってきている。それゆえ，域外との地域経済協力・FTA の構築とともに，

ASEANや東アジアにおける貿易自由化や円滑化が一層必要なのである。

一方，世界金融危機後のアメリカにおいては，過剰消費と金融的蓄積に基づく内需型成長の転換が迫られ，輸出を重要な成長の手段とすることとなった。主要な輸出目標は，世界金融危機からいち早く回復し成長を続ける東アジアであった。オバマ大統領は2010年1月に輸出倍増計画を打ち出し，アジア太平洋にまたがるTPPへの参加を表明した。この計画の主要な輸出先は成長を続ける東アジアであり，そのためにもTPPへの参加が求められた。

TPPは，原則関税撤廃という高い水準の自由化を目標とし，また物品貿易やサービス貿易だけではなく，投資，競争，知的財産権，政府調達等の非関税分野を含み，更に新たな分野である環境，労働，分野横断的事項等を含む包括的協定となる。2006年にP4として発効した当初は4カ国によるFTAにすぎなかったが，アメリカが参加を表明し，急速に大きな意味を持つようになった。以上のような状況は，ASEANと東アジアにも影響を与え始めた。東アジアの需要とFTAを巡って競争が激しくなってきたのである。

2．2010年からのFTA交渉の加速

2010年はASEANと東アジアの地域経済協力にとって画期となった。1月にAFTAが先行6カ国で完成し，対象品目の関税が撤廃された。同時に，ASEANと中国，韓国，日本との間のASEAN+1のFTA網もほぼ完成し，ASEANとインドのFTA，ASEANとオーストラリア・ニュージーランドのFTAも発効した。6月には中国と台湾の間で，経済協力枠組み協定（ECFA）が締結された。

TPPにはアメリカ，オーストラリア，ペルー，ベトナムも加わり，2010年3月に8カ国で交渉が開始された。更に10月にはマレーシアも交渉に加わり，交渉参加国は9カ国となった。2010年11月の横浜で開催されたAPECでは，首脳宣言でアジア太平洋全体の経済統合の目標であるアジア太平洋自由貿易圏（FTAAP）の実現に向けた道筋として，TPP，ASEAN+3（EAFTA），ASEAN+6（CEPEA）の3つがあることに合意した。その中で唯一交渉が進められているTPPの重要性が大きくなってきた。

TPPがアメリカをも加えて確立しつつある中で，また日本の参加が検討さ

れる中で，中国の東アジア地域経済協力に対する政策も変化してきた。2011年8月には，ASEAN+6経済閣僚会議において日本と中国は共同提案を行い，日本が推していたCEPEAと中国が推していたEAFTAを区別なく進めることに合意し，貿易・投資の自由化を議論する作業部会の設置を提案した。また従来進展の遅かった日中韓の北東アジアのFTAも，3カ国による産官学の交渉が予定よりも早く2011年に終了され，進められることとなった。これらはASEANが東アジア地域包括的経済連携（RCEP）を提案する契機となった。

3．ASEANによるRCEPの提案

　2011年11月には，今後の東アジア経済統合を左右する重要な2つの会議が開催された。11月12～13日のハワイでのAPEC首脳会議の際に，TPPに既に参加している9カ国はTPPの大枠合意を結んだ。APECに合わせて，日本はTPP交渉参加へ向けて関係国と協議に入ることを表明した。カナダとメキシコも参加を表明し，TPPは東アジアとアジア太平洋の経済統合に大きな影響を与え始めた。TPPへのアメリカの参加とともに，日本のTPPへの接近が，ASEANと東アジアの経済統合の推進に向けて大きな加速圧力をかけた。

　2011年11月17～19日には，バリでASEAN首脳会議，ASEAN+3首脳会議，EAS等が開催された。ASEANは，ASEAN首脳会議でASEAN共同体構築に向けて努力することを確認するとともに，これまでのEAFTAとCEPEA，ASEAN+1のFTAの延長に，ASEANを中心とする東アジアのFTAであるRCEPを提案した。貿易投資自由化に関する3つの作業部会も合意された。RCEPはその後，東アジアの広域FTAとして確立に向けて急速に動き出すこととなった。

　一連の会議では，ASEANの連結性の実現とAECの構築を，EAS参加国全体で支援することが確認されるとともに，ASEAN提案の東アジアFTA（RCEP）を推進することが表明された。EASはこの会議からアメリカとロシアが加わり18カ国体制となり，東アジアのFTAを一層推進することとともに，海洋安保についても話し合われた。オバマ大統領は，APEC首脳会議に続いてアジア重視を強調した。中国は，日本のTPPへの接近の影響により，一連の会議で東アジアの地域協力を強く支持するようになり，同時に北東アジア

の日中韓のFTA構築の加速を表明した。

RCEPに関しては、2012年4月のASEAN首脳会議で、11月までにRCEPの交渉開始を目指すことに合意し、2012年8月には第1回のASEAN+FTAパートナーズ大臣会合が開催された。第1回のASEAN+FTAパートナーズ大臣会合では、ASEAN10カ国並びにASEANのFTAパートナーである6カ国が集まり、16カ国がRCEPを推進すること、2012年11月に交渉を開始することに合意した[7]。同時にRCEP交渉の目的と原則を示した「RCEP交渉の基本指針及び目的」をまとめた。「RCEP交渉の基本指針及び目的」では、既存のASEAN+1を上回るFTAを目指すことを述べ、Ⅰ物品の貿易、Ⅱサービスの貿易、Ⅲ投資とともに、Ⅳ経済技術協力、Ⅴ知的財産権、Ⅵ競争、Ⅶ問題解決に関しても進めることを述べた[8]。

TPP確立への動きは、EAFTA、CEPEA、ASEAN+1のFTA網の延長に、ASEANによるRCEPの提案をもたらし、これまで進展のなかった東アジアの広域のFTAの実現にも、大きな影響を与えた。ASEANにとっては、東アジアのFTAの枠組みは、従来のようにASEAN+1のFTAが主要国との間に複数存在し、他の主要国は相互のFTAを結んでいない状態が理想であった。しかし、TPP確立の動きとともに、日本と中国により東アジアの広域FTAが進められる状況の中で、ASEANの中心性（セントラリティー）を確保しながら東アジアFTAを推進するというセカンドベストを追及することとなったと言えよう[9]。

こうして世界金融危機後の変化は、ASEANと東アジアの経済統合の実現を追い立てることとなった。世界金融危機後のアメリカの状況の変化は、対東アジア輸出の促進とともに、東アジア各国のTPPへの参加を促した。更にアメリカを含めたTPP構築の動きは、日本のTPPへの接近につながり、ASEANと東アジアの経済統合の実現を加速させることとなった。

第3節　RCEP 交渉の開始と日本の TPP 交渉参加

1．TPP 交渉の進展と RCEP 交渉の開始

　TPP 交渉は更に進められてきた。2012 年 11 月 6 日にはオバマ大統領が再選され，アメリカのアジア重視と TPP 推進の政策が続けられた。オバマ大統領は再選後初の外国訪問先として 18 日にタイ，19 日にミャンマー，20 日には EAS が開催されるカンボジアを訪問した。タイではインラック首相がオバマ大統領に，タイが TPP 交渉に参加する意向があることを表明した。
RCEP に関しては，プノンペンでの第 21 回 ASEAN 首脳会議と関連首脳会議中の 11 月 20 日に，ASEAN10 カ国と FTA パートナー諸国の 16 カ国により，RCEP 交渉立ち上げ式が開催され，8 月にまとめられた「RCEP 交渉の基本指針及び目的」を承認し，RCEP 交渉の立ち上げが宣言された。2013 年早期に RCEP 交渉を開始し，2015 年末までに交渉を完成させることを目指すこととなった[10]。こうして東アジア広域の FTA が遂に実際に交渉されることとなった。また同日には，日中韓の経済貿易相が 2013 年に日中韓の FTA の交渉を開始することを合意した。領土問題を抱えながらも，日中韓は FTA に関しては交渉を開始した。
　12 月 3 日からはオークランドで第 15 回 TPP 交渉会議が開催され，初めてカナダとメキシコが参加した。TPP の交渉参加国は，カナダとメキシコの参加により 11 カ国に拡大した。こうして TPP 交渉が更に進められるとともに，RCEP と日中韓 FTA の交渉も開始されることとなった。

2．日本の TPP 交渉参加と FTA 交渉の加速

　TPP では，日本の交渉参加も焦点となってきた。日本は，2012 年春の TPP 交渉参加を見送り，9 月にも 11 月にも交渉参加を表明できなかった。与党内の合意が形成できず，農業など国内利害関係者との調整も進まなかったからであった。TPP においては，日本が 2011 年に交渉参加の意向を表明したことが，メキシコ，カナダの交渉参加につながり，RCEP という東アジア経済統合

に向けての動き，日中韓の FTA に向けての動きにつながった。日本が玉を突いたことが大きな影響を与えたと言える。しかし，玉を突いた日本が躊躇している間に，各国が経済統合と FTA へ向けて進んでしまった。

　2012 年 12 月 26 日に就任した安倍首相は，ASEAN 重視を示すとともに，TPP 交渉参加への道を探ってきた。首相は，就任後初の外国訪問先として 2013 年 1 月にベトナム，タイ，インドネシアを訪問して ASEAN 重視を示し，インドネシアでは「対 ASEAN 外交 5 原則」を発表した。2 月 22 日にはワシントンでオバマ大統領と会談し，「TPP に関する日米共同声明」を発表し，日本の TPP 交渉参加への道が付けられた。

　3 月 15 日に安倍首相は，遂に日本の TPP 交渉参加を正式に表明した。首相会見で安倍首相は，「TPP はアジア太平洋の未来の繁栄を約束する枠組みだ」，「アジア太平洋地域における新たなルールを作り上げていくことが日本の国益となるだけではなく，世界に繁栄をもたらす」と述べた。

　日本の TPP 交渉参加表明は，東アジアの経済統合と FTA に更に大きなインパクトを与え，交渉が急加速することとなった。日中韓は，3 月 26 日に日中韓 FTA へ向けた第 1 回交渉をソウルで開催した。日中韓の FTA は中国と韓国が先行していたが，日本の TPP 交渉参加表明をきっかけに 3 カ国の FTA へ向けて急速に動き出した。また 3 月 25 日には，日本と EU が経済連携協定（EPA）の交渉開始を宣言した。これまで動かなった日本と EU の交渉も，遂に動き出すこととなった。日本の TPP 交渉参加は，東アジアの経済統合だけでなく，日本と EU の巨大 FTA をも後押ししたのである。
RCEP も 5 月 9 ～ 13 日にブルネイで第 1 回交渉会合が開催された。RCEP 第 1 回交渉では，高級実務者レベルの貿易交渉委員会会合とともに，物品貿易，サービス貿易及び投資に関する各作業部会が開催された[11]。

　TPP 交渉への日本の参加に関しては，4 月には米国を含めすべての交渉国により日本の参加が合意され，4 月 24 日には米通商代表部が議会に TPP 交渉への日本の参加を認める意図を通知した。そして米国議会の承認期間の 90 日を経て，7 月 23 日にコタキナバルでの第 18 回 TPP 交渉会合において，日本がついに TPP 交渉に参加することとなった。日本の TPP 交渉参加が実現する中で，11 月 29 日には韓国も TPP 交渉参加を表明した。TPP に日本が交渉参加

し，TPPは世界第1位と第3位の経済大国を含む巨大なFTAとなることが予想され，東アジアの経済統合の実現に更に圧力をかけている。

おわりに―TPP交渉の今後と東アジア経済統合―

　世界経済の構造変化の中でASEANは域内経済協力を進め，同時に東アジアの地域協力とFTAにおいても中心となってきたが，世界金融危機後の変化は，ASEANと東アジアの経済統合を更に追い立てている。世界金融危機後のアメリカの状況の変化は，対アジア輸出の促進とともにTPPへの参加を促し，アメリカを含めたTPP構築への動きは，日本のTPPへの接近とともに，ASEANのRCEPの提案につながり，東アジアの経済統合の実現に多大な影響を与えたのである。

　TPP交渉会合は，更に会を重ねている。ただし交渉妥結にはなかなか至らない。2013年10月8日のバリでのTPP首脳会合には，アメリカの国内問題によりオバマ大統領が参加せず，交渉を妥結に向けて進展させることができなかった。また12月7～10日のシンガポールでのTPP閣僚会合でも，2014年2月22～25日のシンガポールでのTPP閣僚会合でも交渉妥結を行うことができなかった。日米交渉も進まず，競争，知的財産権，環境などに関してはマレーシアやベトナムがアメリカと対立している。現在のTPP交渉主要国である日本とアメリカの合意はTPP交渉妥結に大きく影響するが，これまでの日米協議においても，日本とアメリカの調整は付かなかった。日本は農産物の市場開放に，アメリカは自動車の市場開放に応じなかったからであった。4月23～25日のオバマ大統領訪日の首脳会談においても，「共同声明」で「両国は，TPPに関する二国間の重要な課題について前進する道筋を特定した」と述べたものの，合意を表明するには至らなかった。そして5月19～20日のシンガポールにおけるTPP閣僚会合でも，TPP交渉妥結には至っていない。またアメリカの貿易促進権限（TPA）法案が1月9日に上下両院に提出されているが，その成立も予断を許さない。11月のアメリカの中間選挙が迫り，TPP妥結に向けて猶予がなくなってきている。

日本やアメリカは，国内利害を調整してTPP交渉を妥結させなければならない。第2次世界大戦後に，アメリカの国内問題によって頓挫してしまった国際貿易機関(ITO)のようになってはならない。WTOによる貿易自由化とルール化が停滞している今日，TPPを梃子に世界貿易の自由化と通商ルール作りを進めることが肝要である。

　TPPは東アジアの経済統合を後押ししてきており，TPP交渉が滞ると，RCEPを含め東アジアの経済統合の動きが滞る可能性がある。同時にRCEPを質の高いFTAとするのがより困難となる可能性がある。

　RCEPに関しては，8月19日にブルネイで第1回RCEP閣僚会合，9月24～27日にブリスベンで第2回交渉，2014年1月20～24日に第3回交渉，3月31日～4月4日に南寧で第4回交渉が開催されてきた。RCEPは，成長地域である東アジア全体を含む巨大なFTAとなり，東アジアの経済発展に大きなインパクトを与えるであろう。RCEPも早期の実現並びに自由化率を含めて高度なFTAの実現が望まれる。ただしRCEPにおいてはASEAN10カ国と中国やインドを含み，高度なFTAを実現するのは難しい課題である。東アジア経済統合を牽引するASEANには，AECをいち早く確立し更に統合を深化させ，RCEPをも牽引することが求められる。

　最後に日本とTPPや東アジア経済統合についても述べておきたい。日本は，TPPにおいて，貿易投資の促進などとともに，今後の貿易や投資，知的財産権など幅広い通商のルール作りに関与と貢献をしなければならない。TPPにおける日本の参加の影響で見たように，世界における日本の影響はいまだ大きい。

　日本は，RCEPや日中韓の東アジアの経済統合においても，その実現に貢献するとともに，高度なFTAを実現する努力をしなければならない。東アジアは，日系企業にとっても最重要な生産拠点と市場であり，効率的な生産ネットワークの実現のためにも，東アジアの経済統合の実現と高度なFTAの実現が求められる。更に日本には，RCEPとTPPを繋ぎ，FTAAPへ導く役割も期待される。世界第3位の経済大国である日本の世界経済に対する責任は大きい。

　そして日本にとっては，成長によって世界市場を拡大するとともに，自らの市場を開いていくことが求められる。農業の市場開放や熟練労働などの労働市場の開放が課題である。TPPやRCEPを進めるためにも，市場開放が不可欠で

ある。自らの成長と市場開放は，日本が今後も世界経済の中で発展していくためには避けられない課題である。

注
1） 以下，本節の内容に関して詳細は，清水（1998, 2008, 2013b）を参照。
2） "Declaration of ASEAN Concord II." AEC に関しては石川・清水・助川（2009），石川・清水・助川（2013），Severino (2006)，Hew (2007) 等を参照。
3） Severino (2006), pp. 342-343.
4） "Joint Media Statement of the 42nd ASEAN Economic Ministers' (AEM) Meeting," http://www.aseansec.org/25051.htm
5） 東アジアの地域経済協力に関しては，清水（2008, 2011），参照。ASEAN においては，域内経済協力が，その政策的特徴ゆえに東アジアを含めより広域の経済協力を求める。それとともにASEAN 拡大外相会議，ASEAN+3 会議，EAS，ASEAN 地域フォーラム（ARF）に見られるように，東アジアにおける交渉の「場」を ASEAN が提供し，自らのイニシアチブの獲得を実現してきた。ASEAN を巡る FTA 構築競争もこれらの会議を主要な舞台としてなされてきた。ASEAN 域内経済協力のルールが東アジアへ拡大してきたことも重要である。ASEAN の域内経済協力・統合の深化と方向が，東アジア地域協力を方向付けてきたのである（清水，2008）。
6） 世界金融危機後の構造変化と ASEAN・東アジアに関しては，清水（2011），参照。
7） "First ASEAN Economic Ministers Plus ASEAN FTA Partners Consultations, 30 August 2012, Siem Reap, Cambodia," http://www.aseansec.org/documents/AEM-AFP%20JMS%20 (FINAL) .pdf
8） "Guiding Principles and Objectives for Negotiating the Regional Comprehensive Economic Partnership," http://www.asean.org/images/2012/documents/Guiding%20Principles%20and%20Objectives%20for%20Negotiating%20the%20Regional%20Comprehensive%20Economic%20Partnership.pdf
9） 詳細は，清水（2013a），参照。
10） "Joint Declaration on the Launch of Negotiations for the Regional Comprehensive Economic Partnership," http://www.asean.org/news/asean-statement-communiques/item/regional-comprehensive-economic-partnership-rcep-joint-statement-the-first-meeting-of-trade-negotiating-committee
11） http://www.mofa.go.jp/mofaj/press/release/press6_000199.html

参考文献
APEC Policy Support Unit (2011), *The Mutual Usefulness between APEC and TPP*, APEC Policy Support Unit, Singapore.
ASEAN Secretariat, *ASEAN Documents Series*, annually, Jakarta.
ASEAN Secretariat, *ASEAN Annual Report*, annually, Jakarta.
ASEAN Secretariat (2008a), *ASEAN Charter*, Jakarta.
ASEAN Secretariat (2008b), *ASEAN Economic Community Blueprint*, Jakarta.
ASEAN Secretariat (2010), *Master Plan on ASEAN Connectivity*, Jakarta.
ASEAN Secretariat (2012), *ASEAN Economic Community Scorecard*, Jakarta.
Hew, D. (ed.) (2007), *Brick by Brick: the Building of an ASEAN Economic Community*, ISEAS, Singapore.
Severino, R. C. (2006), *Southeast Asia in Search of an ASEAN Community*, ISEAS, Singapore.
Sanchita Bas Das (2012), *Achieving the ASEAN Economic Community*, ISEAS, Singapore.
石川幸一（2013）「TPP と東アジアの FTA のダイナミズム」石川・馬田・木村・渡邊（2013）。
石川幸一・馬田啓一・木村福成・渡邊頼純編（2013）『TPP と日本の決断―「決められない政治」からの脱却―』文眞堂。

石川幸一・清水一史・助川成也編（2009）『ASEAN 経済共同体―東アジア統合の核となりうるか』日本貿易振興機構（JETRO）。
石川幸一・清水一史・助川成也編（2013）『ASEAN 経済共同体と日本―巨大統合市場の誕生―』文眞堂。
助川成也（2013）「RCEP と ASEAN の課題」山澤逸平・馬田啓一・国際貿易投資研究会編（2013）。
馬田啓一・浦田秀次郎・木村福成編（2012）『日本の TPP 戦略　課題と展望』文眞堂。
馬田啓一・木村福成・田中素香編（2010）『検証・金融危機と世界経済 危機後の課題と展望』勁草書房。
高原明生・田村慶子・佐藤幸人編，アジア政経学会監修（2008）『現代アジア研究 1：越境』慶応義塾大学出版会。
山影進（2011）『新しい ASEAN―地域共同体とアジアの中心性を目指して―』アジア経済研究所。
山澤逸平・馬田啓一・国際貿易投資研究会編(2012)『通商政策の潮流と日本：FTA 戦略と TPP』勁草書房。
山澤逸平・馬田啓一・国際貿易投資研究会編（2013）『アジア太平洋の新通商秩序：TPP と東アジアの経済連携』勁草書房。
清水一史（1998）『ASEAN 域内経済協力の政治経済学』ミネルヴァ書房。
清水一史（2008）「東アジアの地域経済協力と FTA」高原・田村・佐藤（2008）。
清水一史（2011）「アジア経済危機とその後の ASEAN・東アジア―地域経済協力の展開を中心に―」『岩波講座　東アジア近現代通史』第 10 巻，岩波書店。
清水一史（2013a）「TPP と ASEAN―TPP 交渉進展のインパクト―」山澤・馬田・国際貿易投資研究会編（2013）。
清水一史(2013b)「世界経済と ASEAN 経済統合―ASEAN 経済共同体の実現とその意義―」石川・清水・助川（2013）。

（清水一史）

第4章
TPPと中国の参加問題

はじめに

　中国では，環太平洋戦略的経済連携協定（以下，TPP）参加は「第二次WTO加盟」とされる。中国はWTO加盟で，懸念された国内産業への打撃を乗り越え経済の国際化を進展させた。では，TPP参加はどうか。中国には，TPP参加問題を考える上で，①時期尚早，②条件・環境しだい，③中国主導の新たな枠組みつくり，の3つの視点がある。いずれも，不参加という選択肢はない。現時点では，①から②への移行過程にあるといえる。そのための試行が，2013年9月29日に成立した中国（上海）自由貿易試験区で実施されつつある。

　中国のTPP参加を論じる上で，環大西洋貿易投資パートナーシップ（以下，TTIP）の行方は重要な視点である。TPPが拡大発展し，さらに，TTIPが成立すれば，中国は，世界の経済貿易の新たなルールつくりの枠外に置かれることを警戒している。中国では，TPPと同じく，"TTIPは中国に第二次WTO加盟を迫るものか"といわれるほどである。

　中国のTPP対応の要点は，韓国，オーストラリア，BRICS，日中韓とのFTAの締結，および，RCEPにおける中国のプレゼンス向上にある。こうして，中国はTPPの行方をけん制し，FTAAPに至る過程で，そのプレゼンスの向上を図ろうとしている。上記4つのFTAは未成立だが，この点，TPPも状況はほぼ同じである。

　同時に，中国は，自らがリードする新たな地域経済連携を成立させることにも熱心だ。その中心が，"シルクロード経済帯"戦略構想と21世紀海上シルク

ロードの共同建設である。古代シルクロード，明代の鄭和の大船団による『下西洋』（積極的対外展開，通商交易圏の創出，朝貢貿易の促進）の復刻版と読める。

第1節　TPP 参加は第 2 次 WTO 加盟

　中国の改革開放政策が採択された 1978 年の党大会（中国共産党第 11 期中央委員会全体会議，『11 期 3 中全会』）は，中国のその後の経済，政治，社会を大きく変え，同時に，中国経済の国際化を推進してきた。この改革開放政策の最大の経験の一つが，2001 年 12 月 11 日の WTO 加盟である。
　2013 年 11 月，中国のその後の 5 年先，10 年先を決めるとされる党大会（中国共産党第 18 期中央委員会全体会議，『18 期 3 中全会』）が開催された。改革開放路線の採択から 35 年，WTO 加盟から 10 年余が過ぎていた。その『18 期 3 中全会』は，「空前の改革」といわれるほど，多くの改革案が審議・発表されているが，そのうち，中国経済の国際化と最も関係が深いのが，2013 年 9 月 29 日に看板を掲げた中国（上海）自由貿易試験区（以下，上海自貿区）といえる。その上海自貿区の設立目的の一つが，TPP 対応にほかならない。

　中国では，TPP 参加を「第 2 次 WTO 加盟」と例える識者が少なくない。WTO 加盟当時（2001 年），世界における中国の輸出入ランキングは，第 6 位であったが，2010 年には，GDP で日本を抜いて世界第 2 位となり，2013 年には，輸出入で米国を抜いて世界第 1 位になった。こうしてみる限り，WTO 加盟は，中国の経済発展や対外貿易を拡大し，その国際化に大きなプラス効果があったことがわかる。
　TPP への参加を「第 2 次 WTO 加盟」とするのは，TPP 参加で中国経済の発展や貿易の拡大を期待してのことではない。中国にとって，TPP 参加は WTO 加盟に比べハードルがより高いとされている。「第 2 次 WTO 加盟」の真意とは，TPP 参加を，真剣に比較検討する時期に来たということである。2013 年 5 月，瀋丹陽中国商務部報道官は，"中国は，平等互利（win-win）の原則に基づ

き，TPP 参加のプラス，マイナスの両面および可能性を真剣に分析すると同時に，TPP 加盟国と参加交渉に関わる情報および資料の相互交流を希望する"と表明している。この表明は，TPP に関する中国の公式見解とみられ，今日に至るもその姿勢に変化はない。

　WTO 加盟は，当時，改革開放政策上最大の課題であった中国経済の国際化にとって，避けて通れない関門であった。自国経済の国際化にとって，中国は，当時よりはるかに多くのカードをもっている。TPP 参加は，その重要な一枚であり，上海自貿区は TPP 参加というカードを切るタイミング図る布石と位置づけられる。

第 2 節　上海自貿区と TPP の関係

　上海自貿区（FTZ）設立は，当初から上海に限られていたわけではない。上海に決まったのは，TTP，TTIP，米中 BIT（二国間投資協定）といった中国にとって国際的圧力，変化に対応する上で，上海の条件と環境が整っていたことが，その大きな要因であった。

　まず，上海自貿区と TPP との関係につき，中国を代表する多国籍企業研究者である王志楽・商務部研究院研究員（教授）・新世紀多国籍企業研究所所長の見解を，以下に紹介する。

　"上海自貿区は TPP により近づいた。中国はアジア太平洋地区との経済と貿易交流の外に身を置くことはできない。中国の新政権は TPP 参加に強い関心をもっている。しかしながら，TPP の開放基準と要求は極めて高く，全国範囲の全面開放が求められる。中国は短期間にこうした標準を完全に達成することはできない。さらに，金融業などサービス業の広範な開放が求められる。この点，国内金融機関などの反対に会う。したがって，上海自貿区は「小歩快走」（小刻みに速く歩く）方式を選ぶのがよい。まず，「外資審批」（外資に対する審査許可）のやり方を改め，未雨綢繆（転ばぬ先の杖）とするのがよい。大き

な期待を寄せられている上海自貿区での外資審批制の改革の成果を見つつ，それによって，『TPP の基準にどれだけ近づいたか，その距離を図りつつ対応する』のがよい"と発言している[1]。

　彼のこの見解から，上海自貿区と TPP の関係を探ってみたい。中国がガット加盟を申請（「ガット締約国としての地位回復」）したのが 1986 年 7 月（旧ガットの失効に伴い 1995 年に WTO 加盟を新たに申請）。WTO 加盟までには，ガット申請から 15 年が費やされている。
　その間，WTO 加盟条件を満たすための措置が採られているが，その代表が

第 4-1 表　上海自貿区の主たる特徴

○ 人民元の自由兌換・資本市場の一層の対外開放
① 上海自貿区内の企業が海外に商品輸出する場合，人民元建て決済の選択が可能。
② 中国企業が海外から商品輸入する場合，人民元による直接支払いが可能。
③ 将来的には，企業，法人は人民元の自由兌換が可能。
④ 海外資本の中国資本市場への投資額の上限，および投資家の市場参入に係わる規制を段階的に緩和。
⑤ 海外資本による債券市場，株式市場，先物取引市場など，より幅広い中国資本市場への投資が可能，同時に，これらの資本の撤退に係わる規制を解除。

○ 通関の利便化と経済活動の自由化
⑥ 輸入商品に対しゼロ関税を適用。
⑦ 通関制度の自由化・簡略化（審査許可制の終結）：現行の通関制度では，申請を済ませてから区入りしなければならないが，上海自貿区の場合，自貿区入りしてから積荷目録などの申請を行うことが可能。
⑧ 貿易活動，人員及び貨物の出入り，通貨流通の自由を享受することが可能。
⑨ 「ネガティブリスト」方式の模索：リストに記載されていない経済活動については法律で禁止されない。

＊ ネガティブリストとは，投資分野で例外的に開放されていない分野のリストを指し，このリストに記載されていない項目は規制されないことになり，事前の審査・認可も不要となる。ネガティブリストにリストアップされてない上海自貿区内の外資企業には現行の外資 3 法（外資企業法，中外合資経営企業法，中外合作経営企業法）の実施を 3 年間暫時停止する（税制面などで優遇措置の拡大を図るための措置）。

⑩ サービス産業の対外開放の拡大：WTO 加盟時対外開放を約束したサービス分野は 100 余業種とされるが，付帯条件の伴わない完全開放は 20 余業種であり，対外開放の余地が大きく残されている。

経済特区の設立で，その後，経済技術開発，保税区，輸出加工区，そして，最近では，新区，自由貿易試験区など「特殊地域」が沿海地区を中心に全国各地に拡大されてきている。こうした地域では，減免税などを柱とする特殊政策が採られ，主に，外資導入の拠点として中国経済の国際化を牽引し，WTO加盟や経済の発展に貢献してきている。

これに対し，上海自貿区はFTZ (Free Trade Zone) として，それまでのどの「特殊地域」よりも対外開放度の高い政策が採られている。例えば，輸入商品に対するゼロ関税の適用，人民元の自由兌換，サービス産業や金融業のいっそうの対外開放，そして，ネガティブ・リスト管理（第4-1表を参照）などが指摘できる。

王志楽教授の見解は，経済特区に始まる「特殊地域」での「特殊政策」がWTO加盟の基礎作りに一役買ったように，「上海自貿区」を経済特区に，TPPをWTOにダブらせている。陳波・上海財経大学国際貿易学部・上海自由貿易区研究センター副主任も"上海自貿区はいつの日かTPPに参加するための準備となる"との見解にある。

なお，商務部（日本の経産省に近い役所）によれば，全国12地区（上海自貿区を除く）で，目下，自貿区（FTZ）の設置が検討されているという[2]。

第3節　中国のTPP対応の切り札は韓国，オーストラリア

中国がTPP参加を強烈に意識し始めたのは，日本の交渉参加への意思表明や米欧のTTIP交渉の開始，さらに，韓国の交渉参加への前向きな姿勢が示されてからである。例えば，TTIPについては，昨年，"中国に二次WTO加盟を迫るものになるのか"などの見出し[3]が紙面を賑わした。

中国では，米国が主導するTPPの加盟国・地域が増え，さらに，世界貿易の3分の1，GDPで世界の約2分の1を占めるTTIPが成立すれば，中国は国際貿易の新ルールつくりに参加できず，TPPとTTIPによる中国包囲網が形成されないかとの危機感が一気に高まった。

その一方，中国には，韓国とオーストラリアとのFTA締結を通じて，TPP

とTTIPによる中国包囲網にくさびを打ち込むFTA戦略を提唱する識者が少なくない。

　韓国は，東南アジアで唯一米欧とFTAを締結している。韓国にとって，中国は最大の貿易パートナーでもある。中国は，韓国とのFTA締結交渉から，米韓，米欧FTAの動きを探ることができる。そのためには，朝鮮半島における安全問題で，北朝鮮のために，これ以上韓国との戦略関係の構築を遅らせるべきではないとの判断がある。中韓FTAは，中国にとって，中韓両国が戦略関係を構築するための手段であり，中国ではその締結に高い期待が寄せられている。

　中国は中韓FTA同様，ASEAN+3（日中韓），ASEAN+6（日・中・韓・豪・新・印）をFTAAP（アジア太平洋自由貿易圏）へのプロセスと位置付けている。その脈絡から，日中韓FTA交渉を中国の東アジア経済貿易発展戦略上の核心とし，中韓FTAを日中韓FTA交渉の触媒にしたい考えにある。

　オーストラリアはというと，中国が最大の貿易相手国であり，最近では，両国通貨の自由兌換を実現させるなど，経済貿易関係は密接度を増している。また，オーストラリアはTPP交渉国の一員でもある。オーストラリアとのFTA締結で，TPP対応の情報収集が期待できる。この点，事情は韓国と同じである。なお，2013年10月のAPEC首脳会議（バリ島）での記者会見で，オーストラリアのアボット首相は，今後1年以内に対中FTA交渉の妥結を目指すと表明している。

　補足になるが，中国にとって，TPP，TTIP対応上，アジアにおける韓国は，ヨーロッパにおけるスイスということになろう。2013年7月6日，北京で中国ースイスFTAが調印された。スイスはEU加盟国ではないが，両者は多くの協力協定を締結し自由貿易を行っている。中国ースイスFTAの締結で，中国製品がスイスを飛躍台にしてEU市場に自由に進出できるわけではないが，中国には，スイスがEU市場の開拓の布石となるとの期待がある。

第4節　BRICSとRCEPそして日中韓FTAはTPPへの面対応

　中国には，BRICSがTPP対応の戦略的武器となると指摘する識者が少なくない。その要点は，BRICSは保護貿易主義が強く，TPPとTTIPは，大きな挑戦となる。中国には，世界経済におけるBRICSのプレゼンスを奇貨としてBRICS-FTAを仕掛け，中国不在のTPPの限界を米国に認識させるべきである，との主張がある。即ち，BRICS-FTAの交渉条件は，TTPやTTIPほどハードルは高くないが，政治的意義は高い，必要なら，メキシコ，アルゼンチン，インドネシアの3カ国を加え，4+3の陣容で臨めば，その効果がさらに増すとする。

　ところで，TPP対応上，中国にとってBRICS以上に戦略的意味をもつとして期待されているのがRCEPである。アジア太平洋地区における地域連携協定の行方を見る上で，中国不在のTPPと米国不在のRCEPがよく比較されるが，RCEPに対し中国は，表向きには"RCEPは，ASEANが『主導的地位』にある"との姿勢にある。ASEANに根強く存在する対中警戒感（経済・貿易交流上の対中依存度の向上など）やASEAN（特に，TPP未交渉参加国）のTPPに対する不満（TPP参加のハードルが高く米国の圧力を受けることなど）を意識してのこととはいえるが，最近，ASEANなど近隣諸国との外交および経済交流を積極推進していることなどから，中国は，RCEPでの発言権を増し，これをTPP対応の重要な切り札としていこうとの姿勢にある。

　この点，2013年10月，ブルネイで開催された第16回ASEAN+1（中国）首脳会議で，李克強総理は，中国とASEANとの一層の協力関係強化を図るための"2+7協力枠組み"を提唱した。その中で，"中国・ASEAN自由貿易圏高度化交渉を開始し，2020年までに相互貿易額を1兆ドルにまで増やすことを目指す。地域統合と中国の経済成長からASEAN諸国がより多くの利益を得られるようにする"と明言している。ここでの"地域統合"とは，RCEPを意識してのことにほかならない。

　同時に，李克強総理は，同じくブルネイ東アジアサミットで，"RCEPと

TPP は交流して共に進展することが可能だ"と発言，TPP 拡大への牽制も忘れていない。

さて，中国の TPP 対応でもう一つ重要なのが，日中韓 FTA の行方である。

2013 年 3 月の第 1 回日中韓 FTA 会議に続き，同年 6 月，中国山東省威海市で開催された第 2 回会議で，商務部の交渉副代表は"日中韓 FTA を建設することは東アジア経済の一体化プロセスにとって一大事件だ。中国政府は日韓政府と FTA 建設を積極的かつ着実に進めていきたい考えだ"と強調，日中韓 FTA 締結にかつてない積極的姿勢を示した。TPP 対応上，RCEP における日中韓 FTA の重要性を再確認したということであろう。

そんな中，日本が TPP 交渉参加，韓国が TPP に前向きの姿勢を示した。TPP と TTIP による中国包囲網に対する中国の危機感はこれまで以上に高まっているとみられる。

第 5 節　TPP 参加の前提としての米中投資協定の締結

2014 年 1 月，スイスのダボスで行われた世界経済フォーラムで，米通商代表部のフロマン代表は，中国の TPP 参加について，"米中投資協定の交渉がまず進展する必要がある"と述べた。米中投資協定は 2008 年に交渉を開始したが，金融危機の影響で停滞していた。その米中投資協定が，米ワシントンでの第 5 回米中戦略経済対話（2013 年 7 月）で主要テーマの一つとなった。

この対話で，日米両国政府は，投資を規制する産業を列挙し，ほかは原則として自由参入を認める「ネガティブリスト」方式を採用し，両国の投資交流を促進することで一致したとされる（『朝日新聞』2013 年 7 月 13 日）。ネガティブリストによる許認可方式は，同年 9 月 29 日に看板を挙げた中国の TPP 対応の試金石である上海自貿区おいても試行されることになっている。実際，同対話では，米中投資貿易協定に加え，中国の国有企業改革，金融の安定と開放，人民元為替相場の自由化，知的財産権保護，サービス業の開放，さらに，米国の量的緩和政策について，突っ込んだ議論が戦わされている。TPP 参加交渉での米中両国の駆け引きを先取りしているようなテーマ設定であった。

なお，中国と米国は2014年1月，公正な投資環境を保障するための投資協定の締結に向けた協議を上海で行った。フロマン代表の言葉を借りれば，中国はTPP参加にわずかな一歩を踏み出したということになる。

第6節　シルクロードFTAへの道を探る

　中国は，アジアと欧州を結ぶ新たな地域経済協力網の建設を提唱している。2013年9月，習近平国家主席は，中央アジアのカザフスタンのある大学での講演で，"シルクロード経済帯"戦略構想を提起，さらに，同年10月には，インドネシアで21世紀海上シルクロードの共同建設を提起した。いずれも，関係地域との協力強化・共同発展を柱としている。要は，中国が支配した古代シルクロード，そして，明の時代（15世紀前半），永楽帝の命を受けた鄭和（アラビア人）の大船団が，東南アジアからアフリカにかけて行った積極的対外展開，通商交易圏の創出，当時の言葉でいえば，朝貢貿易を現代に甦らそうとした構想と読めよう。さらにいえば，TPPとTTIPを意識した中国主導の新たな地域連携協力の絵図ともいえる。

　現代のシルクロード建設はまだ構想の段階ではあるが，この新たな地域経済連携の土台として期待されているのが上海協力機構（SCO）[4]である。

　習近平国家主席は，2013年10月召集した「周辺外交工作座談会」における重要講話で，"～積極参与区域合作。～建設好丝綢之路経済帯，21世紀海上丝綢之路。要以周辺為基礎加快実施自由貿易区戦略，拡大貿易，投資合作空間，構建区域経済一体化新格局。～"（～地域協力に積極的に参与し，シルクロード経済ベルト帯，21世紀の海上シルクロードを建設する。まず周辺との自由貿易区戦略を実施し，貿易と投資協力の空間を拡大し，地域経済一体化の新局面を構築する～）と力説した。「区域経済一体化新格局」とは，RCEPとSCOの地域に重なっている。この現代のシルクロード（陸上，海上）構想は，いわば，中国とアジア・ヨーロッパを結ぶ交易圏，即ち，中央アジア，欧州，東アジアとの「大FTA」の誕生を夢想させてくれる。

　では，重要講話の「周辺との自由貿易区戦略」とはいかなるものか。2013

年11月開催された「18期三中全会」での審議を踏まえ，今後，新たな周辺諸国・地域との地域発展戦略が具体化されると期待されており，その要点は，以下のようにまとめることができる。

　　北方展開：内モンゴルとロシア，モンゴル等国家との経済協力・技術交流を深め，内地と対外交流の基軸とする。
　　西方展開：新疆と中央・西・南アジア，欧州との国家間協力を深め，内地と周辺との物流ネットワークを建設，かつ，SCOの機能を発揮させる。
　　東南展開：広西を核にASEANとの協力プラットフォームを強化し，ACFTA（ASEAN－中国自由貿易協定）の充実を図る。
　　西南展開：メコン川亜流域との協力を深め，雲南と東南アジア，南アジア，インド洋沿岸国家との協力を強化し，出海戦略を推進する。
　　国内展開：自由貿易試験区（上海自貿区など）の建設などを通じ，中国国内に準FTA（サービス業の一段の対外開放，人民元の自由兌換など）の拠点をつくり，主に，「大FTA」時代へ向け経験を国内蓄積する。

　習金平国家主席の提唱するシルクロード経済帯における経済・貿易交流の拡大を目指したプロジェクトが目下着々と進められようとしている。その代表が，中国が中心となって建設を推進しようとしている物流ネットワークの構築と運行である。例えば，2013年11月には，『西新欧』（中国西安－新疆－ヨーロッパ）を3日間で結ぶ初の貨物列車の第一便となる『長安号』が西安を出発している。また，今後10年内に，中国は，ユーラシア大陸を貫通する3つの高速鉄道路線を建設すべく関係17カ国との協議を進めている。その三線とは，

① 中国から北進しロシアを経てドイツに至り欧州鉄道網に連結するルート
② 中国から南進しベトナム，タイ，ミャンマー，マレーシアなど東南アジアに通じるルート

③ インド,パキスタンに至るルート,となっている。

このシルクロード経済帯構想が,今後経済連携としてどこまで機能するか未知数ではあるが,TPPと重なるところが少なくない。アジア,太平洋,中央アジア,欧州に跨る『大FTA』の成立の可能性はとの視点で見れば,シルクロード経済帯構想を,荒唐無稽な白昼夢として一笑に付すことはできない。

第4-2表 中国のFTA締結情況

FTA締結国	締結月日	締結協定
香港,アモイ特区	2003年 2004年 2005年 2006年	2003年本土と香港,マカオ《より緊密な経貿関係構築に関わる措置》 《補充協議事項》 《補充協議事項二》 《補充協議事項三》
ASEAN	2002年11月4日	中国ASEAN—全面経済協力枠組協定
パキスタン	2009年2月21日	中国—パキスタンFTAサービス貿易協定
チリ	2005年11月18日	中国—チリFTA
ニュージーランド	2008年4月7日	中国—ニュージーランドFTA
シンガポール	2008年10月23日	中国—シンガポールFTA
ペルー	2009年4月28日	中国—ペルーFTA
アジア太平洋州	2005年11月2日	《バンコク協定》/《アジア太平洋貿易協定》
コスタリカ	2010年4月8日	中国—コスタリカFTA
フィンランド	2013年4月15日	中国—フィンランドFTA
スイス	2013年7月6日	中国—スイスFTA
交渉中のFTA		
中国—湾岸協力会議(アラブ首長国連邦・バーレーン・クウェート・オマーン・カタール・サウジアラビア),中国—オーストラリア,中国—ノルウェー,中国—南部アフリカ関税同盟(南アフリカ,レソト,スワジランド,ナミビア,ボツワナ),中国—韓国		
研究中のFTA		
中国—インド,日中韓		

出所:『経済日報』2013年7月7日(中国自由貿易区服務局)。

注
1)『毎日経済新聞』2013年8月28日。
2)『新華網』2014年1月25日。

3）『中国経済周刊』2013 年 9 月 26 日。
4） 中国，ロシア，カザフスタン，キルギス，タジキスタン，ウズベキスタンの加盟国に加え，インドをはじめとするオブザーバー国など 9 カ国・2 機関の関係 9 カ国・2 機関による多国間協力組織。2001 年上海で成立。

(江原規由)

第5章
転換期を迎えた韓国のFTA戦略とTPP参加

はじめに

　独立以後の韓国の経済発展の歩みは対外経済関係深化の歴史であったといっても過言ではない。朝鮮戦争後の復興途上であった1961年，軍事クーデターによって政権の座に就いた朴正煕は，資源に恵まれない反面比較的良質の労働力が存在した韓国の特性を生かして，輸出主導による経済発展政策を展開し，成功した。これが世にいう「漢江の奇跡」である。輸出が経済成長を主導する構造は現在も基本的には変わらず，経済政策の上でも輸出重視は維持されている。長年にわたる輸出重視の結果，韓国は世界有数の貿易立国に成長した。現在では輸出入合計額は1兆ドルを超え，GDP総額にほぼ匹敵するまでになった。

　韓国の輸出主導的な経済発展を支えたのは，20世紀にあってはGATT・WTO体制下における世界大での貿易自由化であったが，世紀末にはすでにその跛行性が顕著となっていた。そこで韓国はFTAによる自前での自由貿易ネットワークの構築に乗り出し，すでにアメリカ，EUとのFTAが発効するなどの成果を上げている。最近では中国との間でのFTA交渉が進展しているほか，これまであまり関心を持たなかった多国間交渉にも活路を見出そうとしている。これと関連し，2013年11月にはTPPへの関心も表明している。

　本章では，新たな局面を迎えている韓国のFTA政策を概観するとともに，韓国のTPP参加に至るまでの経緯や意義，日本への含意などを論じようと思う。第1節では，まず韓国経済を概観する。輸出主導的な経済発展，韓国経済が直面する問題など，韓国経済の外向性についてみてみる。第2節では韓国の

FTA政策とその変遷を概観する。WTO重視からFTA重視への変遷，FTA戦略の移り変わりとこれまでの成果，朴政権におけるFTA戦略についてみてみる。第3節では最近のFTA戦略のうち，特にTPPに焦点を当てる。韓国が参加表明をするに至った経緯，韓国にとっての意義，日本への含意について論じ，併せてTPP交渉全体の方向を占ううえで重要とされる韓米FTAの合意事項との対比も行う。

第1節　輸出主導による経済発展の軌跡

1．輸出主導の発展政策の成功

　日本の隣国である韓国は，過去数十年にわたり積極的な輸出主導政策を展開し，所得の向上に努めてきた。韓国経済の急速な成長の歩みは海外との関係深化とともにあった。第5-1図はその様子を表したものである。朝鮮戦争の終結以後，輸出比率と一人当たりGDPの関係をみると，おおむね右肩上がりとなっており，輸出比率の高まりとともに所得が増加していったことがわかる。

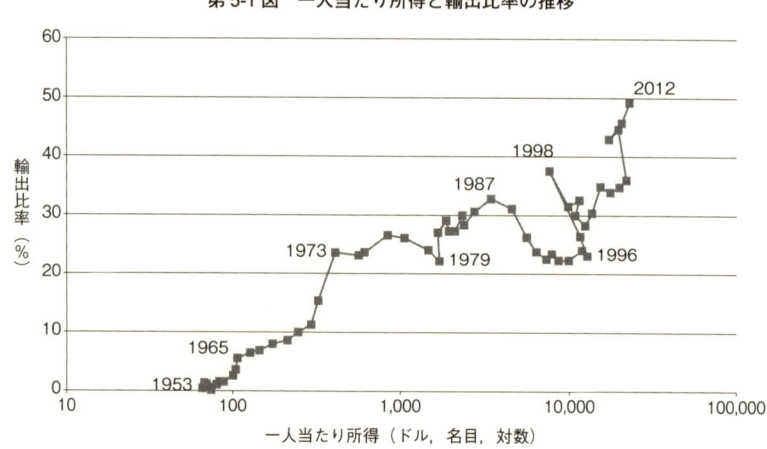

第5-1図　一人当たり所得と輸出比率の推移

注：輸出比率はSNA基準で，総輸出÷所得。1970年までとそれ以降の系列は所得の基準が異なる。所得は，1970年まではGNP，それ以後はGNIを使用。
出所：韓国銀行経済統計システム（http://ecos.bok.or.kr，2014年1月2日アクセス）。

狭小な国内市場や資源賦存の乏しさなどの韓国の初発条件を考えると，輸出重視は必然的であった。国内市場の狭小性により市場を海外に求めざるを得なかった。また，生活物資，原材料，機械設備などを導入するための外貨獲得の必要にも迫られていた。1961年に政権の座に就いた朴正熙は，韓国の置かれたこうした状況を考慮し，輸出振興を通じた経済発展を目論んだ[1]。輸出で得られた外貨はインフラ整備や高度な機械設備の購入資金に充てられ，更なる経済発展の原動力となった。こうして，朴の政権担当期間中（1961～79年），輸出と産業高度化の好循環が起き，国民の所得も徐々に向上していった。これが世にいう「漢江の奇跡」である。

2．輸出強化でつかんだ繁栄—現在も輸出が経済成長の原動力

輸出が経済成長を主導する構造は現在も基本的には変わらず，経済政策の上でも輸出重視は維持されてきた。とくに，アジア通貨危機以後は内需の成長が鈍って輸出が経済成長を支える原動力となったため，輸出重視の傾向は強まっている。1999年から2013年までの間のGDP成長のうち，消費と投資（固定資本形成）を中心とする内需の寄与率は77％あまりで，外需（輸出入差）の寄与は22％であった。（第5-1表を参照）このうち，財貨輸出のみに注目すると寄与率は80％と，ほかの支出項目に比べて突出した重要度を示す。リーマンショック後は外需主導の構図がより鮮明となる。同ショック前の9年間と

第5-1表　支出項目別のGDP成長寄与率

	内需	内民間消費	内政府消費	内総固定資本形成	外需	内財貨輸出	内財貨輸入	年平均GDP成長率
1999～2013年	77.4%	44.3%	14.5%	17.8%	22.0%	79.7%	55.7%	4.2%
1999～2008年	86.8%	48.3%	13.5%	21.5%	12.2%	72.3%	56.4%	4.9%
2008～2013年	57.1%	35.6%	16.8%	9.7%	43.5%	95.6%	54.1%	3.0%

注：各項目の寄与率＝各項目の増分÷GDPの増分。
出所：韓国銀行経済統計システム（https://ecos.bok.or.kr/，2014年2月19日アクセス）所載データより筆者作成。

そののちの5年間では，内需寄与率は87％から57％に縮小した。民間消費と投資（建設，設備）が経済成長をけん引する力を失ったことが主な要因である。これに代わり，外需の寄与率は12％から43％へと大きくアップした。この間，半導体，自動車，携帯電話，テレビなどの分野で韓国企業の躍進が目立ち，財貨輸出は堅調に推移した。これに伴い，財貨輸出のGDP成長への寄与率は72％から96％へと上昇した。つまり，財貨輸出の増加がリーマンショック後の韓国の経済成長をほぼ全面的に支えてきたと読める結果である。

韓国経済の輸出依存深化の結果，財貨輸出の対GDP比は49.6％に達した。これまで取られてきた輸出主導による成長政策の結果，2012年のGDP総額は世界第15位となる1兆1292億ドルに達した。同年の一人当たりGDPは市場価格基準で2万2590ドル，為替レート変動を調整した購買力平価基準では3万970ドルとなった。後者の数値は，日本（3万6300ドル）の85％に相当し，日韓市民の生活水準にはもはや大きな差はないといっても過言ではない。

第2節　FTAの採用とその後のあゆみ

1．FTAの採用とその後の取り組み

韓国が輸出主導で現在の繁栄を手にしたことを上では見てきたが，1990年代までの韓国の輸出増大はGATT/WTO体制下での自由化，とくに先進国市場の自由化によるところが大きかった[2]。しかし，WTOでの自由化交渉の停滞を受け，1990年代に入って各国はFTAの締結に乗り出すようになり，NAFTAやEU，AFTAなどの巨大経済圏による市場囲い込みも懸念されるようになっていた。各国のFTA推進の流れに乗り遅れることで輸出に支障が出るのを恐れた韓国は1998年にFTA推進を決め，手始めとして日本，チリとのFTA締結に乗り出した。

当初，韓国のFTAへの取り組みぶりは遅々としたものであった。FTA発効の第1号は韓チリFTAで，最初の取り組みから発効までに5年あまりの歳月を要した。韓国政府はFTAへの取り組みを加速すべく，2003年と2004年に相次いでFTAロードマップを発表した。これにより，大陸別の「橋頭堡」を

定めて複数のFTA案件を同時進行で推進すること（「同時多発的」展開）や，主要案件別の重要度付与[3]などがなされた。これ以後，韓国はFTA締結を積極的に進め，自前の自由貿易ネットワークを着々と整備していった。

2．これまでのFTA推進の成果

これまでの韓国のFTA推進の成果は第5-2表のとおりである。2004年に初のFTA（韓チリFTA）が発効して以来日本を上回るペースでFTA締結が進み，これまでにFTA締結にこぎ着けた案件は韓米，韓EUといった主要案件を含む9案件，締約先は47カ国となった。これら無関税で取引が可能となった市場のことを韓国では「経済領土」[4]と呼んでおり，その世界経済に占める割合は56％となった。総輸出に対するFTAカバレッジも38.6％に達する。

このほか，最大の貿易相手国とのFTAである韓中FTAは現在交渉が進行中

第5-2表　韓国のFTA推進現況（2014年2月現在）

推進区分	相手先	輸出シェア（2013年）	対世界GDPシェア（2012年）
発効 （9案件47カ国）	チリ，シンガポール，EFTA（4カ国），ASEAN（10カ国），インド，EU（28カ国），ペルー，アメリカ，トルコ	38.6％	56.0％
署名 （2案件，2カ国）	コロンビア，オーストラリア	1.9％	2.6％
交渉中 （7案件，16カ国）	インドネシア，中国，ベトナム，日中韓（2カ国），RCEP（15カ国），カナダ，ニュージーランド	33.5％	22.3％
交渉再開待ち （3案件，8カ国）	日本，メキシコ，GCC（ペルシア湾岸協力会議，6カ国）	4.9％	3.7％
交渉準備・共同研究 （4案件，11カ国）	MERCOSUR（4カ国），イスラエル，中米諸国（5カ国），マレーシア，TPP（12カ国）＊	0.8％	0.3％
合計70カ国（重複を除く）		79.8％	85.0％

注：TPPについては「関心表明」（2013年11月）。輸出シェア，対世界GDPシェア計算において，複数の推進区分に該当する相手先については，上位の推進区分により計算。対世界GDPシェアの計算では，韓国自身は「発効」に含めた。
資料：韓国政府FTAウェブサイト（http://www.FTA.go.kr），韓国国家統計ポータル（http://kosis.kr），世銀データサイト（http://data.worldbank.org）などを参考に筆者作成（いずれも2014年2月20日アクセス）。

64　第1部　総　論

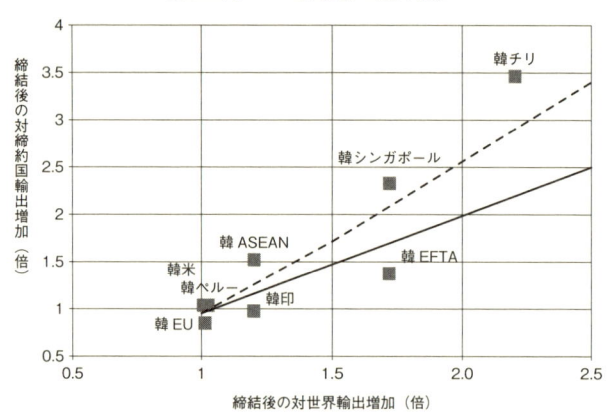

第 5-2 図　FTA 締結後の輸出増加

注：実線は FTA 締結後の対世界輸出と FTA 締結先への輸出が等倍で増えた場合の軌跡（45°線）を表し、点線は FTA 発効後の締約国向け輸出増加の平均的推移（対数回帰）を表す。
出所：韓国貿易協会貿易統計（http://stat.kita.net/、2014 年 2 月 20 日アクセス）より筆者作成。

である。しかし，最古参案件である日韓 EPA は 2004 年 11 月に日本の農産品開放幅の少なさや日本メーカーとの競争を懸念した自動車業界の強い反対などにより交渉が中断して現在に至っている。TPP については 2013 年 11 月に「関心表明」がなされている。これまでに締結された FTA は所期の目的を達成したであろうか？韓国は FTA 推進に当たって締約先の関税撤廃を通じた輸出の増勢を維持・拡大に大きな関心を持っているが，これまでのところおおむね良好な実績が出ているようである。第 5-2 図は 2012 年までに発効した 8 つの FTA について，締結以後の対締約国輸出の増加率と対世界輸出の増加率を対比させたものである。締約国向け輸出増加とその間の世界向け輸出増加を対数回帰したところ，係数は 1.338，つまり締約国向け輸出増加率が対世界輸出増加率の約 3 割増しとなる傾向がみられた（図中点線にて表示）[5]。一方，図示は省略するが輸入に関しては FTA が締約国からの輸入を加速させる傾向は輸出の場合より多少弱く，係数は 1.259 に留まった。

3．これまでの FTA が輸出増加を実現した背景

　これまでに発効した FTA の効果が輸出のほうにやや強く出ていることについては次のようなことが考えられる。第 1 に輸出入品の価格弾力性の差である。韓国の輸入品は部品，素材，機械などの中間投入財，資本財が多く，価格変動に応じて供給元を切り替えることがそれほど多くない，つまり価格弾力性が相対的に低いと考えられる。一方，輸出品には自動車や家電製品などの最終消費財が多く含まれるが，これら製品は厳しい価格競争にさらされている。つまり，価格弾力性が輸入品の場合よりも高く，FTA による関税引き下げの効果をより強く受けるのではないかと考えられる。第 2 に，輸出品に係る関税払い戻し制度の存在である。韓国では輸出品製造のために用いられる輸入原材料等に賦課された関税を事後に払い戻す制度[6]が現在も運用されており，輸出促進の一つの柱として機能している。このため，GDP の半分に達する輸出品製造に当たって必要とされる輸入品は事実上関税がかかっておらず，FTA による関税撤廃の影響は専ら内需用輸入のみとなる。第 5-3 図は関税徴収額のうち，払い戻し額と純徴収額を分け，併せて輸入額に対する関税負担率の推移を示したものである。これによれば，関税払い戻し額が年々増加していること

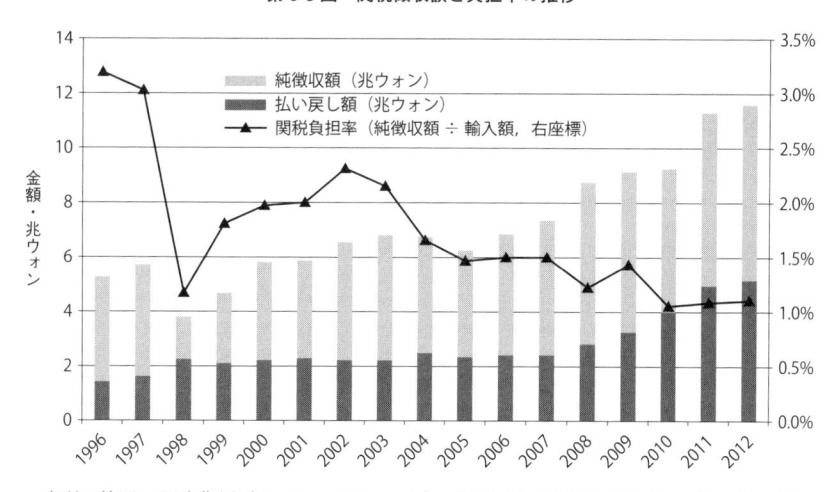

第 5-3 図　関税徴収額と負担率の推移

出所：韓国 e- 国家指標（http://www.index.go.kr），韓国銀行経済統計システム（http://ecos.bok.or.kr）所載データより筆者作成（2014 年 2 月 20 日アクセス）。

がわかる。2000年代には30％台で推移していた払い戻しの割合も，近年では40％台に増大している。一方，輸入総額に対する関税負担率（純徴収額ベース）は低下傾向にあり，2012年には1.1％となった。これらのことから，韓国での市場開放に伴う関税撤廃の影響は農産品などの脆弱部門を除くとそれほど大きくなく，影響も内需用製品に局限される一方，輸出においては相手先の関税引下げの効果を比較的大きく受ける構造となっているものと考えられる。

4．朴槿恵政権におけるFTA戦略

2013年2月に発足した朴槿恵政権は，FTA推進の従前の方針を維持しつつも，いくつかの点で新たな方向性を示している。

2013年6月，政府は朴政権下でのFTA戦略の基本方針をまとめた「新政府の通商ロードマップ」を発表した（第5-3表を参照）。まず注目されるのがFTAを積極的に新規開拓してきた従来の方針を改め，国内対策重視を打ち出したことである[7]。「産業との連携」，あるいは「国内政策との連携強化」国内対策の中でもとりわけ朴大統領の関心が高いのが農林水産業への被害対策である。農畜産部門に大きな被害をもたらすことが懸念されている韓米FTAの履行が2012年に始まっており，具体的な被害救済策の策定が待たれていたとこ

第5-3表　新旧FTA戦略の比較と新政権の推進課題

	従前の通商政策戦略	新通商政策戦略
推進戦略	FTA交渉中心の通商	産業との連携を強化する通商
通商交渉	FTAハブの構築	地域統合の核心軸（リンチピン）
通商協力	巨大経済圏中心	新興国，オーダーメード型 通商協力モデルの開発
成果共有	FTA効果の体感度低下	通商政策の実効性向上 （雇用，中小企業）
推進方式	通商推進体系がバラバラ 政府主導	通商交渉・履行・対策の一元化 官民協業と意思疎通
新政権の推進課題	1．国際通商秩序の再編に先制対応する通商交渉の推進 2．産業資源協力と連携した通商政策の推進 3．国内政策との連携強化で成果の国内共有拡大 4．疎通と協業を通じた通商政策の推進基盤の拡充	

出所：関係部署合同（2013），3ページ。

ろであった。農林水産業被害の救済については，朴大統領が2012年末の選挙戦における韓米FTAの是非をめぐる論戦の中で特に強調している。国内重視と関連しては，雇用や中小企業，意思疎通の重視など，朴政権の経済政策上の諸重点もFTA戦略に盛り込まれている。今後の対外交渉方針も注目される。これまではアメリカ，EUなど巨大経済圏中心の交渉を展開してきたが，「地域統合の核心軸」，「国際通商秩序の再編に対応」の具体策として政府は韓中FTAの早急な締結，新興国とのFTA，東アジアでの地域統合の動きに対応した多国間FTAへの展開などを目指している。韓国が目指す多国間FTAとして挙げられているのは日中韓，RCEP，TPPの3つで，いずれも日本への影響を持つものといえる。

第3節　韓国のTPP参加表明

1．TPPに消極的だった韓国

　アメリカ主導のアジア太平洋における広域FTAであるTPPに対して，韓国は以下のような理由から消極的であった。

　第1に，TPP参加が朴政権以前の拡張的FTA戦略と合致しなかったことが挙げられる。まず，TPP参加が韓国のFTA相手先の新規展開に繋がらないことが問題視された。TPP参加12カ国のすべてに対して韓国は現在までにすでに何らかの形でFTAと関連した係わりを持っており，FTAが発効している相手先もアメリカ，シンガポール，ベトナムなど計7カ国に及ぶ。TPPが多国間FTAであることも障害となった。韓国は自己の主張が反映されやすい二国間交渉を好み，多国間交渉を好まなかったからである。また，貿易黒字獲得の面からも問題があった。この点，2013年夏から参加した日本の存在は韓国にとって悩ましかった。日韓貿易は韓国側の大幅入超が続き，2013年の対日赤字は253億ドルに上った。TPP発効に伴う国内市場の対日開放とそれに伴う対日貿易不均衡の拡大を問題視する国内世論の反発は必至で，韓国のTPP交渉に向けた推進動機を減退させていた。

　第2に，TPP参加に伴う追加的市場開放の負担が挙げられる。TPPは農産

物を含む財貿易における高度の市場開放の他，著作権，投資者国家訴訟制度 (ISDS)，医薬品，健康保険，公共調達など非関税分野での大幅な市場開放を目指しており，各国がこれまで維持してきた慣行を抜本的に改革させる可能性を秘める。参加各国の間では脆弱部門への影響緩和をにらんだ駆け引きが活発化しており，韓国にとっても TPP が目指す高度の開放をそのままの形では受け入れがたいのが実情である。TPP 交渉を事実上主導するアメリカからの追加的要求の恐れも韓国の TPP 推進意欲を削いだ。2007 年に妥結した韓米 FTA で韓国は財貿易において高度の市場開放に踏み切った経緯がある[8]。韓米交渉で韓国はコメを除外させ，牛肉などの敏感品目には 10 年以上にわたる長期の猶予期間を認めさせるなど防戦に努めたが，TPP 交渉ではこれら品目についてもゼロベースでの開放を再検討する必要性があるほか，韓米 FTA 交渉で詰め切れなかった非関税分野の開放要求も予想された[9]。2011 年 11 月の韓米 FTA の韓国国会での批准を前にして ISDS，ラチェット（自由化後退防止）条項や地産地消型学校給食の政府調達義務条項抵触などに対する「毒素条項」批判[10]が強く提起されただけに，同様の条項を含む TPP 交渉参加で毒素条項の議論が蒸し返されるのを韓国政府は恐れた。

第 3 に，対中配慮が挙げられる。中国経済の成長や朝鮮半島情勢の緊張などにより，2010 年代に入ると韓国の対中接近が目立ってきた。従来韓国側が慎重姿勢を崩さなかった韓中 FTA は 2010 年 4 月の李明博大統領による推進指示以降急速に進展したほか，朴政権成立後は外交上の優先順位において中国を上位に位置づけるようになった。「政府の悩みは，韓国の TPP 参加が中国を孤立させるという点にある」（『中央日報』2013 年 10 月 4 日付）という言葉は韓国政府の心中をよくあらわしている。対中配慮としての韓中 FTA がまとまらないうちに TPP 参加という対米配慮に走れば，中国の勘気に触れるのではないかと恐れていたのであった。

2．韓国の TPP への関心表明：方針転換の背景

韓米 FTA 交渉において他品目の全面市場開放という犠牲を払ってコメの除外を勝ち得た韓国は，長らく TPP に対して無関心であったが，2013 年 11 月 29 日に玄旿錫経済副総理が対外経済長官会議で TPP 参加への関心を表明した

第 5-4 表　韓米 FTA の主要分野別処置状況

分野		処置済み	未済
関税	コメ		●
	麦	●	
	乳製品	●	
	牛肉	●	△（米側に不満）
	自動車	●	△（米側に不満）
非関税	医薬品特許延長	●	
	著作権保護延長	●	
	国有企業の優遇制限	●（未来留保）	△（政府系銀行の営業存続）
	ISDS	●	△（韓国側に異論）
	政府調達	●（例外：地産地消学校給食の調達など）	
	公的健保	●（適用除外）	

出所：韓米 FTA 協定書などを参考に筆者作成。

ことで韓国が TPP 参加へと大きく舵を切った。

　韓国にとっても TPP 参加に伴う経済的効果は小さくないようである。対外経済政策研究院（KIEP）のキム・ヨングィ副研究委員の試算によれば，韓国が TPP に参加した場合実質 GDP が 2.5〜2.6％増え，参加しない場合は最大で 0.19％減るという[11]。韓国の TPP 参加表明に先立ち，7 月に TPP 交渉に加わった日本の積極姿勢が TPP 行きを逡巡していた韓国の背を押したのはほぼ確実であろう。韓国は FTA 先駆者としての利益を享受することを目論んでいたが，TPP 交渉に参加するなど日本が FTA に積極的になったことで韓国の優位が揺らぎかねない事態となった。日本が TPP に参加することで被る輸出減少などの損害を取り戻す最良の手段は韓国自身が TPP に参加することであり，事実その線に沿って韓国は行動したということである。

　一方，これまで韓国を TPP から遠ざけていた諸要因の変化，あるいは韓国自身の認識変化が起きたのも見逃せない。まず挙げるべきは，朴政権発足以後の FTA 政策変更である。上述のように，朴政権は 2013 年 6 月の新通商ロードマップで二国間 FTA の新規開拓抑制と多国間 FTA の活用を打ち出していた。TPP に対する言及もあり，具体的な対応がいつどのような形で出てくるかが注

目されていた。

　TPPの協定内容は詳細が非公開となっているが，韓米FTAがそのひな形となっているとも言われる[12]。第5-4表に掲げたのは韓米FTAの主要分野別処置状況であるが，これはそのまま韓国のTPPに向けての準備状況といってもよかろう。農産物や国営企業，政府調達などでのさらなる譲歩をTPP交渉で迫られる可能性はあるが，すでに韓米FTAで合意済みの開放水準は概して高いうえ，同FTA履行のために必要な国内法改正はすでに済んでいる。このため，韓国がTPPに加入するとしても新規の負担は重くないとも考えられる。

　FTAと関連した対日警戒にも変化が起こる兆しがある。日韓EPAへの反対の急先鋒は日本車流入を恐れる自動車業界だったが，国内ユーザーの圧倒的なドイツ車選好が明らかとなり，一朝一夕には日本車が追随できない状況が生まれている[13]。対中配慮にも変化がみられる。5月には中国自身がTPPに関心を示す（30日）など，態度の変化が見られる。また，11月の中国による防空識別圏設定で中国に対する警戒感が生まれ，やみくもな対中接近を戒める空気が生まれているのも無視できない[14]。

第4節　韓国のTPP参加：日本への含意

1．韓国のTPP参加は日本に有利

　韓国のTPP参加は，日本にとって歓迎すべきことといえる。日本はTPP参加により2025年におけるGDPが2.0％増加するが，韓国も参加すると日本のGDP成長はさらに加速し，2.2％増加するという[15]。日韓両国の間にはいまだにFTAがないが，韓国のTPP参加により日韓間には関税なしで貿易を行う道が開けることになる。日本に追加的にもたらされる利得の大部分は，日韓間のFTAの発効によるものと見られる。

　低成長が続く日本にとって，GDP対比0.42％（2013年）に上る対韓黒字は貴重な存在である。韓国は優れたマーケティング能力や価格訴求力を武器とした成長市場への食い込みが得意で，テレビやスマートフォンなどの最終製品分野では日本企業がサムスン電子をはじめとする韓国企業との競争で苦戦を強い

られている。しかし，部品，素材，機械など中間・資本財の対韓輸出は依然として力強さを保っており，韓国は最終製品に，日本は中間・資本財へと特化する分業構造が次第に鮮明になっているといえる。

2．TPP を日韓協業促進のために活用せよ

　こうした協力関係をさらに強め，日本の中間・資本財の付加価値を間接的にせよ世界各地の消費者にさらに多く届けるため，韓国の TPP 参加によって道が開ける日韓間の自由貿易を活用してはどうか。韓国では輸出品製造での輸入品使用に対しては関税の事後払い戻し制度が運用されているが，FTA が発効すれば輸入品の用途を問わず事前免税となり，多少なりとも輸出促進要因となる。TPP による基準等の相互認証や通関簡素化などの円滑化措置も輸出促進要因となろう。

　また，韓国の TPP 参加を機に韓国の国内市場への食い込みを試みてはどうか。実は日本の対韓輸出のうち韓国の内需向けとなる部分は意外に少ない。付加価値ベースの貿易分析[16]によれば韓国内で実現される日本製品の付加価値（付加価値輸出額）は 231.1 億ドルで，グロス概念の約半分に過ぎない。ここから日本の対韓付加価値輸入を差し引いた対韓付加価値黒字額は 64.2 億ドルと，グロス概念の貿易黒字の 3 割程度にとどまる。すでに見たように，関税払い戻し制を運営する韓国では FTA の影響は内需向け輸入に多く表れる。韓国の TPP 参加は韓国の製品輸出促進を通じた日本の間接的輸出増のほか，韓国の内需向け輸出にも効果を表すと期待される。

　日韓は産業構造が良く似ており，TPP でのコメ除外要求など共闘できる部分が多いことを指摘しておく。2013 年 11 月の韓国の TPP への関心表明は遅きに失した感もあったが，TPP 交渉自体が日米間協議の不調のために越年しており，韓国が交渉に参加してルール作りに参加できる可能性はわずかずつ高まっている。韓国と TPP 交渉参加 12 カ国との間の二国間予備協議が，1 月 13 日の対米協議を皮切りに順次開催されている。過去史や領土問題などで日韓関係は冷え切っているが，TPP 交渉に日韓がともに参加し，共闘する事が両国関係のつなぎとめに資することを望んでやまない。

注
 1) 朴正熙は当初農村とインフラの復興を目指したが，経済発展政策を立案する中で外貨不足の深刻さに気付き，輸出振興を通じた外貨獲得を目指すようになった。野副（1998）はその間の経緯を朴自身の著書をもとにしてわかりやすくまとめている。
 2) 外交通商部（2006）は，それまでの韓国自身の対外経済政策を振り返り，「GATTに代表される世界大の多国間自由貿易体制を最もうまく利用した模範的事例国」であったと述べた。外交通商部（2006）153ページを参照。
 3) 2003-04年FTAロードマップでは，短期推進対象として日本，ASEAN，メキシコ，インドなどが挙げられ，比較的早期に交渉が進められたアメリカ，EUなどのほか，中国も中長期推進対象となっていた。奥田（2010）58ページを参照。
 4) 「経済領土」という用語は，FTAによって韓国企業の活動領域が広がる感覚を込めた用語で，2010年ごろから使われ始めた。FTA相手先のGDP規模を念頭に置いて用いることが多いが，人口や輸出額を想定することもある。
 5) 切片をゼロとした対数回帰の結果，推定係数は1.338，推定係数の1からの隔たり（つまり，FTA発効後の締約国向け輸出が加速したか否か）に関するt値は1.80，誤差限界15％で有意というう結果を得た。ただし，この結果は小サンプルから導き出されたものであることに留意する必要がある。
 6) 輸出品製造にかかる関税減免制度の歴史は長く，1961年に関税法上の事前免税制度が定められたことにさかのぼる。1975年7月以降は「輸出用原材料に対する関税等払い戻しに関する特例法（払い戻し特例法）」に基づく事後払い戻し制度が関税払い戻し実務の主流となって，現在に至る。韓EU FTA交渉の際にはこの制度の廃止をEU側が強く求めていたが，韓国側は制度の存置に成功している。制度の沿革については関税庁ウェブサイト（http://www.customs.go.kr，「輸出用原材料に対する関税払い戻し制度の概要」（関税払い戻し実務教育資料））を参照。
 7) 朴政権が更なる対外交渉推進の姿勢を見せなかったことの背景としては，これまでの積極的なFTA推進により新規開拓先が少なくなったことが挙げられる。FTA未着手の主要先のうち主要なものとして，地域的には南米，アフリカ，中東などが挙げられ，個別国・地域としては香港，台湾，ロシア，ブラジル，イラン，イラク，南アフリカなどが挙げられる。
 8) 2007年3月末，自動車を中心とする対米輸出の増加のほか，対米関係の立て直しをにらんで当時の盧武鉉大統領が交渉妥結直前にコメ以外の品目の関税撤廃を決断した。
 9) 2013年3月19日，ニューヨークでの講演会でカトラーUSTR代表補は，TPP交渉では韓米FTA交渉で扱われなかった各種規制の統合や国営・中小企業問題などを含む高レベルの包括的交渉を行う計画であることを明らかにしている。2013年3月20日付『朝鮮日報』を参照。
10) 2011年11月の韓米FTA批准を前にした同FTAへの韓国内での諸批判と政府の反論およびこれらへの解説については，高安（2012）が詳しい。
11) 2013年11月15日に開催されたTPP公聴会で示されたもの。ただし，仮定などが明示されておらず，ほかのFTAについて計算された経済効果との比較はできない。産業通商資源部（2013）を参照。，「環太平洋経済同伴者協定（TPP）公聴会開催（11.15）結果」（報道参考資料，2013年11月18日）
12) 山田正彦元農水相が2012年1月に民主党の同僚議員らと訪米した際にUSRT（アメリカ通商代表部）を訪問した際，TPPにおけるアメリカの対日関心事項について尋ねたところ，「米韓FTAを見てほしい」（マランティス次席代表）と言われたという。2012年1月18日の日本記者クラブでの山田正彦氏の発言による。同クラブ会見詳録（http://www.jnpc.or.jp/activities/news/report/2012/01/r00023761/）を参照。
13) 2013年の輸入車販売ランキングで，1位から4位をドイツ車（BMW，ベンツ，アウディ，フォ

ルクスワーゲン）が占め，4社のシェアは66.2％に上った。これに対し，日本車のシェアは個別シェアが掲示された3社（レクサス，トヨタ，ホンダ）の合計で11.3％に留まった。産業通商資源部（2014）を参照。
14）米中バランスにおける対米関係の重要性の再認識を説くものとしては，2013年8月20日付『中央日報』（【コラム】自主か，追従か…韓国，カナダ外交を教訓にすべき）を，11月23日の中国による防空識別圏設定が韓中関係を悪化させたとの意見については，11月29日付『中央日報』（「中国夢vsアジア重視…ジレンマに陥った韓国」）を参照。
15）Kim（2013）（原資料 Petri et al（2013））を参照。
16）通常の分析で用いられるのは，最終財と中間財を区別しないグロス概念の輸出入および収支額であるが，付加価値貿易の概念によれば中間財貿易の二重計算を排除し，中間財に体化された付加価値が最終的にどの国で実現されたかを，世界大での国際産業連関表の枠組みを使って推計しようとしている。OECDは付加価値貿易概念に基づく主要国の貿易額及び貿易収支の推計を行い，2013年に公表した。データベース形式によるデータ提供は以下のウェブサイトにて実施されている。http://stats.oecd.org/index.aspx?queryid=47807

参考文献

Kim, Gyupan（2013），*Japan's Participation in TPP Negotiation: Prospect and Policy Implications for Korea*, Seoul: Korea Institute for International Economy.
Petri, Peter A., et al.（2013），"Adding Japan and Korea to the TPP," Peterson Institute for International Economics. http://asiapacifictrade.org/

奥田聡（2010）『韓国のFTA：10年の歩みと第三国への影響』アジア経済研究所。
高安雄一（2012）『TPPの正しい議論にかかせない米韓FTAの真実』学文社。
野副伸一（1999）「朴正熙の開発哲学：農業開発中心から輸出主導型経済へ」『アジア研究所紀要』第25巻，亜細亜大学アジア研究所。

韓国語
関係部署合同（2013）「新政府の通商ロードマップ」。
産業通商資源部（2013）「環太平洋経済同伴者協定（TPP）公聴会開催（11.15）結果」（報道参考資料）11月18日。
産業通商資源部（2014）「'13自動車産業―輸出，内需小幅減少するも輸出額史上最大」1月14日。
外交通商部（2006）『2006年外交白書』。

（奥田　聡）

第2部

各 論
(分野別)

第6章
物品市場アクセスとセンシティブ品目

はじめに

　日本は2013年，TPP（環太平洋戦略的経済連携協定），日中韓FTA，RCEP（東アジア地域包括的経済連携）の交渉を開始した。TPP交渉の合意は米国の意図を反映し2013年内を目指していたが，結局は2014年以降にずれ込むことになった。日中韓FTAは2014年内の妥結，RCEPは2015年末の合意を掲げている。

　日本では，TPPの交渉に関連する記事が連日のように報道されている。これに対して，他のTPPメンバー国ではそれほど頻繁には報道されない。諸外国と比較すると，日本でのTPPの取り扱いは過熱感を覚えるほどであるが，TPP交渉で話し合われている具体的な中身を把握することは難しい。

　その中で，米国のTPP関連情報が集まりやすい。米国議会調査局[1]や民間研究所などがTPPに関するレポートを発表しているからだ。本章では，関税を中心とした物品市場アクセスとセンシティブ品目の動きに焦点を当てて，TPP交渉の論点と今後の視点をまとめている。

第1節　関税削減と市場アクセス

1．TPP，日中韓FTA，RCEPの関税率と削減効果

　東アジアを取り込む地域経済統合であるTPPや日中韓FTA，及びRCEPを巡る動きが活発化している。この中で，RCEPはASEANの主導権を取り戻そ

うとする試みの一つである。特に，ASEAN の中でもシンガポール，マレーシア，タイ，ベトナムは，RCEPについても前向きである。
ASEAN 中国 FTA（ACFTA）のような ASEAN+1が，より広域な経済圏である RCEP に包含されれば，それぞれ異なる原産地規則が統一され，かつ累積原産対象の範囲の拡大により，一層の輸出拡大につながるからだ。

　TPP に関しては，カナダとメキシコは既に 2012 年末に交渉へ参加し，2013 年の 7 月に日本も加わったので，2014 年半ばにおいては，交渉参加国数は 12 カ国である。日本の TPP 交渉参加は，日中韓 FTA や RCEP の交渉に大きな影響を与えている。例えば，中国は日中韓 FTA よりも，二国間の FTA である中韓 FTA を優先してきたが，今後は韓国の TPP 参加表明もあり，その姿勢を微妙に変化させるかもしれない。さらに，日中韓 FTA の自由化に向けた駆け引きは，日本の TPP 参加の影響から活発化するものと思われる。

　こうした中で，TPP や日中韓 FTA，RCEP の MFN 税率（通常の輸入において賦課される関税率）の水準や関税削減の度合いがどのくらいになるのかは，興味があるところである。

　TPP 交渉において，米国は物の関税を削減するだけでなく，知的財産権や国有企業，サービス市場の開放にも関心を高めている。その中で，米国は日本に対しては農産物などの関税削減による高い自由化率の達成を強く主張する一方で，自国市場における米国製乗用車の 2.5％やトラックの 25％の関税の長期維持を主張している。やはり，米国でも関税維持による自国産業の保護は避けて通れないのである。こうしたセンシティブ品目における長期での関税削減や例外措置により，FTA の関税削減効果は低下する。

　既に発効している ACFTA などの FTA の関税削減効果を測る一つの指標として，一般的な MFN 税率から ACFTA 税率（ACFTA 加盟国に適用される削減された関税率）を差し引いた平均関税削減率が考えられる（平均関税削減率＝MFN 税率－ ACFTA 税率）。平均関税削減率は，その値が大きければ大きいほど関税削減効果が高いことになる。

　この ACFTA の平均関税削減率を計算するには，MFN 税率とともに ACFTA の関税削減スケジュール表（TRS 表：譲許表）を入手しなければならない。なぜならば，TRS 表には，ACFTA で約束した品目別の段階的な関税削減スケ

ジュールが掲載されているからだ。

　既に発効しているACFTAやAFTA（ASEAN自由貿易地域）ではTRS表が発表されているが，TPPや日中韓FTA，RCEPは交渉中であるので，TRS表はまだ出来上がっていない。つまり，2014年半ばの時点では，TPP，日中韓FTA，RCEPの正確な関税削減効果を計算することができない。

　第6-1表は，TPP，日中韓FTA，RCEPの各加盟国のMFN税率をリストアップしたものである。WTO作成の各国のMFN税率は，それぞれの国の世界からの総輸入額に占める各品目のシェアをウエイトにして加重平均で算出されている。さらに，WTO作成の各国のMFN税率を基に，同表では各国の域内輸入額で加重平均したTPP，日中韓FTA，RCEPなどの全体のMFN税率が計算されている。

　その結果，2010年におけるTPPのMFN税率は2.7％であり，日中韓FTAとRCEPはともに4.4％であった。TPPのMFN税率が他の二つよりも低いのは，TPP12カ国の中で，シンガポールのMFN税率が0％であるし，ブルネイ，ニュージーランド，米国，ペルー，日本が2％台であるからである。すなわち，先進国のメンバーが多いTPPでは，RCEPのような途上国の割合が多いFTAよりもMFN税率は低くなりがちである。

　日中韓FTAのMFN税率がTPPよりも高いのは，日本は2％台であるものの，韓国が7.4％と高率であるためである。RCEPにおいては，インドのMFN税率の7.2％やオーストラリアの5.5％が全体のMFN税率を引き上げている。ちなみに，第6-1表のように，ASEAN10カ国からなるAFTA全体のMFN税率は3.3％であった。TPPとまではいかないが，AFTAのMFN税率はかなり低下している。

　第6-1表では，TPP各国の2010年のMFN税率がTPPの発効時点でも同じであるとし，TPPで削減される関税率は交渉中であるため，10年後の仮の平均TPP税率を置いて平均関税削減率が計算されている。同表では，TPPが発効してから10年後の平均TPP税率を0.2％，日中韓FTA/RCEP税率を1.0％と恣意的に仮定している。

　ちなみに，AFTA4カ国（インドネシア，マレーシア，タイ，ベトナム）全体の2013年における加重平均によるAFTA税率は0.6％であった。また，こ

第 6-1 表 TPP，日中韓 FTA，RCEP における MFN 税率と関税削減率

	年	MFN 税率（加重平均）(A)，%	輸入額（10億ドル）	FTA 平均税率（見込み）(B: 10年後)，%	平均関税削減率 (A－B)，%	MFN 品目数
TPP		2.7	4,027.7	0.2	2.5	
シンガポール	2010	0.0	301.8			8,299
ブルネイ	2009	2.3	2.4			8,535
ニュージーランド	2010	2.2	30.3			7,288
チリ	2010	6.0	52.5			7,714
米国	2010	2.1	1,832.4			10,992
オーストラリア	2010	5.2	186.7			6,023
ベトナム	2009	6.8	69.7			9,367
ペルー	2010	2.8	30.0			7,369
マレーシア	2010	4.3	163.5			10,388
カナダ	2010	3.1	382.4			8,200
メキシコ	2010	5.8	295.7			12,106
日本	2010	2.1	680.3			9,096
ASEAN10		3.3	914.8	0.6	2.7	
ブルネイ	2010	2.3	2.4			8,535
シンガポール	2010	0.0	301.8			8,299
インドネシア	2010	4.1	133.9			8,734
マレーシア	2010	4.3	163.5			10,388
フィリピン	2010	5.6	58.5			8,872
タイ	2010	5.0	180.1			9,082
ベトナム	2009	6.8	69.7			9,367
カンボジア	2010	9.5	4.9			8,297
ミャンマー		—	—			
ラオス		—	—			
日中韓 FTA	2010	4.4	2,371.4	1.0	3.4	
日本	2010	2.1	680.3			9,096
中国	2010	4.6	1,270.7			7,981
韓国	2010	7.4	420.4			11,938
RCEP（16カ国）	2010	4.4	3,863.7	1.0	3.4	
ASEAN10		3.3	914.8			
日中韓		4.4	2,371.4			
インド	2010	7.2	360.5			11,377
オーストラリア	2010	5.2	186.7			6,023

注：本表での TPP，日中韓 FTA，RCEP 全体の MFN 税率は，構成国の世界平均 MFN 税率をそれぞれの国の輸入額の加重平均で求めた。MFN 品目数は，インドとベトナムは 2010 年，それ以外の国は 2011 年。

資料：WTO，World Tariff Profiles 2012，より作成。

の4カ国に中国を加えたACFTA5カ国の平均ACFTA税率は1.2％であった。これらの平均FTA税率は，AFTAの1993年の発効から20年，ACFTAの2005年の発効から8年経過した成果である。10年後のTPP税率や日中韓FTA/RCEP税率の仮定は，このAFTA4カ国とACFTA5カ国の平均税率を参考にしている。

第6-1表のように，10年後のTPPの平均関税削減率は2.5％になり，日中韓FTA/RCEP税率はともに3.4％になる。したがって，これらのFTAを比較すると，10年後の日中韓FTAやRCEPの関税削減効果の方がTPPを上回ることになる。これは，TPP税率が日中韓FTA/RCEP税率よりも低くなっているものの，TPPのMFN税率も日中韓FTA/RCEPのMFN税率を下回っているからである。

TPPやRCEPが発効し，TPP税率やRCEP税率が計算できれば，より正確な平均関税削減率が可能である。しかし，発効前では無理であるので，第6-1表から大雑把に見積もると，発効から10年後の「日中韓FTA/RCEP」と「TPP」との平均関税削減率の差は0.9％（3.4％－2.5％）になる。すなわち，100万円の輸入で，TPPの関税削減メリットは，日中韓FTAとRCEPよりも全品目平均で0.9万円ほど少ないと見込まれることになる。

2．TPP加盟国における高い関税品目と物品市場アクセス

TPPは例外なき自由化を促進しているが，各国とも依然として高い関税の品目を抱えている。こうした品目は，長期にわたって，関税を段階的に削減することが予想される。それらの代表的な品目としては，日本では農産物の5分野（コメ，小麦・大麦，牛肉・豚肉，砂糖，乳製品），米国では自動車や繊維・アパレル，乳製品・砂糖，カナダでも乳製品・家禽類などが挙げられる。

第6-2表は，TPP交渉参加国の高関税品目を列挙したものである。カナダはチーズなどの乳製品に約250％，マレーシアは飲料・たばこに約120％，メキシコは砂糖・菓子に約60％，ベトナムは飲料・たばこに約44％，米国は乳製品に19％の関税を課している。ブルネイでは電気機器に13％の高関税を課している。各国とも，総じて農産物や食料・飲料品，あるいは衣類の関税が高い傾向がある。

第 6-2 表　TPP 交渉参加国における高関税品目（2011 年）

国	品目	MFN 税率（%）
オーストラリア	衣類	8.9
ブルネイ	電気機器	13.9
カナダ	乳製品	246.8
日本	乳製品	178.5
マレーシア	飲料・たばこ	119.7
メキシコ	砂糖・菓子	59.3
ニュージーランド	衣類	9.6
ペルー	衣類	13.0
シンガポール	飲料・たばこ	2.4
米国	乳製品	19.1
ベトナム	飲料・たばこ	43.6

資料：Williams, Brock R.（2013），"Trans-Pacific Partnership (TPP) Countries: Comparative Trade and Economic Analysis," Congressional Research Service, June 10.

　関税については，TPPは包括的で高いレベルの自由化を目指している。交渉では，全ての品目を自由化対象のテーブルに乗せなければならないとされているが，日本の聖域5分野と米国の自動車の関税交渉に見られるように，センシティブ品目の扱いは，最終的な段階まで結論が出ない状況である。2014年4月末に，オバマ大統領が来日したが，この時点でも日米間の関税交渉は合意に至らなかった。

　TPPにおける関税削減の原則は，長期の関税撤廃などにより最終的にゼロにする方針であり，90〜95％の品目は即時撤廃，残る品目については一定期間以内に段階的に撤廃することを支持する国が多い。その中で，TPPは途上国を含んでおり，即時撤廃率を低くすべきとの議論もある。

　関税削減交渉は二国間ベースで行われているが，米国などは原則として例外を認めず，10年〜15年の長期間における段階的関税撤廃というアプローチをとるべきとの考えを示している。日米交渉においては，米国はこの姿勢を崩していない。

　2014年4月25日に発表したTPP日米協議の共同声明では，双方の対立を解

消できずに交渉を終えた。コメの関税撤廃を回避できる見通しであるが，米国は牛肉と豚肉の関税の大幅な引き下げを要求している。

　オバマ大統領訪日時の日米協議は合意に至らず，継続案件となった。日本側は，「大筋合意はなかったが，収れんに向かって的確な前進をした」と説明。その後の5月19日〜20日に開かれたシンガポールでのTPP閣僚会合後の記者会見において，日本側は「交渉は最終局面」にあると発言している。

第2節　代表的なセンシティブ品目の交渉とその影響

1．米国は関税割当で砂糖の輸入を規制

TPP交渉における日本の最大の焦点は，農業分野の自由化である。コメや牛肉，砂糖，乳製品，小麦・大麦などの関税削減は，極めて国内の調整が難しい分野である。TPPは例外なき自由化を掲げているが，それを推し進める米国も国内に砂糖と乳製品という農業問題を抱えている。

　米国は砂糖の輸入を，WTO協定に基づく措置である「粗糖と精糖の関税割当」で規制している。つまり，一定の輸入数量まで割当があり，その場合の関税は無税か低率であるが，それを超えると70〜90％の高率になる。このため，関税割当を上回る輸入は急に難しくなる。

　米国の場合は，砂糖の生産は大雑把に見積もって，2013年度（2012年10月〜2013年9月）には800万トンであり，輸入は300万トンのようだ[2]。この輸入の内，粗糖の関税割当は112万トンに及ぶ。

　この関税割当には，WTO枠とFTA枠がある。ドミニカ共和国などは，この両方の枠を持っている。しかし，オーストラリアは，米豪FTAではFTA枠を獲得できず，WTO枠の約9万トンしか手に入れていない。米豪FTAでFTA枠を取れなかった代わりに，オーストラリアはTPPでFTA枠の獲得を目指している。しかしながら，米国はオーストラリアとの再交渉の気配を見せていない。

　オーストラリアがFTA枠の取得で苦戦しているのに対して，メキシコは1994年のNAFTA（北米自由貿易協定）の発効から14年の経過期間を経て，

2008年から関税割当の上限が外れることになった。メキシコは関税割当枠が無くなったため，FTAを用いた無税による砂糖の対米輸出が全量において可能になった。2013年度には，米国のメキシコからの砂糖の輸入は，米国の関税割当枠の合計よりも多くなると見込まれている。

2．米国の砂糖交渉の行方

　米国は例外なき自由化を標榜しているものの，砂糖については輸入規制を行っている。しかも，オーストラリアとのFTAでは関税割当枠を設けなかった。もしもTPPでも同様な動きを見せれば，米国以外のTPPのメンバー国から，他の分野において輸入の制限を設ける口実を与えることになる。

　米国の砂糖関連産業は，TPPで砂糖の自由化を話し合ってもよいと考えている業界と絶対に交渉のテーブルに乗せてはいけないと主張する業界に分かれている。

　米国の食品製造業界は，TPPでの砂糖の話し合いを望んでいる。その中でも，米国の菓子製造業は低価格の砂糖を確保するため，海外進出の結果，米国内の雇用流出を招いていると主張。同時に，米国の保護主義的な砂糖政策により，他のメンバー国からの新たな問題提起や対抗策を懸念している。

　一方，砂糖の生産者や加工業者は，逆に砂糖の米国市場の自由化には反対である。彼らは一旦米国の砂糖市場を開放すれば，国内価格よりも低い輸入品により，国内生産者の利益が減少するのを恐れている。例えば，米国の砂糖農家が商品金融公社（CCC）から融資を受けているとき，市場開放により砂糖の国内市場価格が下落すれば，売上収入が減少し，それが融資の返済分を下回るかもしれない。

　この下回った分などは，米農業法に基づき政府により補填されるが，農家の所得は大きく低下することは否めない。米国の砂糖生産者や加工業者は，こうした市場価格の低下による収益減の懸念から，TPPでの砂糖交渉に反対している。そして，米国の国内需要を満たすために新たな供給が必要な場合は，関税を下げて輸入を拡大するのではなく，関税割当枠を増やせばよいと主張する。

　米国の中には，交渉を拒否するのではなく，少なくともこの関税割当枠の拡大でTPP交渉を乗り切ればよいと考える向きもある。2014年に入っても，米

国政府はオーストラリアとの砂糖の分野における交渉には何らの言質を与えていない。おそらく交渉の最後の段階まで交渉をするかどうかを明らかにしないと思われる。

　TPPにおける砂糖交渉に関しては，将来的には米豪間だけの争点ではない可能性も残されている。タイはフィリピン，インドネシアを上回るASEANにおける砂糖の主要な生産国である。TPPメンバーでありASEAN加盟国でもあるベトナムでは，タイなどのASEAN域内国からの輸入に対する粗糖の関税は2013年には5％まで低下しているが，ASEAN域外の米国に適用する関税は25％と高率である。

　このように，AFTAでは砂糖の域内関税の削減が進んでいるものの，ASEANと豪・NZとのFTA（AANZFTA）では，まだ自由化されていない国も見られる。例えば，ベトナムのニュージーランドなどからの輸入に対する粗糖の域内関税率は，AANZFTAに基づく関税割当の枠内では30％（MFN税率），枠外では80％になる。2020年には枠内はゼロになるが，枠外は依然として50％の高率である。

　TPP交渉が進展する中で，タイはTPP交渉参加に対しては慎重である。もしも，タイがTPP交渉の妥結前に参加するような事態になれば，TPPの砂糖交渉はタイを巻き込んだ複雑なものになる可能性がある。米国にとしては，できればこうした事態を避けたいところである。

3．ニュージーランド乳製品の競争力の背景

　ニュージーランドの酪農家は1万2千戸で，1戸当たりの乳牛数が370頭に達する。カナダの酪農家は1万3000戸で，乳牛数は一戸当たり69頭にすぎない。ちなみに，米国は6万5000戸で140頭である。

　こうした規模の格差を背景に，世界の乳製品の輸出に占めるニュージーランドのシェアは高い。乳製品の世界輸出は，ピーターソン国際経済研究所の資料によれば[3]，2011年には389億ドルであったが，ニュージーランドはその26％を占めた。米国は11％であり，オーストラリアは5％であった。

　ニュージーランドの輸出競争力が高いのは，その規模の大きさからくるコスト競争力の高さだけではない。フォンテッラと呼ばれる協同組合の組織力も大

きな強みとなっている。フォンテッラはニュージーランドの牛乳生産の90％以上を取り扱っているし，粉ミルクやプロテインなどの高付加価値の製品を重点的に展開している。また，米乳製品協同組合であるDairy Americaと組んで，米国でも主要なプレーヤーとして活動している。

一方，米国は中国に次ぐ世界第2位の乳製品の輸入国である。米国の輸入は2011年には27億ドルであった。日本とメキシコはともに18億ドルの乳製品の主要輸入国である。意外なことに，米国がTPPで乳製品市場を自由化しようとしているカナダの輸入規模は，6億ドルで，韓国やマレーシアの8億ドルに及ばない。

4．方針を変えた米国の乳製品関連団体

米国はニュージーランドのフォンテッラの強い影響力に注目し，公正な競争を発揮できないと主張する。もともと米国とニュージーランドでは乳製品の競争力に格差があるものの，フォンテッラのニュージーランドでの圧倒的な優位性を生かしたグローバル競争力の高さは，米国企業にとって脅威になる。

これに対して，ニュージーランド政府は，強い競争を妨げない政策が乳製品を含むニュージーランドの全産業で施行されているため，特に問題はないと反論している。さらには，ニュージーランドは米国に関税削減を含む市場アクセスの改善を要求している。例えば，米国の農業経営者が所有する乳製品協同組合が，反トラスト法の適用から免れていることを問題にしている。この米国の競争政策により，米国の乳製品分野が外国よりも有利になっていると考えられるからである。

また，米国の乳製品価格サポートプログラム（The Dairy Product Price Support Program）も乳製品市場を規制する政策の一つに挙げられている。米国の農業法は，将来の需要を満たす生産能力を維持するための乳製品の投入コストと乳製品価格との格差を補填するものである。これはカナダの供給管理政策と異なる制度であるが，国際価格と国内価格との格差を認めるという点では同じものとなる。

カナダは乳製品や家禽類（鶏，七面鳥など）の分野で供給管理制度を設けており，乳製品などの生産や価格をコントロールしている。当然のことながら，

輸入も関税割当によって制限されることになる。割当を超える輸入分については，高関税の対象になり，チーズは245％，バターは298％の関税が賦課される。

　米国の乳製品関係団体は，カナダのTPP交渉へ参加の表明に対して，当初から支持に回っている。これは，カナダをTPPに巻き込み，NAFTA（北米自由貿易協定）ではなしえなかった乳製品の自由化を実現しようとしているためである。

　つまり，ニュージーランドは米国に，米国はカナダに対し様々な手法でもって乳製品の市場開放を求めている。米国は，当初はニュージーランドの要求に対して消極的であり，全米牛乳生産者連盟（NMPF）や米国乳製品輸出協会（USDEC）は，ニュージーランドからの乳製品の市場開放に関しては，交渉から除外することを求めていた。しかし，2012年の2月には，この米国の乳製品関連団体はニュージーランドとの市場開放に向けた交渉を検討する方針であることを表明している。

　しかし，米国が自国の乳製品市場を開放する姿勢を見せることで，急成長する新興国の乳製品市場への輸出拡大の可能性は高まるとしても，カナダの乳製品市場を完全に開放することには必ずしも結びつかない。なぜならば，米国が乳製品の市場アクセスを改善する方向を打ち出したとしても，カナダはオーストラリアに対する米国の砂糖交渉の保護主義的な姿勢を指摘し，乳製品の市場開放に消極的な戦略を取るかもしれないからである。

　カナダとしては，米国の乳製品や砂糖の市場開放の度合いをじっくりと見定めながら，対応を図るものと思われる。もしも，米国の市場開放が不十分であれば，カナダは供給管理制度の変更というよりも，それに見合った関税割当枠の拡大や関税率の緩和などを検討する可能性がある。

　乳製品の交渉は，砂糖と同様にセンシティブであることから，最後まで結論を持ち越すことになりそうである。こうした中で，日本がカナダと乳製品問題で共闘するかしないかは，ニュージーランドと米国およびカナダ間の乳製品交渉に影響を与えることになる。

5. メキシコの米国砂糖市場へのアクセス改善の意味

NAFTA で設けられた米国の砂糖の関税割当において，メキシコの上限は 14 年の経過期間後に撤廃された。このため，メキシコから米国への砂糖輸出は大きく拡大している。しかし，TPP が発効したならば，NAFTA の関税割当枠の撤廃における影響は，単純にメキシコから米国への二国間の輸出増にとどまらない。

TPP が成立すれば，砂糖のオーストラリアからメキシコへの輸出が低関税化により増加する。次に，それをもとに，砂糖がメキシコから米国に無税で輸出されるようになる。つまり，TPP は貿易創出効果を生み出し，新たに 3 カ国間の砂糖の輸出の流れを拡大させることになる。米国が TPP でオーストラリアから直輸入される砂糖を規制しても，別の域内ルートから増える可能性が高い。

また，着目すべきことは，この FTA の貿易創出効果に加えて，メキシコの対米輸出の拡大が NAFTA 発効の 1994 年から 10 年以上も経過したのちに大きく達成されたということだ。当初は小さい効果しか生まなくても，経過期間を経て関税が撤廃されれば，大きな影響を持つことができる。たとえ，FTA 交渉の結果，自由化を遅らせる品目が多くなっても，時間の推移とともに関税の撤廃は実現するのだ。

当たり前のことであるが，FTA を早く結ぶことができれば，たとえ 10 年以上の経過期間を設けられたとしても，結果的にはその分だけ早めに大きなメリットを享受できる。「米韓 FTA や EU 韓国 FTA」が「TPP や日 EUEPA」よりも早く妥結したということは，それだけ韓国が対米・対 EU 貿易において日本よりもメリットを早く達成できるということだ。この意味において，韓国の FTA 戦略は成功していると考えられる。

10 年以上の経過期間は，当初は長いように感じられるが，意外に早く「時」は流れるものである。したがって，日本が TPP や RCEP，日中韓 FTA を早期に実現することは意味のあることである。韓国は米韓 FTA 発効（2012 年 3 月）から 4 年経過後に米国で課せられている 2.5％の乗用車の関税がなくなるし，EU では EU 韓国 FTA 発効（2011 年 7 月）から 5 年経過後に 10％の小型乗用車の関税がかからなくなる。

第3節　繊維・アパレル，地理的表示などのその他の市場アクセス交渉

1．繊維・アパレルと原産地規則

　米国にとって，乳製品・砂糖とともに，繊維・アパレル・履物はセンシティブ分野であり，米国の履物業界は強く高関税の維持を求めている。一方，ベトナムは繊維・アパレル分野における米国市場へのアクセス改善のため，TPP交渉において一層の米国における関税の削減を要求している。

　ベトナムは，米国の繊維・アパレル市場で中国と激しく競争しており，TPP利用による関税削減で中国よりも優位に立つことを期待している。しかしながら，米国はTPP交渉における繊維の原産地規則の議論では，糸の段階から素材がTPP域内産であることを求めるヤーン・フォワード（yarn forward）ルールの適用を主張している。

　これに対して，繊維素材を中国からの輸入に依存するベトナムなどは，TPP域外の素材を使用できるカット・アンド・ソー（cut and sew）ルール，あるいはシングル・トランスフォーメーション（single transformation）の採用を要求している。

　この動きに対応して，米国を始めとして幾つかの国では，TPP域外の素材の一定量を使用できるショート・サプライ（short supply）条項を提案する動きがある。

　一方，既に米国との間でFTAを締結しているメキシコやペルーなどの国は，ヤーンフォワード・ルールを適用していることから，これらのより緩やかな繊維・アパレルの原産地規則には反対の姿勢を見せている。

2．衛生植物検疫と地理的表示

　WTOの衛生と植物防疫のための措置（SPS：Sanitary and Phytosanitary Measures）は，食品の安全を規定したものである。TPP交渉では，WTOのSPS協定の権利義務を強化し，発展させることで議論が行われている。例え

ば，リスク評価の透明性の強化，科学的根拠の定義，国際基準との調和や情報共有，協力，紛争解決，委員会の設置などが検討されている。

　米国の場合，これまでに諸外国と締結した FTA は WTO の SPS 協定を超える紛争解決や実施規定・条項を含んでいなかった。しかし，TPP の議論においては，米国の農業・食品団体が 2012 年の始め，SPS 協定の実施や紛争解決を強化する提案を USTR に行っている。

　米農業・食品団体の勧告で留意すべきことは，提案されたルールは SPS 協定を完全に実施でき，かつ全ての TPP 加盟国に拘束的であるということである。これに対して，USTR は SPS 問題では TPP の一般的な紛争解決条項に従うのか，あるいは別な実行メカニズムにするのかの決断を行っていないと伝えられる。

　一方，地理的表示は，ある商品の品質や評価がその地理的原産地に由来する場合に，その商品の原産地を特定するものである。これは，主にワインや酒などの農産物に使用されることが多い。代表的な例としては，ボルドーワイン，ロックフォール・チーズ（ブルー・チーズ）やアイダホ・ポテト，シャンパン，などがある。

　地理的表示は，消費者にはその商品の信頼性と価値を知らしめ，生産者にはブランドによる差別化と付加価値をもたらすことになる。地理的表示は商業的な価値を生み出すため，EU や一部の途上国では WTO においてより厳格な使用制限を要求しているが，米国やその他の国は現状が妥当としている。TPP 交渉国の中では，米国を始め，オーストラリア，ニュージーランドはより緩やかな地理的表示を求めている。

　具体的な動きとして，米国やオーストラリア，ニュージーランドの食料品団体は，第三国（例えば EU）と FTA を結んでいる他の TPP メンバー国に対して，地理的表示を複雑なものに制限するよう提案している。例えば，parmesan はよく使われる一般的なチーズの名称であるため，地理的表示としては，Parmigiano Reggiano などのより複雑な名称にすべきと主張している。

　これは，一般的な地理的表示を求める EU の他の TPP メンバー国との FTA 交渉への対抗姿勢を示したものである。これに対して，2013 年に EU との FTA 交渉で合意に達しているカナダやシンガポールは，チーズなどの乳製品

に関しては，厳格な地理的表示による保護を要望している。

注
1) "The Trans-Pacific Partnership Negotiations and Issues for Congress," Congressional Research Service, April 15, 2013.
2) 山田良平（2013）「砂糖輸入は TPP でどうなる」『ジェトロセンサー・エリアレポート』5月号。
3) Schott, Jeffrey J., Kotschwar, Barbara and Muir, Julia (2013), "UNDERSTANDING THE TRANS-PACIFIC PARTNERSHIP: Sticking Points in the Negotiations," Peterson Institute for International Economics, Jan.

参考文献
ジェトロ編（2013）『ジェトロ世界貿易投資報告 2013 年版』ジェトロ。
高橋俊樹（2013）「東アジアの貿易における FTA 効果とサプライチェーンへの影響」国際貿易投資研究所，季刊『国際貿易と投資』第 94 号。
高橋俊樹（2013）「ACFTA（ASEAN 中国 FTA）の域内貿易への影響と運用実態」国際貿易投資研究所，季刊『国際貿易と投資』第 93 号。
高橋俊樹（2013）『中国と ASEAN の FTA における関税削減効果を探る」国際貿易投資研究所，季刊『国際貿易と投資』第 92 号。
山澤逸平・馬田啓一・国際貿易投資研究会編著（2013）『アジア太平洋の新通商秩序—TPP と東アジアの経済連携』勁草書房，10 月。
石川幸一・馬田啓一・木村福成・渡邊頼純編著（2013）『TPP と日本の決断』文眞堂。

（高橋俊樹）

第7章
国内産業の保護に配慮した FTA 規定
―繊維製品の原産地規則・諸制度を例として―

はじめに

　繊維製品貿易の歴史は，貿易摩擦の歴史でもある。1955年，我が国がGATT加盟を果たしたとき，欧州諸国は，衣類等を始めとする我が国産品の輸入にGATT第35条を適用してGATT譲許税率を適用しないなどの国内産業保護策を発動した。その後，各国との通商協定，1961年の国際綿製品短期取極め，翌年の国際綿製品長期取極め等を経て，1962年，英国が第35条の適用を解除し，それに欧州各国が続いた。その一方で，繊維製品（テキスタイル及び衣類等）の管理貿易は進展し，1974年に綿，毛，化合繊を包括する多国間繊維取極め（Multi-Fiber Arrangement：MFA）に基づく輸入数量制限が実施された。MFAは，その後3回の更新を経て，1994年のWTO繊維協定（Agreement on Textiles and Clothing：ATC）へ引き継がれ，2005年，国際的な輸入制限はようやく撤廃された。

　WTO成立後，更なる貿易自由化の舞台は自由貿易協定（Free Trade Agreement：FTA）へと移り，各国ともFTAによる自国産業の振興を図っている。たとえば，米国は，綿，合成繊維などの輸出を拡大しつつ自国産業を保護すべく，原産地規則の厳格化，繊維特別セーフガード制度，迂回防止制度などをFTAに定めている。WTOドーハ交渉が停滞・頓挫するに至った現在では，TPPなど広域FTAが輸出振興の主役となることが決定的となった。

　その間に我が国の繊維製品輸出は合成繊維の糸織物などのテキスタイルが中心となった。また，EU，米国に次ぐ世界の主要な衣類輸入国となり，衣類輸

出の主役は中国，そしてベトナムに移っている[1]。

　かかる状況を踏まえ，以下，米国及び EU の FTA における繊維製品に関する規定及びその背景にある政策を概観し，TPP など広域 FTA を中心とした今後の我が国の FTA における原産地規則その他の制度について検討する。本章が，繊維製品のみならず，我が国のセンシティブ品目についての FTA 条項を理解，検討する参考となれば幸甚である。

第1節　繊維製品に関する FTA 規定

1．米国の FTA
(1) 原繊維・原糸基準

　繊維製品を生産する工程は，大きく，繊維から糸を作る製糸・紡績工程，糸から布を作る織布・編立工程，布を裁断して衣類等を製造する縫製工程に分けられる。

　糸（製糸・紡績）　→　布（織布・編立）　→　衣類等（縫製）

　米国の FTA は，繊維製品の輸入に FTA 特恵関税（多くは0％）を適用する条件として，製糸・紡績工程及びそれ以降の全ての工程が FTA 締約国で行われていることとしている。この条件，即ち，原産地基準は，原糸（yarn-forward）基準と呼ばれる。一部の繊維製品については，更に厳しい基準を導入して，製糸・紡績工程で使用する繊維が FTA 締約国の原産であることを要求している。これを原繊維（fiber-forward）基準という。

　これら基準は，繊維，製糸・紡績生産の弱い中南米諸国にとって，米国が生産した繊維・糸を輸入しなければ衣類を FTA 特恵関税で米国へ輸出することができないことを意味する。即ち，米国は，この原繊維・原糸基準を FTA に導入することにより，米国で生産された繊維，糸の FTA 相手国への輸出拡大

を意図したのである。

　以下では，米国への衣類等の主要輸出国を相手国とする FTA である北米自由貿易協定（NAFTA）及び中央アメリカ・ドミニカ FTA（CAFTA-DR）における繊維製品に関する規則，さらに米国が締結した他の FTA において特徴的と思われる規則について概説する。

① NAFTA

　(a) 概要

1994 年に発効した NAFTA では，米国は，締結後直ちに乃至 14 年後までに全ての関税を撤廃することに合意した。NAFTA 関税率は，糸について原繊維基準，布について原糸基準，衣類等について原糸基準，但し綿・人工繊維の布等及び人工繊維のセーターは原繊維基準を満たした製品にのみ認められる。

　(b) 例外規定

<u>供給不足（Short-Supply）例外</u>：ハリスツイード，ベルベット，コーデュロイ等，原繊維・原糸基準を満たす製品のみでは供給不足となると思われた製品について，例外として「実質的変更」（この場合，縫製工程）基準を適用することとした。この供給不足例外は，原繊維・原糸基準を支持する米国繊維・衣料メーカーとそれに反対する小売業者とのバランスを取ったものとされている[2]。

<u>非原産繊維製品特恵関税割当（Tariff Preference Level：“TPL”）</u>：発効から 5 年間に限り，一定量の一部繊維製品について原産地基準を実質的変更基準に緩和した。

　(c) 二国間緊急措置

　NAFTA は，関税を撤廃するまでの間，いずれかの締約国からの輸入急増により国内産業に重大な「損失」（serious "damage"）が生じまたはそのおそれがある場合，最長 3 年間，当該国の輸入に対して FTA 特恵関税率の引き上げ及び輸入数量制限の二つの緊急（セーフガード）措置を発動することを認めている。

　この繊維 FTA セーフガード措置は，一般 FTA セーフガード措置と異なり，1 締約国の原産品のみに対して発動でき，国内産業の損害要件が重大な「損害」よりも低い重大な「損失」に緩和されている[3]。また，相手国の同意があ

れば関税撤廃後も発動できる。さらに，輸入数量制限措置[4]を発動する場合には相手国への補償は不要，といった特徴がある。

② CAFTA-DR

(a) 概要

CAFTA-DR は，2006 年に米国とエルサルバドル，ガテマラ，ホンジュラス及びニカラグア間で，2007 年にドミニカ共和国と，2008 年にコスタリカと発効した。繊維製品については，署名された年である 2004 年の 1 月から遡及適用することとされた。

米国は，殆どの繊維製品の関税を即時撤廃した。原産地基準は，NAFTA 同様，原繊維・原糸基準を基本としている。

(b) 例外規定

<u>カナダ・メキシコの累積</u>：織物製品について，製品毎に一定量まで，全体として 2 億平方メートル換算まで，カナダ産又はメキシコ産の原材料を CAFTA-DR 産とみなすことが認められる。

<u>供給不足例外</u>：供給不足リストに記載された繊維は，実際の原産地に係わらず CAFTA-DR 原産と認められる。また，当該繊維を使用した衣類等は裁断・縫製工程のみをもって CAFTA-DR 原産と認められる。

<u>TPL</u>：コスタリカで裁断・縫製された羊毛製衣類等について FTA 発効後 2 年間，ニカラグアで裁断・縫製された綿・合成繊維製衣類等について FTA 発効後 10 年間，それぞれ一定量まで当該国の原産と認められる。

(c) 二国間緊急措置

NAFTA 同様，関税撤廃までの間，1 締約国からの輸入により国内産業に「重大な損失」(serious damage) が生じた場合，当該締約国の輸入に限定して，最長 3 年間，FTA 特恵関税率を引き上げることが認められた。但し，当該セーフガード措置により損害を被る締約国に対して補償しなければならない。なお，NAFTA とは異なり，輸入数量制限，補償免除，関税撤廃後の発動に係わる規定はない。

(d) 原産地証明の事後検認

輸入後に行う CAFTA-DR 原産の事後検認は，輸入国の要請に基づき輸出国が輸出者に対して行うことを基本とし，輸入国は輸出国の事後検認作業を支援

し，輸出国の要請に基づき現地立ち入り検査を行うことができる[5]。
③　その他の米国のFTAにおける規定

その他のFTAにおいても，米国は原繊維基準，原糸基準を基本としている点に変わりはないが，特徴的な条項として次のものが挙げられる。

(a)　米シンガポールFTA―迂回防止，登録制度

米シンガポールFTAでは，迂回に係わる情報の相手国への提供，相手国と協力して行う抜き打ちの立入検査など，迂回の監視，捜査に関する規定を定めている[6]。

また，シンガポール製とのラベルを貼付する繊維製品の生産者及び輸出者等について登録制度を設け，米国輸出に関する記録を保存させるなど，当該生産者，輸出者等を監視することとしている[7]。

(b)　米韓FTA―繊維FTAセーフガード，年次報告

米韓FTAでは，繊維FTAセーフガードは関税撤廃から10年後まで発動することができる[8]。措置は最長4年間認められている。

迂回等の疑いがある場合，輸入国は輸出国当局立ち会いの元に生産者の抜き打ち立入検査を行うことができる[9]。さらに，韓国は，米国へ輸出される繊維製品の個別生産者について詳細な情報を収集し，毎年，米国へ報告することとされている[10]。

(2)　原繊維・原糸基準が米国繊維産業に与えた影響

米国は，NAFTA締結当時，衣類生産は労務費の安い国・地域へシフトすることが不可避である一方，米国のテキスタイル産業は国際的な競争力を有していると認識していた。また，繊維から衣類までのサプライチェーンの地域経済ブロックを形成することにより，メキシコがアジア諸国産，特に中国，インド，パキスタン産の繊維・糸を使用して繊維製品を米国に輸出する工場と化すことを防ぐことを期待していた[11]。かかる意図から，原繊維・原糸基準を導入したものである。

原繊維・原糸基準は，次に説明する通り，その意図を実現して，米国テキスタイルの中南米輸出を拡大し，その輸出市場の規模を維持する役割を果たしていると思われる。

①　米国繊維輸出

米国テキスタイルの全輸出額はNAFTA発効時から倍増し，NAFTA及びCAFTA-DR相手国への輸出が全輸出の7割を占めるに至っている。

第7-1図は，米国繊維の輸出額の推移である。1996年頃からメキシコ，カナダへのテキスタイル輸出が急増している。WTO繊維協定に基づく輸入制限が緩和される2001年からは減少に転ずるが，2010年には再び増加に転じ，その後2000年の水準を回復している。CAFTA-DR諸国への輸出は，WTO繊維協定の輸入制限が緩和された2001年頃から実質的にCAFTA-DRが発効した2004年にかけて急増し，その後も，おおよそ2004年の輸出水準を維持している。

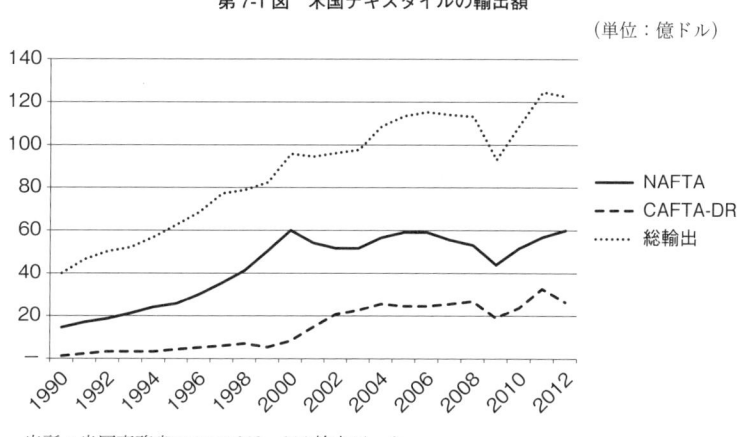

第7-1図　米国テキスタイルの輸出額

(単位：億ドル)

出所：米国商務省NAICS 313・314輸出データ。

以上からすると，原繊維・原糸基準は，特にNAFTA市場への輸出増効果を発揮し，CAFTA-DRにおいても輸出市場を確保，維持する効果を発揮しているといえる。

② 米国の衣類等輸入

米国のNAFTA締約国産の衣類等輸入は，2000年まで大幅に増加したものの，その後は減少に転じている。CAFTA-DR締約国産は，同FTAが実質的に発効した2004年の翌年から減少に転じている。他方，WTO繊維協定に基づく輸入制限が緩和された2001年以降，中国産が大幅に増加し，2012年には全輸入の約4割を占め，ベトナム産も2012年には全輸入の8.8％を占めた。

第7-2図　米国衣類等の輸入額

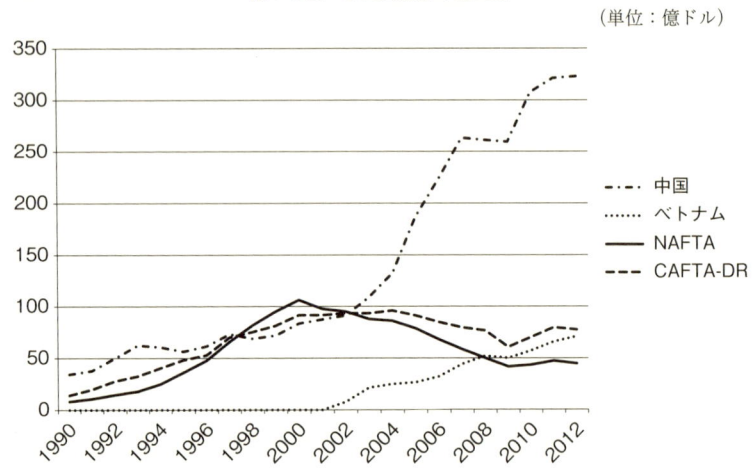

(単位：億ドル)

出所：米国商務省 NAICS 315 輸入データ。

　これは，NAFTA締結時において予想された状況が現実化したものと言える。即ち，関税0％というFTA原産品の優位性のみをもってしては労務費の低さで優るアジア諸国産の価格に完全に対抗することができない状況となったものである。言い換えれば，FTAによる関税撤廃によりFTA締約国が享受できる利益の限界を示している。

　しかし，2012年においても，米国の衣類等輸入は，メキシコ産が，中国産，ベトナム産，インドネシア産，バングラディシュ産に次いで第5位，ホンジュラス産が第7位，エルサルバドル産が第9位と高い地位を確保している[12]。この点からすると，NAFTA，CAFTA-DRは，依然として，それら原産品に第三国産に対する一定の優位を与えており，当該国への米国産糸の輸出を促進していると考えられる。原繊維・原糸基準は依然として機能しているといえよう。

2．EU

(1) 概要

　EUも，近年，貿易政策の軸足をFTAに移し，WTOドーハ交渉の頓挫後，FTA交渉を加速させている。アジア地域では，韓国FTAを発効させ，シンガポールと合意し，現在，日本，ベトナム，マレーシア，タイ，インドと交渉中

である。

　EUは，FTAを含む貿易協定において，ファッション産業の発展，輸出拡大を目指している。その長期的な戦略として，貿易相手国における輸入及び外国投資障壁の除去，基準認証の統一，知的財産権の保護を，短期戦略として，FTAによる関税の削減，表示・関税手続・流通ネットワークに対する障害の除去，綿を含む繊維生産国の輸出制限の撤廃に努めるとしている[13]。

　次の表にはEU27カ国の繊維製品の過去3年間の貿易額を示した。2012年，衣類の輸出額は2010年から30％増加し，テキスタイルの輸出額を上回った。これは，EUの政策の方向性の正当性を裏付けている。

第7-1表　EU27カ国の繊維製品貿易額

(単位：百万ユーロ)

	2010	2011	2012
テキスタイル（HS50-60＋63）			
輸入	21,662	24,751	22,825
輸出	16,636	18,008	18,666
衣類（HS61+62）			
輸入	60,586	65,994	62,795
輸出	14,910	17,873	19,590

出所：Eurostat.

(2) EUが締結した最近のFTAにおける繊維製品条項

① EU韓国FTA

EU韓国FTAは2011年7月に仮発効した。繊維製品について，EU・韓国とも仮発効後直ちに乃至7年間で漸次削減して撤廃する。原産地規則は，糸・織物・編物について原糸基準，編物以外の衣類等について製織工程以降の工程を行う2工程基準を基本としている。

　EU韓国FTAは，繊維FTAセーフガード措置その他の繊維製品に関する特別規定を定めていない。

② EUシンガポールFTA

EUシンガポールFTAは2013年9月に仮調印され，現在，仮発効に向けて手続中である。繊維製品の原産地規則は，おおよそEU韓国FTAよりも緩い。

糸について粗紡（梳き）工程を要求せず，紡績工程以降を求める原糸基準を採用している。織物については製織及び染色工程以降を要求する2工程基準を，衣類については，EU 韓国 FTA とおおむね同様に，編物について原糸基準，編物以外の衣類等について製織工程以降の工程とする2工程基準を採用している。

この FTA においても，繊維製品に限定したセーフガード措置，監視制度等の規定は置いていない。

(3) EU の原産地規則への考察

EU の FTA は，米国の FTA と異なり，編物以外の衣類等について2工程基準を採用し，EU 域内での糸生産に重きを置いていない。これは，EU 域内の産業の状況を踏まえて，EU ファッション産業は糸等の原材料を輸入に依拠することを想定して，第三国を含め輸入した糸から EU 域内で（高級）生地を織り，ファッション製品を生産して FTA 相手国に輸出するために採用した基準である。これは，EU の貿易戦略に合致している。さらに，EU 戦略として貿易相手国の原材料輸出制限の緩和，撤廃を目指すとしているところにも反映されている。

第2節　TPP 等の広域 FTA で我が国が採るべき規定

1．TPP における繊維原産地基準

TPP の繊維製品の物品市場アクセス交渉で，米国は，これまで同様，原繊維・原糸基準を基本とした原産地基準を導入しようとしている。これに対し，衣類が輸出の主要品目であるベトナムは，中国等の第三国産の糸から生産する衣類が TPP 関税の対象外となるとして，強く反対している。この対立点は，ベトナムが TPP 交渉に参加して以来，同国の中心的な関心事項として交渉されてきた。最近になって，ようやく，米国はベトナムの関心品目を供給不足例外に含めることで対応する等の案を提示している模様である。しかし，未だ解決に至っていない。

2．TPP 繊維原産地基準についての我が国の立場

　TPP は，参加国が 12 カ国という広域 FTA で，資源国から消費国まで包含しているところから，サプライチェーン全体を TPP 域内で完結させる効果があり[14]，参加国が拡大すればさらにその効果が高まると見込まれる。この点において，TPP を始めとする広域 FTA はこれまでの二国間 FTA と大きく異なる。中間財の生産に強みを持つ我が国が TPP からより裨益するためには，中間財が TPP 域内（即ち我が国）から調達されるよう原産地規則を定めることが肝要である。

　我が国が締結した EPA は，繊維製品について 2 工程基準を基本としている。たとえば，2008 年 4 月に ASEAN 諸国と締結した EPA（AJCEP）では，糸について原糸基準，織物・編物について浸染・捺染工程以降の 2 工程基準，その他の衣類等について編立・製織工程以降の 2 工程基準を採用している。これは，EU 以上に，第三国産の糸を使用して生産された衣類の貿易を促進するための基準を採用しているといえる。

　他方，我が国の衣類等の貿易の殆どは，次の表に示す通り，輸入である。我が国の衣類等の市場における輸入浸透率は 2011 年に 57.2％に達し，輸入衣類等が国内産出荷を上回り，年々その差が拡大する傾向にある[15]。その一方で，テキスタイル貿易は，輸出が輸入を大幅に上回っている。これは，我が国のテキスタイル産業が国際的な競争力を維持していることを示している。

第 7-2 表　我が国の繊維製品の貿易（2012 年）

（単位：億円）

	衣類等 (HS61-63)	テキスタイル (HS50-60)
輸出	539	7,094
輸入	28,645	4,472

出所：財務省貿易統計。

　この点について，日本化学繊維協会は，我が国の繊維産業は，汗や体温調節に優れた機能性素材，高強度・高弾性率，高耐熱性，難燃性などの特性を有する高機能・高性能繊維など，先端素材において国際競争力を有する[16]としている。

これらからすると，TPPにおいては，我が国の強みをより強化するよう，第三国の合成繊維ではなく，我が国の合成繊維を他のTPP参加国が使用するよう原産地基準を定めるべきではないであろうか。即ち，合成繊維の布地，衣類等は，その繊維がTPP域内産であることを要求する，米国の推進する原繊維・原糸基準を導入することを検討してよいのではないだろうか。

3．繊維製品に関するその他の規制・制度

(1) 監視制度と原産地証明

米国は，アジアの国と締結したFTAのいずれにおいても，原繊維・原糸基準を満たさない産品がFTAにただ乗りすることを防止するため，相手国に繊維製品生産者等の監視義務を課している。

米国への主たる衣類輸出国が中国であるところから，繊維製品のFTA原産を監視する必要性は理解できるが，上述の方法は，米国のFTAが，輸入時のFTA原産の証明として特段の事前審査を必要としない，輸出者・輸入者の自己証明制度[17]を採用していることと関係している点に留意すべきである。即ち，米国のFTAにおいてFTA原産の事前審査・定期検査を相手国に要求するためには，原産地証明制度とは別途の制度が必要となるのである。

他方，我が国を始めアジア諸国は，政府証明，認定輸出者制度など，事前審査を前提とするFTA原産地証明制度を採用してきた。繊維製品について事前審査制度を導入する以前に，そもそも，いずれの原産地証明制度がより効率的であるか十分に検討すべきであろう。

(2) 反ダンピング措置・セーフガード措置についてのTPP規定

新たな貿易規則を作ることを目指すTPPにおいては，WTO反ダンピング制度及びセーフガード制度の適用条件をTPP参加国間で改善する規定を検討すべきである。繊維製品についていえば，国内産業の損害認定に川上産業の状況を加えた総合評価を行うことを認めることとする必要がある。

反ダンピング措置は，WTO自由貿易体制の下で国内産業を輸入から救済する手段として認められている最も有力な制度である。我が国も，最近では，韓国，台湾産ポリエステル短繊維に対して2002年から2012年まで6.0％乃至13.5％の反ダンピング関税を賦課していた。

反ダンピング措置及びセーフガード措置を発動するためには「国内産業」が輸入により実質的な損害を被っていなければならない。WTO 協定の定義では，「国内産業」は輸入産品と同種の又は直接競争する産品を国内で生産する者に限定され，その原材料供給者を「国内産業」に含めることは認められない[18]。たとえば，ある衣類が低価格で輸入されたため，我が国の同種の衣類生産者は国内の繊維生産者に値引きを要求し，その結果，衣類生産者は利益を確保したものの，国内繊維生産者が損害を被ったとしよう。この場合，繊維は衣類の原材料であるところから，繊維生産者は「国内産業」に含まれない。よって，国内の衣類産業には損害がないと判断される。その結果，反ダンピング措置，セーフガード措置は発動できず，繊維生産者は救済されないのである。

　川上産業を国内産業に含めることを認める条項は，農産品の国内産業の範囲について規定した米国反ダンピング法に見られる[19]。かかる条項の検討にあたっては当該米国法が参考となろう。

注
1） 日本化学繊維協会（2013）『繊維ハンドブック 2014』196-197 ページ参照。
2） Statement of Seth M. Bodner, Exective Director, National Knitwear and Sportswear Association, *the North American Free Trade Agreement [NAFTA] and its Impact on the Textile/Apparel/Fiber and Auto and Auto Parts Industries, Hearing at House of Representatives, Commerce, Consumer, and Monetary Affairs Subcommittee of the Committee on Government Operation, held on May 4, 1993*, p. 116.
3） Statement of Mendelowitz, Allen I, Director, International Trade and Finance, General Government Division, US. General Accounting Office, ("Statement of Mendelowitz"), *ibid.*, p. 41.
4） 米カナダ間の輸出入については米カナダ FTA の条項が適用される。
5） CAFTA-DR 第 4.20 条（d）により準用される第 3.24 条。
6） 米シンガポール FTA 第 5.4 条。
7） 米シンガポール FTA 第 5.3 条。
8） 米韓 FTA 第 4.1 条。同様の規定は，オーストラリア，モロッコ，オマーンとの FTA にも見られる。米チリ FTA は撤廃後 8 年間としている。
9） 米韓 FTA 第 4.3 条 6 項。
10） 米韓 FTA 第 4.3 条 2 項。米パナマ FTA でも相手国への監視，報告義務を課している。その他の米国の FTA では，書類保存義務を課すに止まっている。
11） Statement of Mendelowitz, p. 43.
12） 米国商務省データ NAICS 315（Apparel & Accessories）。
13） Policy Option for the Competitiveness of the European Fashion Industries- 'Where Manufacturing Meets Creativity', Commission Staff Working Report, 5.10.2012, SWS (2012) 284 final/2, pp. 8-12.
14） 梅島修（2013）「法的観点から見た TPP 物品市場アクセス」石川幸一・馬田啓一・木村福成・渡邊頼純編著『TPP と日本の決断』文眞堂を参照。
15） 日本化学繊維協会（2013）『繊維ハンドブック 2014』62 ページ。

16) 日本化学繊維協会ウェブページ（http://www.jcfa.gr.jp/about/intro.html）。
17) 全てのFTAは，輸入通関時にFTA特恵関税を適用する条件として，輸入貨物が当該FTAの定める原産地規則を充足していることを証明することを要求している。そのうち，輸入通関時には輸出者又は輸入者がかかる充足を自ら証明又は宣誓する書面を提出すれば足りるとする制度を「自己証明」制度という。米国の殆ど全てのFTAがこの自己証明制度を採用している。他には，事前に製品型式又は輸出者について輸出国当局の審査・確認を受けた上で，個別の出荷の際に自己証明を行う「認定輸出者」制度，また，輸出国当局の事前審査を受けた上で，個別の出荷毎に輸出国当局から原産地証明書の発給を受ける「第三者証明」（政府証明）制度がある。これまでの我が国のEPAは，認定輸出者又は第三者証明制度を採用しており，自己証明制度を採用した例はない。
18) WTO紛争解決機関・米国ラム肉事件上級委員会報告書（WT/DS177/AB/R, WT/DS178/AB/R, 2001年5月16日採択）パラ90参照。
19) 1930年関税法771条 (4) (E), 19 U.S.C. §1677 (4) (E)。

(梅島　修)

第8章

知的財産権問題の争点
―著作権と商標権―

はじめに

　知的財産には，特許や商標に代表される産業財産と文学や美術などに代表される文化的創造物とがある。それを独占的に使用する権利を知的財産権といい，特許権や商標権のような産業財産権や文化的創造物に対する著作権などがある。

　TPP加盟交渉は，アジア太平洋地域の通商ルール作りを行う交渉であり，知的財産制度も議論されている。本章では，著作権と商標に関して争点となっていると考えられる事項を取り上げる。具体的には，著作権保護期間を何年にすべきかという問題，著作権侵害を非親告罪とすべきかという問題，音とにおいを商標とすべきかという問題の三つを取り上げる。

　第1節では，著作権や商標権のような知的財産権に関するルールを国際的に調和・統一することの是非を考える。著作権については，世界的な統一ルールとしてベルヌ条約がある。そこでの合意とは別にTPPによってアジア太平洋地域だけに通用する合意を行う必要があるのか。結論は，知的財産権問題については，地域的な合意の効果は小さいであろうというものである。

　第2節では，著作権保護期間，著作権侵害への法的対処，音とにおいの商標の三つをTPPの枠組みの中で取り上げる。TPP交渉の内容については公表されていないが，2011年2月10日付と2013年8月30日付の文書が流出している。それらの信ぴょう性は明らかではないが，参考にしつつ，三つの論点がTPP加盟交渉の中でどのように取り上げられるべきかを分析する。結論を

先取りすると，第1の著作権保護期間については，TPP加盟交渉参加国が一律のルールを定める必要性はない。米国は，自国の国益を増進する目的で，保護期間の延長を要求しているが，市場価値を有する著作権が貧弱な国々が米国に合わせる必要はない。第2の著作権侵害への対応に関しても，非親告罪をTPP加盟国の統一的な制度としても，その効果は大きくない。著作権侵害に厳格に対処するということと公訴の方法とは直接関連がないであろう。第3の商標権に関する論点は，知的財産の範囲の確定に関する論点である。この点に関しても，アジア太平洋の枠組みで制度の調和・統一を図るメリットは小さい。

第3節では，結論に代えて，日本がTPP加盟交渉の場で知的財産権問題にどのように対処すべきかをまとめる。

第1節　知的財産権の国際問題

1．知的財産権とは何か

知的財産とは，目に見えるモノとしての財産ではなく，知的創造活動によって生み出された財産である。その代表的な例に，製品や製造方法などに関する技術としての特許がある。池田菊苗は，1907年，グルタミン酸ナトリウムの製法を発明し，翌1908年，「グルタミン酸を主要成分とせる調味料製造法」に関する特許を取った。知的財産の別の例に，消費者が購入する商品がどのような商品であるかを認識させるための商標がある。一般にブランドと言われるものを思い起こすとよい。グルタミン酸ナトリウムを商品化した「味の素」は，日本においては味の素株式会社が所有している商標である。

これらの特許や商標といった知的財産にかかわる権利が特許権や商標権といった知的財産権である。グルタミン酸ナトリウムの製法は，特許明細書によって世界に公表されたが，それは池田菊苗だけが製造を許されていたのであり，もし，他の者がそれを製造したければ，特許権者の許諾を得なければならない。そのさい，特許使用料を支払う。商標権についても，その商標を使用したい場合は，その所有者の許諾を得なければならない。もし，味の素株式会社以外の企業が「味の素」の商標の使用を願い出たとしても，味の素株式会社は

まず許可しないであろう。

　特許権，実用新案権，意匠権，商標権などは，産業財産権と呼ばれている。それは，産業の発展に寄与する新技術，新デザイン，ネーミングなどに関する独占的権利を意味している。産業を発展させるためには，模倣を防いだり，研究開発のインセンティブを付与したり，取引上の信用を維持しなければならない。

　産業財産権以外の知的財産権の代表例が著作権である。著作権は，文芸，学問，美術，音楽などの文化的創造物に対して付与される。著作権以外にも，半導体集積回路配置利用権，営業秘密，植物新品種育成者権などがある。

　これら知的財産権が引き起こす国際問題は，各国が定めている権利期間や知的財産の対象が異なるために生じる。また，海洋，宇宙，サイバー空間はいまだ無法状態であると言われるように，サイバー空間での著作権などの知的財産権の扱いについては，国際的な合意がなされていない。日本人が韓国の映画を米国の動画投稿サイトであるユーチューブに無断でアップロードしたとしよう。このとき，韓国の著作権を侵害したのは，米国のプロバイダーであるユーチューブかアップロードした日本人なのか。アップロードした人が著作権侵害を犯したことは広く認められるが，それがだれかを特定しにくいという問題があり，プロバイダーも責任を負うと多くの国では考えられている[1]。このような問題への対処は，国際的に統一的な基準があれば容易であろうが，それがないためにどのような不効率，不公正が発生しているか，それがあればどのようなメリットがあるか，議論の余地があろう。

2．TPP加盟交渉参加国と知的財産

　米国は，TPPを通じて，国際的に統一された知的財産にまつわる基準を確立しようとしていると言われている[2]。その基準は，当然のことながら米国の国益に沿った基準である。交渉参加国にはそれぞれの知的財産状況があるので，米国流の基準では，損害を受ける国も出てくる。各国の知的財産状況を全体的に見たものが第 8-1 表である。

　第 8-1 表は，国際収支統計から作成したものである。知的財産権の使用料の取引はサービスの取引として経常取引に分類される。サービスの取引には，輸

第 8-1 表　国際収支における「特許使用料等」

(2011 年)

	特許使用料等の受取／財・サービスの輸出 (%)	特許使用料等の支払／財・サービスの輸入 (%)	特許使用料等の受取／サービスの輸出 (%)	特許使用料等の支払／サービスの輸入 (%)	特許使用料等収支 (100 万米ドル)
オーストラリア	0.3	1.3	1.8	6.7	− 3,153
ブルネイ	0.0	0.2	0.0	0.6	− 8
カナダ	0.7	1.6	5.2	9.1	− 5,272
チリ	0.1	0.9	0.6	5.1	− 676
日本	3.1	2.0	21.0	10.9	9,820
マレーシア	0.1	0.8	0.9	4.1	− 867
メキシコ	—	0.2	—	2.3	− 503
ニュージーランド	0.5	2.0	2.3	8.5	− 697
ペルー	0.0	0.5	0.1	3.3	− 211
シンガポール	0.2	3.5	1.1	14.7	− 15,144
米国	5.7	1.4	20.0	8.5	84,220

注：マレーシアは 2009 年。メキシコは 2006 年で，特許使用料等の受取を公表していない。ベトナムは特許使用料等を公表していない。

出所：International Monetary Fund, *Balance of Payments Statistics*, various issues より，吉野が作成。

送，旅行，通信，建設，保険，金融，情報などの取引が含まれる。これらの取引に並ぶ国際収支表の項目に「特許使用料等」がある。これは，居住者と非居住者の間の特許権，商標等の産業財産権，鉱業権，著作権などに関する権利の使用料の受取と支払を記録した項目である[3]。「特許使用料等」をさらに細かく分けた特許権使用料や著作権使用料などの項目があるが，TPP 加盟交渉参加国を横断的に比較できるほど利用可能性が高くないので，ここでは知的財産権全体を包括した「特許使用料等」にとどめた。

第 8-1 表の「特許使用料等の受取／財・サービスの輸出」は，経常受取額に占める知的財産権使用料収入の比率を示している。経済発展水準が高いほど，この比率が高いことが分かる。反対概念の「特許使用料等の支払／財・サービスの輸入」では，シンガポールが最も高い。これは，シンガポールが製薬や IT などの研究開発拠点となりつつあることを反映している。「特許使用料等の受取／サービスの輸出」は，前二者とは異なり，財を除いたサービス輸出収入に占める知的財産権使用料収入を示している。米国に比べてサービス輸出の少ない日本の比率が最高となっている。反対概念の「特許使用料等の支払い／

サービスの輸入」では，経常支払額に対する比率と同様にシンガポールが高い値を示している。

　第 8-1 表で注目すべきは，「特許使用料等収支」であろう。米国と日本だけが黒字で，他の 10 カ国は赤字である。とくに赤字が大きいのは，シンガポールであり，次いでカナダ，オーストラリアとなっている。この収支を財貿易になぞらえると，米国と日本が開放推進派，その他の諸国が保護推進派となることが予想される。しかし，知的財産をめぐる議論においては，構図は異なる。TPP 加盟交渉における議論では，米国のみが制度を統一・調和させた上で徹底させようとしており，日本を含むその他の諸国は，経済構造に応じた各国別の規制を裁量的に適用しようとしている。

　興味深いのは日本の立場である。国際収支統計の上からは，米国同様攻めに回ってよいはずだが，国内の議論は米国以外の諸国同様，知的財産をめぐる制度の調和・統一に及び腰で守りの姿勢に終始している。

第 2 節　TPP 加盟交渉における著作権と商標

1．著作権の国際的側面

　著作権は，文化的創造物に付与される権利であるが，権利を付与するのが各国の政府であるから，国によって対応は異なる。同じ作品であっても，その保護期間が短い国では早い時点で作品を複製できるが，長い国ではそうはいかない。このような相違は，国民の文化的創造物に対する需要を左右し，創造そのものに対する熱意をも変えてしまう。すなわち，保護期間が長い国では需要者の負担が大きく，供給者たる創造者の便益が大きい。短い国では逆の現象が生じる。このように法の定めが異なる場合はもちろんだが，著作権に関する定めがない国もあれば，法はあっても執行が不十分な国もある。

　すべての TPP 加盟交渉参加国だけではなく，世界のほとんどの国は「文学的及び美術的著作物の保護に関するベルヌ条約（通称，ベルヌ条約）」に加盟している。交渉参加国中最古の加盟国である日本や戦略的に加盟を遅らせた米国などでは，ベルヌ条約は履行すべき最低水準の要件のように見なされてい

る。一方で，2004年に加盟したベトナムや2006年に加盟したブルネイなどにとってのベルヌ条約は法改正の目標のように見なされている。たとえば，ベトナムでは，知的財産権の保護がかねてより憲法で謳われるほど重視されているが，民法典で規定した上で，知的財産法でも重複したり矛盾したりしながら規定している。

　知的財産権をとりまく状況が大きく異なる国々が統一的な基準によって著作権を律する意義が確認されなければ共通のルール作りはできない。また，共通のルール作りを世界で行うのではなく，TPP加盟国だけで行うことの意義も求められなければならない。たとえば，家電製品に用いられる乾電池の規格は世界的に統一されているが，電源コンセントの形状は各国で，さらには一国内でも異なっている。電源コンセントの形状を世界的に統一するような動きがない以上，アジア太平洋地域で統一しても大きな意義はない。知的財産権についても，調和・統一の費用と効果を考えるべきである。TPP加盟交渉で，この問題が明確にされているのか，疑問である。

2．著作権保護期間の延長

　ベルヌ条約では，著作権保護期間を「著作者の生前の期間及びその死後50年」と規定している（同条約第7条(1)）。ベルヌ条約は，同時に加盟国がより長期の著作権保護期間を設定することを認めている。

　日本では，著作権保護期間は，文学作品や音楽作品などについては著作者の生前の全期間及び死後50年間，映像作品は公表後70年間となっている。世界的に見ると，著作権保護期間は長くなる傾向がある[4]。米国では，1998年に著作権延長法が施行され，1978年以降に創作された作品については，著作者の生前の全期間及び死後70年間である[5]。ハリウッドを本拠地とする映画産業や音楽産業が，この著作権延長法の成立を強力に推進した。この法律は，ディズニー社のキャラクターであるミッキーマウスの著作権保護期間が切れる直前に施行されたので，「ミッキーマウス保護法」と揶揄されることもある。また，ハリウッドのエンターテインメント産業の利害を代表する下院議員ソニー・ボノがこの法律の成立を支援したので，「ソニー・ボノ法」ともよばれている[6]。

ベトナムでは，ベルヌ条約加盟後も著作権保護期間は最初の公開から50年と定められていたが，2010年に施行された改正知的財産法によって75年に延長された。マレーシアでは，ベルヌ条約と同様に著作者の生前の期間及びその死後50年を保護期間としている。

　商品価値のある文化的創造物を多く保有する米国のような国は，保護期間を長くして著作権使用料を得ようとするが，反対に創造物の需要国はそれを短くして著作権使用料の支払いを抑制しようとする。この需給関係を，第8-1表から読み取ろうとすると，「特許権使用料等収支」の黒字国である米国と日本が保護期間を長く設定しようとし，赤字を記録しているその他の10カ国が短くしようとするものと考えられる。すでにベルヌ条約の定めるところより著作権保護期間を延長した米国は，自国で著作権が認められる創造物の著作権が，保護期間の短い外国では認められなくなるので，TPP加盟交渉において，参加国に保護期間を延長するように要請するのは当然である。

　しかし，TPPに加盟するであろう12カ国だけにそのような要請をしても，TPP域外にはその効力は及ばないので，米国が著作権ビジネスでの収入を増加させる効果は限定的と言ってよい。なによりも，中国や欧州といった著作権の大需要国に保護期間の延長を求めるべきである。

　最適な著作権保護期間は，上記のように短期的な著作権に対する需給の均衡だけで考えるべきではない。最優先に考慮すべきは文化的創造物の生産者の意欲をいかに高めるかということである。ディズニー社のミッキーマウスや虫プロの鉄腕アトムのように，何十年と市場価値を有する創造物もある。しかし，鉄腕アトムの時代に生み出されたほとんどの漫画のキャラクターはもはや何の価値も持たない。著作権保護期間が50年から100年に延びたら，手塚治虫はさらに市場価値が高いキャラクターを生み出す意欲に駆られたであろうか。おそらく，そんなことはないであろう。逆に，保護期間が半減されたからといって創作の手を抜くこともなかったであろう。

　生産者たるクリエーターは，自分の孫の世代に遺産を残すというような動機で創造活動を行っているのではないから，保護期間を延ばしたところで創造意欲が高まるものではない。

　創造物の需要者の側はどうであろうか。著作権保護期間が終わると，創造物

が公共領域に移されることで使用料を支払うことなく創造物を利用できるようになる。こちらは，保護期間が短いほど望ましいであろう。

このように考えてくると，著作権保護期間を延ばそうとする動機は，すでに存在している創造物から利益を得るためであり，新たな創造意欲をかきたてるものでは必ずしもないということが分かろう。

結論を要約すると，第1に，TPP参加国のみでの著作権保護期間をめぐるルール作りの効果は限定的であることと，第2に，保護期間延長を前提にした議論ではなく，クリエーターの創造意欲を高める最適な保護期間についての議論が求められるということになる。

3．著作権の非親告罪化

親告罪とは，告訴がなければ公訴を提起できない犯罪である。日本では，著作権法違反の罪は親告罪である。それ以外に，名誉棄損罪や過失傷害罪，親族間の詐欺罪などが親告罪である。これに対して，非親告罪は，告訴がなくとも公訴を提起できる犯罪である。傷害罪や殺人罪は非親告罪であり，被害者や関係者の意向とは別に，検察が告訴すれば公訴を提起できる。

親告罪と非親告罪の相違はどこにあるのか。非親告罪は，犯人にその罪を問い刑罰を科すのは，被害者のためではなく社会全体のためであると考えている。その犯人を更生させる意図もあり，刑罰によってさらなる犯罪を抑止できるとも考えられている。親告罪には，被害者などの告訴が必要なのだが，その理由はさまざまである[7]。

日本では，著作権侵害による著作権法違反の罪は，著作権法123条及び119条1号により親告罪とされている。すなわち，著作権を侵害された被害者が告訴しなければ公訴を提起できない。

米国では，著作権侵害には非親告罪が適用されている。米国政府は，著作権侵害が親告罪とされているTPP加盟国に非親告罪に変更すべく要求するとされている[8]。米国の要求が通り，著作権侵害が非親告罪として合意されると，クリエーターが許容しているパロディなどの2次創作や，Eメールのパソコンによるコピーや創造物の複写機によるコピーなどが，被害者たる創作者の告訴なしに摘発され，処罰される可能性がある。

米国の TPP 加盟交渉における要求は，2012 年に発効した米韓 FTA における要求と軌を一にしているとみなされている[9]。韓国では「営利のための常習的な著作権侵害」はそもそも非親告罪であった。しかし，米韓 FTA 発効に合わせた 2011 年の法改正によって，非親告罪が適用されるのは「営利目的あるいは常習的な著作権侵害」へと，適用範囲が拡大された。この変更による濫訴が懸念されたが，これまでのところ大きな変化はなく推移している。

リークされたとされる文書によると，著作権侵害を非親告罪とするのに反対しているのは，日本とベトナムだけであり，他の 10 カ国は賛成している[10]。日本では，もし著作権侵害が非親告罪とされるとコミックのパロディなどの 2 次創作ができなくなるのではないかという懸念が表明されている。有名コミックのパロディを掲載する同人誌が商品として取引されるコミケは，イヴェントとして成立しなくなるというのである。もし，クリエーターであるネタ元のコミックの作者が告訴しなくとも，警察が同人誌を著作権侵害であると判断したら公訴が提起されるというのである。

たしかに，その可能性はある。しかし，著作権者たるクリエーターが 2 次創作を許諾した場合，検察が公訴を提起するとは考えがたい。そうであれば，親告罪となっている現在の状況が大きく変わるわけではない。ただし，多大な公益の侵害があると判断されるような場合は，著作権者の判断を待たずに公訴できる。

日本では，著作権侵害が非親告罪となった場合の衝撃が大きく評価されているが，TPP 加盟交渉に参加する 12 カ国のうち 10 カ国までがそれに賛同しており，現行制度が改悪される恐れは少ない。「社会のありようも意識も違う日本に，急に欧米型の法制度を持ち込んでうまく行くのか」[11]という指摘がある。欧米型かもしれないが，マレーシア，シンガポールなどアジア諸国も賛同していることである。日本で表明されている懸念の多くは著作権を需要する立場からのものであり，著作権者の保護の程度は高まるものと考えられるので，「特許使用料等収支」が黒字の日本が著作権侵害を非親告罪とすることに躊躇する理由はない。

4．音とにおいの商標権保護

　産業財産権としての商標権も TPP 加盟交渉の場で議論されていると伝えられている。著作権は，それを申請したり登録する必要はなく，創作物に自動的に設定される。これを無方式主義という。一方，商標権は特許権などと同様に，ブランドや商品名を登録しなければ保護されない。商標権侵害は，日本では現行親告罪となっているので，被害者の告訴によって公訴が成立する。TPP 加盟交渉では，米国は商標権侵害についても非親告罪とするように要求している。

　米国の要求が通ると，民事においても損害賠償請求が容易になる。親告罪であれば，損害の実態を立証する必要があるため，商標権を侵害された製品の生産量や流通経路などを被害者が明らかにしなければ賠償金を取れないのである。米国は著作権侵害同様に商標権侵害においても法廷賠償金を定めるように要求しているので，被害者は細かい立証責任を負わず，1 件につき一定額の賠償を命じられるようになる。

　さらに，米国は音やにおいにも商標権を設定することを要求している。たとえば，マイクロソフト社が使用しているウィンドウズの立ち上げ音などはサウンドロゴと呼ばれている。これらは短いフレーズなので，著作権を設定するには妥当ではない。しかし，特定の商品や企業を表すのだから商標権を設定するのが妥当だという考え方である。

　サウンドロゴやにおいに対する商標権の設定が困難な理由の一つは，商標権は方式主義に基づいて設定されていることがある。商標権を登録する際には，すでに同様の商標が登録されていないか確認する必要がある。視覚的に認識できる「味の素」というような言葉であれば，すでに登録された商標を網羅的に確認できるが，サウンドロゴやにおいでは確認が困難なのである。ただし，すでにロゴマークのような図形商標は登録されているので，確認の困難さは程度問題と言わざるを得ない。

　日本でサウンドロゴやにおいに対する商標権の設定に消極的なのは，現行制度の変更に対する嫌悪から来ているものと考えられる。すでに図形商標が存在するのであるから，商標権設定の線引きの問題と考え，経済的な特質から判断すべきであろう。

第3節　日本の対応

　知的財産権の中で，特許権には触れずに著作権と商標権について，TPP 加盟交渉とかかわりがあると考えられる重要な論点に絞って分析してきた。最後に，日本がこの分野にいかに対応すべきかを中心に結論をまとめよう。

　第1に，知的財産全般に言えることだが，その範囲や保護期間などの保護の方式について，国際的に制度を調和・統一させるべき事項とその必要がない事項とがある。それには二つの意味がある。ベルヌ条約のように全世界的に調和・統一しなければ効果がない事項と，TPPのような地域的な調和・統一でも有効な事項とである。

　著作権保護期間については，TPP 加盟国だけで一律創作者の死後 70 年としたところで，地域全体の文化的な創造力向上には結びつかない。ただし，著作権大国たる米国が保護期間延長を要求するのはその国益に従ったところであり，合理的な要求である。日本は日本の国益に従って主張をすべきである。

　第2に，TPP は多国間の FTA であるにも関わらず，知的財産権をめぐる争点に関しては，あたかも日米 FTA であるかのような議論が多い。また，米国の要求を受け入れるか否かという選択を既定の問題設定とした議論が目立つ。交渉担当者がそのような認識を持っているとは思えないが，米国の影響力の大きさを前提に 12 カ国で交渉すべきものである。国内では，諸外国の要求の受諾の可否を論じるのではなく，日本の国益につながる要求を突き付けるべきであろう。

　第3に，知的財産権問題の争点に限ったことではないが，日本国内では変化を厭う空気が濃密である。著作権保護期間について，現行の生存期間中及び死後 50 年が最適なのか，必ずしも最適とはいえないとしたら最適な保護期間は何年なのかといった議論が展開されていない。著作権侵害を親告罪のままにとどめるか非親告罪とするかという論点についても，その効果を議論することなく，制度変更を厭うのみである。音とにおいに商標権を新たに与えるか否かという論点についても，その効果が議論されず，起こりうる制度変更に恐れおの

のいている。

　知的財産権問題に限らないが，TPP加盟交渉では主導権を握ることが最重要である。それができないとしても，アジア太平洋の新しい通商ルールがどのようなものになるかを見据えて，国益に沿った対応を取るべきである。

注
1）　各国で米国のユーチューブとその親会社であるグーグルを相手にした損害賠償訴訟が起こされている。その結果はケース・バイ・ケースで，ユーチューブが勝訴する場合もあれば敗訴する場合もある。
2）　TPP加盟交渉における米国の当初の要求内容とされる2011年2月10日付の文書がラルフ・ネーダーによって公表された。その後のTPP加盟交渉における知的財産に関する議論はこの文書が真正なものとみなして進められている。福井（2012）を参照せよ。
3）　正確で詳細な解説は，International Monetary Fund, *Balance of Payments Manual*（国際通貨基金，『国際収支提要』）を参照せよ。最新の第5版は，https://www.imf.org/external/pubs/ft/bopman/bopman.pdf#search='Manual+Balance+of+Payments+IMF' で参照可能である。2014年1月12日閲覧。
4）　ウィキリークスにアップロードされた2013年8月30日付 Advanced Intellectual Property Chapter for All 12 Nations with Negotiating Positions, http://www.wikileaks.org/tpp/#start（2013年12月27日閲覧）はTPP加盟交渉の知的財産権に関する各国のスタンスを示している。その信ぴょう性は保証できないが，この文書によると，メキシコは著作権保護期間を著作者の生前の全期間及び死後100年間に延長することを主張している。
5）　ただし，法人が所有する法人著作権については，1977年以前に発表された作品については発表後95年，1978年以降に発表された作品については，発行後95年か制作後120年のいずれか短い方となった。
6）　ソニー・ボノは，かつてソニー・アンド・シェールとして，シェールとコンビを組んでいたデュオ・グループの1人で，グループ解散後政界に転身した。
7）　名誉棄損罪などの場合は，その事実が公になると被害者に不利益が生じる恐れがあるため，被害者がその利益と不利益を比較考量した上であえて告訴に踏み切った場合にのみ公訴を提起できる仕組みになっている。過失傷害罪については，本来は当事者間で解決を図るべきであるとの考え方から，それができない場合に，公訴には被害者による告訴が必要とされている。親族間の詐欺罪なども，本来当事者間での解決が望まれるという立場から，親告罪とされているのである。
8）　注2）及び福井（2012）を参照せよ。
9）　高安（2012）は，そのような考え方に基づいて執筆されている。
10）　注4）の文書による。
11）　福井（2012）64ページより。

参考文献
Bettig, Ronald V. (1996), *Copyrighting Culture: The Political Economy of Intellectual Property*, Boulder: Westview Press.
Watal, Jayashree (2001), *Intellectual Property Rights in the WTO and Developing Countries*, Newh Delhi: Oxford University Press.

久保研介（2006）「グローバリゼーションの時代における開発途上国と知的財産権」西川潤・高橋基樹・山下彰一編著『シリーズ国際開発第5巻　国際開発とグローバリゼーション』日本評論社。

高安雄一（2012）『TPP の正しい議論にかかせない米韓 FTA の真実』学文社。
福井健策（2012）『「ネットの自由」vs. 著作権　TPP は終わりの始まりなのか』光文社新書。
渡辺惣樹（2012）『TPP 知財戦争の始まり』草思社。

（吉野文雄）

第9章
医薬品と TPP

はじめに

　『医薬品』にかかわる問題はすべての人に関わり，国民全体が利害関係者である。TPP での医薬品の問題は主として知的財産権に関連して扱われているが，すべての人が利害関係を持つだけにさまざまな視点・立場から，内容の是非が問われてきた。

　医薬品の知的財産保護は，長い間大手医薬品メーカーをもつ先進諸国が知的財産保護を強化する主張であるのに対し，必要な医薬品供給が特許権等を理由に阻まれることへの懸念を背景に途上国は知的財産権保護を強化する主張に反対してきた対立がある。

　国際的な知的財産保護のミニマムラインとしての合意は，TRIPS 協定（「知的所有権の貿易関連の側面に対する協定」）である。TRIPS 協定は，1985 年 WTO 設立のマラケシュ協定の中で成立し，WTO に加盟する途上国は一定の猶予期間後には自国の医薬品を含めて知的財産保護を義務付けている。その後，2000 年代になって後発開発途上国を中心に HIV 等の感染症の拡大に対し，公衆衛生の観点から抗 HIV 薬などの国際的な医薬品アクセスが大きな問題となり，TRIPS 協定に対し柔軟な運用を求める主張がなされるようになった[1]。

　一方，自由貿易協定（FTA）締結の関心が高まるなかで，米国は医薬品の知的財産権保護の強化を主張し，TRIPS 協定で定める水準よりも高い知的財産保護水準を要求してきた。

　TPP の議論でも知的財産保護水準を高めようとする米国の主張と，それに反対する意見の対立が基本になって進行してきた。ただし，製薬企業のイノベー

ションを促進し保護するだけでなく，途上国に医薬品のアクセスを保証していくにはどのようなルールが最適であるのか，米国内でも見解が分かれていることに留意する必要がある。

第1節　医薬品の知的財産保護

1．医薬品の知的財産保護

　医薬品の知的財産の保護には医薬品固有の課題がある。医薬品に関する知的財産の保護水準は新薬の独占期間を目安にすることができる。国レベルの医薬品市場における新薬の独占できる期間は，新薬発売からジェネリック医薬品発売までである。通常は原則として他の製品と同様に特許権の存続期間で決められる。ところが，医薬品産業固有の特殊な事情から新薬市場を独占できる期間には多くの制約がある。

　例えば，多くの国では，医薬品の製造・販売に対し許認可制を採っている。新薬は「安全性」「有効性」「品質」等に対し膨大な承認申請データを規制当局に提出し承認審査を経て初めて販売が可能になる。一方，ジェネリック薬は新薬との生物学的同等性の証明試験を行うなどで，新薬に比べ審査が簡便で比較的容易に認可を得ることができる。

　新薬を発売するには基礎研究から始まり承認申請データを準備するために巨額なコストと膨大な時間を必要としている。このため，新薬の開発を行う企業は新薬開発に要した投資コスト回収ができる新薬市場独占期間をできる限り長いことを求める。特に，ジェネリック薬が市場参入した後は，比較的安価なジェネリック薬との競争でジェネリック薬販売前の価格で市場シェアを維持することが難しい。そこで，新薬開発企業にとって新薬市場の独占期間は長いほど望ましい。

　一方，新薬の開発を行わないジェネリック薬企業や医療費負担軽減を望む患者や保険者等にとって，新薬の市場独占期間が短く新薬の価格が高水準である期間が短い方が好ましい。特に途上国の患者にとっては安価で供給されることが最も望ましいので，新薬開発企業の主張と相反する意見になる。

また，製薬産業をみると技術力がある新薬開発企業が各国どこにでもあるわけではない。新薬開発企業が育っていない国はジェネリック薬の製造企業が中心なのでその国の医薬品ニーズを支えることになる。この視点にたつと，ニュージーランド，オーストラリアなどの先進諸国でも米国の主張に賛同できるとは限らず，米国の主張に対し反対ないし異議をとなえることになる。

　このため，新薬の市場独占期間は新薬開発のインセンティブと，医薬品を安定的に供給する社会的ニーズを，いかにバランスよく実行していくのか，各国の事情に応じて決められるべきであるという側面がある。

2．米国の医薬品に関する主張

　TPPでの医薬品議論は米国主導ですすめられてきたので，米国の考え方を紹介する。

　2011年9月のシカゴでの第8回協議で審議された米国提案と，米国が締結したFTAにおける取扱いから米国の主張を理解することができる。

　米国が求めている医薬品の知的財産保護の基本的な考え方は"Trade Enhancing Access to Medicines"（通称"TEAM"：「医薬品のへのアクセスの拡大のためのTPP貿易目標」（USTR公表2011.09.12）で知ることができる。

　それによると，右表の9項目からなる。

　また，一方，米国が締結してきたFTAには，① 高い保護レベルを目指すFTA（例：米韓FTA）と，② 途上国に対し緩やかな対応を求めるFTA（例：米－ペルーFTA）の二つのアプローチがある。相手国に求めている医薬品の知的財産保護は，ほぼ共通している。主に次の内容が盛り込まれている[2]。

① 　特許期間終了前の第3者実施行為の制限
② 　製造・販売手続による特許期間の侵食回復のための特許期間の延長
③ 　医薬品の承認申請データの保護
④ 　医薬品承認―特許連携制度（「パテント・リンケージ」）

　パテント・リンケージとは，ジェネリック医薬品の販売許可の前に，いかなる医薬品の特許も侵害していないことを政府が保証することを指す。韓国では米韓FTA発効にあわせて医薬品関連のパテント・リンケージ制度を導入している。

こうしたことから，医薬品に関連するTPP交渉は「世界最先端レベルの高い保護基準の導入」を目指す米国と，それに同調できない多くの国との交渉になる。

第 9-1 表　USTR 公表の貿易目標（TEAM）

1）TPP アクセス・ウインドウ	革新的医薬品・ジェネリック医薬品へのアクセスを通じた「TPP アクセス・ウインドウ」迅速化
2）ジェネリック医薬品の製造業者にとっての法的予見性の強化	発明者の知的財産の保護とのバランスを維持しつつ，特許の例外とジェネリック医薬品に対するインセンティヴを通じて，TPP 全域においてジェネリック医薬品製造業者にとっての法的予見性を強化する。
3）関税撤廃	医薬品及び医療機器にかかる関税を即時撤廃することにより，特に病院，診療所，援助機関及び消費者にとってのコストを低減する。例えばアモキシシリン，ペニシリン及び抗マラリア薬にかかる現行関税の撤廃も，これには含まれる。
4）税関における障壁の低減	差別的，高負担また予見可能性のない税関手続きといった，革新的医薬品及びジェネリック医薬品へのアクセスを妨げる輸入障壁を最少化する。
5）模倣医薬品の貿易阻止	不正商標を付した医薬品の TPP 各国の市場への流入を防止するため，税関及び刑事上の執行措置を利用可能とし，それにより，かかる偽医薬品が患者にもたらす重大な危険を手当てするための TPP 諸国の取り組みを支援する。
6）医薬品の流通障壁の低減	医薬品に関する輸入，輸出及び流通の権利を保証し，必要とする者への医薬品の効率的流通の妨げとなり得る国内障壁を最少化する。
7）透明性と手続きの公平性の強化	ジェネリック医薬品及び革新的医薬品双方が TPP 各国の市場に参入する最も公正な機会を確保するため，政府の健康保険払戻制度の運用において透明性と手続きの公平性の基本規範が尊重されることを求める。
8）不要な規制障壁の最小化	TPP 域内での規制の今後の一貫性を促進しつつ，安全で有効な医薬品の公衆にとっての利用可能性を高めるため，透明で無差別な規制構造を促進する
9）TRIPS および公衆衛生に関するドーハ宣言の再確認	TRIPS 及び公衆衛生に関するドーハ宣言に基づく公衆衛生措置の利用可能性に関する重要な理解を織り込む。

注：1の「TPP アクセス・ウインドウ」は，各国で新薬のデータ保護期間を認める条件として，TPP 域内で最初に新薬申請した日から一定期間内にその国でも新薬申請することを義務付けることができる規定を指す。
原典：USTR, http://www.ustr.gov/webfm_send/3059
出所：外務省による仮訳から引用（http://www.mofa.go.jp/mofaj/gaiko/tpp/pdfs/tpp02_01.pdf）。

なお，日本では，④項を除くと①から③項については米国が求めている水準か，それ以上の規定が導入済である。

第2節　医薬品の知的財産保護のための規制

1．規制の方法

医薬品固有の製品特性から医薬品の知的財産権を主張する立場からみると，医薬品の知的財産権は主として，①特許の規制による保護，②薬事規制によるデータ保護に大別できる。医薬品の製造・販売には，この二つの規制をクリアする必要がある。

特許が発明ないし新薬生成のプロセスを保護するのに対し，データ保護は新薬の発明に価値を与える薬の安全性，有効性に関する情報を守る性格をもつ。

米国では新薬の市場独占期間を決定する制度を確立してきた。1984年の"The Drug Price Competition and Patent Term Restoration Act（"Hatch-Waxman法"）では，新薬製造企業，ジェネリック薬製造企業にそれぞれ市場独占期間を認めている[3]。

新薬製造企業に対しては，次の2項目である。

①　新薬の研究開発や承認手続による特許期間が侵食した場合の新薬特許権の延長を認める。

②　承認申請データに一定の保護期間を与え，特許期間が短い場合等の場合でも，ジェネリック薬企業の申請や市場参入を一定期間，制限できる

ジェネリック薬製造企業に対しては，次の3項目である。

①　ジェネリック医薬品のFDA（連邦食品医薬品局）による承認を新薬同様の申請手続きから，比較的簡単な簡略化手続（ANDA：Abbreviated New Drug Application）を認める。

②　ANDAによる申請に必要なデータ収集等には特許権侵害にならないとする例外を認める。

③　最初のANDA申請企業には，2番目以降のジェネリック薬企業の参入までに180日の市場独占期間を与える。

2．特許の規制による保護

　特許の規制による保護の方法は，特許権の特許期間を延長する方法と，医薬品固有の規制当局による承認手続きによる2方法がある。

　米国は，「医薬品の新薬の特許権の延長」～すなわち『20年を延長すべき』と主張し，それに対し大多数の国々は，新薬の特許期間の延長に反対したとされる。ただし，特許期間を延長する場合には多くの解決すべき課題があり現実的ではない。例えば，① 特許権の延長を医薬品に限定するか，すべての財に適用するのか，② 仮に TTP 協定で「延長」と決まった場合，国内法（「特許法」）を改正することになるが，関税のように加盟国と非加盟国で適用年数を変えることができるのか，などである。

　このため，特許そのものの期間を変更・延長することなく，解決できる議論が主であったと推測できる。

(1) 医薬品新薬の特許権の延長

　特許権は，日本（特許法67条1項）も米国（米国特許法154条（a）(2)）も，特許出願日から20年をもって終了すると定めている。TRIPS 協定でも協定33条で20年と定めている。特許を独自に付与する制度を有していない加盟国は，保護期間を当該制度における出願日から起算することを定めることができるものと了解するというのが基本である[4]。

　このため，特許権を20年以上に延長するとした場合，米国も含めて交渉参加国が国内法を改正することになる。そのため，特許権の保護期間そのものを延長する方法より，実質的な効果をもたらす方法での議論が主と推測される。

　著作権の保護期間延長と異なり，特許権の期間延長は高いハードルがある。米国が TPP の場で特許権そのものの延長を主張しているかどうかは不明である。むしろ，次項以降の実質的に新薬を開発した医薬開発企業の経済的利益を得る問題が交渉事項になる。

(2) 特許申請手続きの遅延を理由とする保護期間の延長

　米国が主張したとされるのが，特許付与手続きの遅延を理由とする保護期間の延長である。特許権者の求めにより特許付与において生じた『不合理な遅延』を補償するために特許期間の調整を求めるものである。リーク資料によれば，米国は「不合理な遅延とは，出願日から4年を超えるか出願審査請求か

ら2年を超えて特許を付与された場合の遅い方」の場合の遅延を含むとしている。この提案に対し、カナダやニュージーランドが反対したとしている。

なお、特許付与手続きの遅延を補償するための期間延長は米韓FTA（18.8.6条a項）に導入されている。米韓FTAでは『不当な遅延』とは「出願日から特許付与までの遅延が4年以上もしくは国内での出願審査請求から3年以上」を指し、韓国は特許法を改正し「登録遅延による特許権の存続期間の延長」を新設している[5]。

(3) 販売承認手続による特許期間侵食回復のための特許期間延長（特許期間の回復制度）

医薬品固有の製造・販売に係わる手続きから生じる問題から、医薬品に特許期間を延長する方法がある。医薬品の製造販売に安全性や効能を確認するためには臨床試験や承認審査などの期間が必要である。その間は特許権が存続していても、特許発明を実施できない。そこで、新薬承認手続等により実質的に特許期間が侵食された場合に、新薬、承認された使用方法、製造方法をカバーする特許期間を調整する制度（存続期間の延長登録制度）がある。これにより実質的に特許権存続期間を回復できるようにするものである。

米国でも日本でも実質的に特許期間をある一定期間を超えない範囲で延長する制度が導入されている。米国では"Hatch-Waxman法"（35USC §156）で、最大5年、かつその製品の認可後の存続期間が14年を超えないことが条件である。特許の存続延長手続きは1回限りである。日本の場合は、特許法67条2項にもとづき5年を限度とし延長登録出願することで延長できると定め特許期間の延長が認められている（35USC§156[6]）。

また、米韓FTAでは、「新薬の製造販売許可のために特許保護期間が不当に短縮される場合には、特許保護期間を調整する」規定がある。また、「発明の公表から特許出願までに認められる猶予期間を12か月とする」ことの規定を盛り込んでいる。それに基づいて、韓国特許法を改正し『登録遅延に対する特許存続延長制度を導入し、公知例外期間延長及び未実施要件を廃止』することになった。（JETRO2007）

TPPの交渉での特許保護期間の延長については、リーク資料によると米国が主張し、オーストラリア、ニュージーランド、チリ、マレーシア、ベトナム、

シンガポール，カナダ他が反対したとされる。米国提案は「特許の調整期間は5年を超えない」である。

3．薬事規制による医薬品のデータ保護など

　特許権の保護ではなく，医薬品固有の薬事規制によって医薬品の承認申請に使うデータを特許期間の延長ができなくても，新薬開発企業が承認申請に用いたデータを保護することによりジェネリック医薬品の販売時期を遅らせることができる。

　TPP 交渉参加国の中には，国内に有力な新薬の開発企業が存在せず外資系新薬メーカー（輸入販売）と地場のジェネリック薬メーカーによって市場が構成されている。途上国ばかりでなく，ニュージーランド他の先進国も含まれている。

　新薬開発の際，研究開発の途上で特定の医薬品が複数の効能を持つことが分かると，それぞれについて特許を取得することが行われている。その場合，他社に権利を行使されないように特許を取得しやすい効能から先に特許出願・登録が行われ，治験に時間がかかる効能については後から特許出願・登録が行われることが一般的である。

　日米の特許法ではこのような特許取得が可能である。一方，新薬メーカーが存在していない国では，特定の医薬品において，別の効能の発見を理由に特許期間を延長することを必ずしも想定していない。そのため，米国がそうした制度を持たない国に対して TPP 交渉の中で特許制度の変更を求めることになる。ただし，特定の効能の特許期間は「20 年」で，その期間が終了すればジェネリック薬は製造・販売可能となる。「特許期間の回復制度」でも最長 25 年である。当該医薬品の別の効能についての特許は継続しているが，特許の切れた効能についても特許が延長されるわけではない。

　なお，新薬開発企業のデータ独占権は，薬事規制当局がジェネリック薬やバイオシミラー（バイオ医薬品の後続薬）を承認する際に治験データの利用が制限され，特許で保護されていない薬でも専売状態を確保できる。特に，生物製剤は糖尿病，がん，C 型肝炎などの治療薬が多数含まれているからデータ独占権の保護は参加国にとって大きな影響を与えることになる。

（1） 新薬の独占的販売期間の延長（市場優先）

　米国では承認申請データに一定の保護期間を与えることでジェネリック企業が市場参入を一定期間制限できる。新規化合物は原則として承認後5年間，ANDAが認められないので，最初に医薬品開発を行った者が市場優先を得ることができる。オーファン・ドラッグは7年，小児用法には6カ月など同様の市場優先を開発者に与える制度がある（21USC355 (j) (5) (F)）。

（2） 医薬品のデータ保護期間（承認申請データ保護）

　医薬品の承認を得るためにはその裏付けとなる承認申請データが必要である。承認申請のデータ保護期間（data exclusivity）は，TRIPS協定39条の規定のとおり，新薬の作成で作成を義務付けられた「相当の努力を必要とする開示されていない試験データ」，すなわち治験や臨床試験に関わるデータに対し，それを保護することを指す。

　データ保護期間中は，新薬メーカーの同意がない限りジェネリック医薬品製造者は臨床試験データを用いることができない。ジェネリック薬の承認を受けるには，新薬メーカーと同等の臨床試験を行わなくてはならず，実際上ジェネリック医薬品の製造ができなくなる。

　米国は化学製剤の場合は5年間，バイオ医薬品の場合は12年のデータ保護期間が設けられている。さらに，米国の場合は新薬データに独占排他的権利保護の規定から8年（原則5年＋適用拡大は3年）である。日本では薬事法14条4の規定にもとづいて8年（原則6年＋2年延長）としているので，米国がいう独占排他的権利保護を実質的に認めている。

　TPP交渉の場では，米国は米国並の水準を要求している。米国の主張に対し途上国ばかりでなく有力な新薬メーカーを持たずジェネリック医薬品企業が中心の先進国からも反対がある。TPP交渉参加国の中で米国のように新薬開発力を持つ製薬企業を持つ国は少ない。大多数の国は新薬の知的財産の保護強化で得られる利益は少ない。ジェネリック薬の経済的利点は新薬のデータを利用できることであり，どの程度の期間で可能となるのか国ごとに異なる。そのうえ，ジェネリック医薬品を利用できるかどうかは国民の健康・生命に関わる問題であるので，米国の主張にどこまで同調できるのかの判断を迫ることになる。

なお，USTR はブログ（2013 年 11 月 29 日付）で "Different Approach" として，「強い知的財産保護と TPP 交渉に参加している途上国を含めた世界の貧困層の医薬品へのアクセスの両方を主導する」。「TPP における医薬品と知的財産の問題へのアプローチは，個々の状況に基づき柔軟さを各国に与える」「その利害を TPP 交渉参加国と測り各国の既存の国内法と国際的義務に基づいた柔軟さによる調整が，どこまで可能なのかを特定しようとしている」と説明している。

1 ）化学製剤のデータ保護期間

　米国は米国国内と同様の 5 年（適用拡大期間を含めると 8 年）を提案しているのに対し，リーク資料によれば，オーストラリア，ニュージーランド，シンガポール他の 8 カ国が反対の立場である。

　米国提案は「新薬の販売許可の日から少なくとも 5 年間は，販売許可をえるために安全性，有効性情報を以前に提出した者の同意なく第 3 者に類似の医薬品を販売することを認めてはならない」とし，安全性，有効性情報として次の 2 点をあげている。

① 販売認可のサポートのために以前に提出された「安全性」または「有効性」情報
② 販売認可がある証拠

　また，新薬の販売認可に関連し，「他国における医薬品の安全性や有効性に関する情報の提出を要求（または許可）する」場合，新薬の販売許可の日から少なくとも 3 年間は，それらの情報を以前に提供した者の同意なく第 3 者に同じまたは類似の医薬品を販売してはならない」ことも米国は提案している。その要件は前述と同じである。

　このことは，実質的に新薬の開発データの権利保護期間を「8 年」になる。

2 ）バイオ医薬品のデータ保護期間

　米国のバイオ医薬品の承認申請データ保護期間は 12 年である。バイオ医薬品に対しては，化学製剤と同様の特許保護を受けられないことから，バイオ医薬品には化学製剤なみのデータ保護期間の 12 年を要求している。

　米国で承認に向けた審査段階にある新薬の多くが生物製剤である。データ保護期間 12 年とする主張は米国製薬業界にとって重要な要望事項であるし，米

韓FTAおよび米国国内法と同水準であるべきと主張している。ただし，米国内では保護期間を7年に短縮する議論もあるので，バイオ医薬品に対しては長期の保護期間を採らない可能性もある。

　米国の主張に対し，他の交渉参加国のデータ保護期間は米国より短いので，2013年12月シンガポールでの会合では，バイオ医薬品の開発データの保護期間について米国が新興国に20年間の適用猶予を認める譲歩案を提示したと伝えられている[7]。

(3)　特許と販売承認との連携（パテント・リンケージ）

　パテント・リンケージは，「特許侵害訴訟の発生を避けるため，新薬の特許が存続する期間中はジェネリック薬に対して承認を与えない」ことを審査当局に義務付ける制度である。新薬のデータ保護期間が終了し規制当局がジェネリック薬の販売許可を与える時点で，該当する医薬品に関する特許期間がないことを要求する。

　米国がパテント・リンケージ制度の導入を強く求めているのは，新薬に関する特許の存在を考慮せずに，ジェネリック薬の承認が行われる国が途上国を中心に存在しているためである。

　米韓FTAではパテント・リンケージ制度を導入し，次の3点から構成している。①韓国ではグリーン・リスト（米国のオレンジ・ブックに該当）と呼ぶ新薬関連特許の登記簿を作成・公開することでジェネリック薬メーカーに特許侵害の認識機会を与える。②ジェネリック薬の販売申請が行われた場合には①の登記簿に登録されている特許権者に許可申請の事実を通知する。③特許権者の同意（あるいは黙認）なしにジェネリック薬が販売されないように販売許可前に特許侵害防止措置をとることを義務付ける[8]。

　米国は医薬品の販売許可申請を行う者に，ある期間の「TPPアクセス・ウィンドウ（TPP Access Window）」を通じてパテント・リンケージ条項を有効にすることを狙っている。リーク資料によるとパテント・リンケージの米国提案に対し，米国以外の国が反対しているとされている（第9-2表）。

　なお，日本の薬事法では「データ保護」の概念はない。それと同等の効力がある8年間の差異審査期間を設けている。（薬事法14条4）。日本は，薬価収載時に特許の有無を参照することはなく，特許料が薬価基準に反映する仕組み

第 9 章　医薬品と TPP　129

第 9-2 表　TPP 交渉における交渉参加国のポジション（2013 年 11 月 6 日）

知的財産（章）	AUS	NZ	USA	Peru	Chile	Mexico	Canada	S'pore	Burunei	Malaysia	Vietnam	JAPAN
PATENTS :												
PATENT ABILITY CRITERIA	A	R	A	A	R	R	R	R	R	R	R	R/P
SUPPLEMENTARY PROTECTION	R	R	A	R	R	R	R	R	R	R	R	R
"EXTEND PROTECTION to NEW USES (PLANTS, ANIMALS, SURGICAL PROCEDURES)"	R	R	A	R	R	R	R	A	R	R	R	R/P
PHAMACEUTICALS												
LINKAGE	R	R	A	R	R	R	R	R	R	R	R	R
DATA PROTECTION	R	R	A	R	R	R	R	R	R	R	R	R

A : Accept　R : Reject　R/P : Reserved Position

注：各国の意見が、賛成 (A)、反対 (R) あるいは保留 (R/P) の三つに単純化されている。このため、各国の具体的な主要の内容は個別に確認する必要がある。

出所：http://wikileaks.org/IMG/pdf/tpp-salt-lake-positions.pdf より抜粋。

はない。ただし，後発医薬品のない新薬に対しては，収載時点において高めの薬価を設定する，薬価改定時の引き下げ幅を小さくすることができるので特許に係る経済的利益をある程度までは保証しているともいえる。

4．その他

《医薬品に関する透明性の問題》

TPP参加国の中には，国民医療保険制度の中で公的薬価制度（政府が購入する医薬品リストの作成）を持つ国がある。オーストラリア，カナダ，ニュージーランドなどである。

米国はニュージーランドの医薬品管理庁も含め公的薬価制度が革新的な医薬品に不利となる懸念を表明してきた。医療市場へのアクセスが，政府による不透明あるいは公正な手続きを欠く行為により阻害されるとの懸念のためである。

CRSレポートによれば，オーストラリアとの交渉では米豪間で一連の協議と透明性を確保するメカニズムに合意し，米国の製薬メーカーが，公的薬価制度の医薬品リストに彼らの製品を収載するよう求める機会を提供するとした。

一方，ニュージーランドは，米国がメディケイドのような連邦もしくは州政府レベルの薬価制度で「相互」に譲歩することがなければ，医薬品管理庁の制度に変更を加えることを拒否してきた。カナダは州政府レベルで独自の制度を持ち維持されている。

まとめ

医薬品の交渉は，新薬の開発に要するコストを回収し新薬の開発につながる利益を得ることを重視する考えと，できるだけ安価な医薬品を提供しようとする考え方の対立である。このため，いずれの方法でどの程度のレベルで合意できるのかが問われている。

米国は米韓FTAのように広範囲の条項の導入を求めるか，コロンビア，ペルー等のFTAのように緩やかな基準を設定し適用する考えがある。

CRS レポートでは次の 3 点をあげている。
① 特許保護期間の延長：行政当局の承認徹続きに「不当」な遅れが生じた場合の特許保護期間の延長を任意とする
② パテント・リンケージ：規制当局が，ジェネリック医薬品が既存の特許を侵害していないことを証明しない限りジェネリック医薬品の販売承認を行わないことを，特許権者がそれ以外の方法で権利を保護することができる場合には任意とする。
③ データ保護期間：米ペルー FTA では最初の販売承認から 6 カ月以内に他国での販売承認が行われた場合は，最初の販売承認の時点からデータ保護期間を開始することを認めている。

CRS レポートでは途上国に対する配慮の条件は，1 人当たりの GNI（または GDP）等の経済指標に基づいて定める。世界銀行の一人当たりの GNI（1 万 2161 米ドル）の基準（ベンチマーク）を採用すると，マレーシア，メキシコ，ベトナムが「途上国」に扱われる。

バイオ医薬品の開発データの保護期間に関しては，CRS レポートでは米国法と同様の 12 年の設定を目標にしている。USTR ブログでも同様のことを説明している。ただし，下院議員に中に反対する意見があることも紹介している。

医薬品に関わる交渉は，最後まで決着がつかない問題となる可能性が高い。それは，医薬品の交渉は知的財産保護に関わるだけでなく，国民全員が利害関係をもっている問題のためである。そのことは，自国民の健康を守りよりよい医薬品のアクセスを保証する妥協点を見つけるプロセスでもある。このため，最後の最後まで一致点を見出す交渉が行われるものと推測することができる。

注
1) 枡田，78 ページ。
2) 枡田，78 ページ。
3) 枡田，79 ページ。
4) 特許庁サイト（http://www.jpo.go.jp/shiryou/s_sonota/fips/trips/ta/chap3.htm）。
5) 米 ITI2013，102 ページ。
6) 35USC§156　枡田，87 ページ。
7) 時事通信（2013 年 12 月 9 日付）。
8) ITI2013，110 ページ。

参考文献

USR (2011), "Trade Enhancing Access to Medicines" (TEAM) (USTR, 2011.9.12)
CRS (2013), "The Trans-Pacific Partnership Negotiations and Issues for Congress". (Congressional Research Service, 2013.12.13) http://www.fas.org/sgp/crs/row/R42694.pdf
USTR (2013), USTR ブログ "Stakeholder Input Sharpens, Focuses U.S. Work on Pharmaceutical Intellectual Property Rights in the Trans-Pacific Partnership". (2013 年 11 月 29 日付)
WIKILEAKS (2013), "Secret Trans-Pacific Partnership Agreement (TPP) —IP Chapter". (Advanced Intellectual Property Chapter for All 12 Nations with Negotiation & Positions Aug. 30 2013 consolidated bracketed negotiations text) (http://wikileaks.org/tpp/　2013 年 1 月アクセス)
枡田 (2013)「医薬品産業と米国自由貿易協定 (FTA) 知財戦略～米韓 FTA の韓国医薬品産業への影響と環太平洋戦略的経済連携協定 (TPP) への示唆」枡田祥子『パテント 2013』Vol. 66, No. 10。
ITI (2013)「第 4 章 各国の FTA 及び各国の国内整備状況」『国際知財制度研究会報告書』国際貿易投資研究所。(http://www.jpo.go.jp/shiryou/toushin/chousa/pdf/tripschousahoukoku/24_4.pdf)
JETRO (2007)「米韓 FTA 最終合意結果」日本貿易振興機構 (JETRO) 2007.4.4。

（増田耕太郎）

第10章
TPP 交渉における政府調達の論点

はじめに

政府調達市場は GDP の 15％－20％を占めるといわれる大市場であり，通信，鉄道，電力などに加え，金融，鉄鋼，自動車などで国有企業が大きなシェアを占めている国も多い。
WTO の政府調達協定（GPA）は複数国協定であり，アジアで参加しているのは日本など 5 カ国，世界でも EU28 カ国を含め 43 カ国である。GPA 不参加国の政府調達への参入には政府調達規定を含む FTA 締結が有効である。

TPP 交渉参加国で GPA に参加しているのは 4 カ国であり，政府調達の開放で合意できれば残りの 8 カ国の政府調達市場に参入できることになる。地方政府機関の政府調達の開放には慎重な国が多くセンシティブな分野があるなど交渉には課題も多い。本章では，TPP の政府調達交渉がベースとしている GPA の概要をみた上で TPP 交渉の状況および論点について検討している。さらに，米国など主要交渉参加国の政府調達の状況と課題について概観するとともに日本の政府調達の開放の現状と TPP によるメリット，デメリットについて整理している。

第1節　WTO の政府調達規定とその概要

1．政府調達の取扱いの経緯
　WTO によると，政府調達額は GDP の 15－20％を占め，政府調達協定

（Government Procurement Agreement：GPA）参加国の政府調達市場の規模は 1.6 兆ドル（2008 年）に達する[1]。GPA は，一括受諾の対象外となる複数国協定であり，現在の締約国は 43 カ国・地域である[2]。GPA 不参加国の政府調達市場への参入は，政府調達の外国企業への開放を規定した FTA を締結することにより可能となることから，近年締結されている包括的な FTA は政府調達規定を含むものが多い。FTA の政府調達規定は WTO の GPA に準じており，TPP 交渉でも GPA をベースにした交渉が行われているため，最初に GPA の内容をみておく。

　政府調達は，GATT 協定の内国民待遇の例外であり，「この条（GATT 第 3 条）の規定は，政府用として購入する産品の政府機関による調達を規制する法令または要件に適用しない（第 3 条 8 項 a)」と規定されている。政府調達は国際貿易機関（ITO）憲章の当初の草案に含まれていたが，各国の交渉担当者の反対により最終草案には含まれなかった[3]。しかし，1970 年代までに国有化などによる公共部門の拡大により多くの国で鉄道，通信，発電，旅行業，航空，鉄鋼，金融など主要産業が GATT の対象外となり，また，政府機関の明確な定義を行うことが難しくなるという問題が生じた。そのため，東京ラウンドで交渉が行われ 1979 年に GATT 政府調達協定が調印され 13 カ国が参加した。1983 年から複数国間貿易交渉として政府調達協定交渉が行われ，GATT 政府調達協定を拡大強化した WTO 政府調達協定が締結され 1996 年 1 月に発効した。政府調達協定は，1997 年より改定交渉が行われ 2012 年 3 月に改定議定書が採択された。改定のポイントは，① 適用範囲の拡大（日本は基準額を 13 万 SDR から 10 万 SDR に引き下げ，政令指定都市 7 市を追加），② 電子的手段の活用による調達手段の簡素化，③ 開発途上国の加盟促進（特別かつ異なった待遇の提供，キャパシティ・ビルディングなど），④ 適用範囲の修正に対する異議申し立て，である[4]。

2．政府調達規定の概要

1) 適用範囲（第 1 条）：対象となるのは，購入，リース，レンタルによる物品とサービスの調達であり，適用となる機関は，中央政府機関，地方政府機関，その他のすべての機関である（付属書 I）。締約国は，機関に対する監

督または政府の影響が実効的に排除されたことを理由に当該機関を削除することができる（23条6b）。GATT政府調達協定に比べ，レンタル，リースによる調達，サービス，地方政府機関が追加されるなど対象が拡大している。

2) 内国民待遇と無差別（第3条）：締約国はこの協定の適用を受ける政府調達に関して，他の締約国の産品およびサービスに対して，① 国内の産品，サービスおよび供給者に与えられる待遇（内国民待遇），② 当該他の締結国以外の締約国の産品，サービスおよび供給者に与えられる待遇（最恵国待遇），よりも不利でない待遇を即時かつ無条件で与える。加えて，① 外国企業などとの関係（所有関係を含む）の程度に基づき国内に設立された特定の供給者を他の国内の供給者より不利に取り扱ってはならないこと（外資系企業への差別禁止），② 供給する産品，サービスの生産国に基づいて国内の供給者を差別してはならないこと（原産国による差別の禁止），が規定されている。

3) 技術仕様（第6条）：品質，性能，安全など産品の技術仕様，サービスの特性，生産工程および生産方法についての規定，適合性評価に係る要件は，国際貿易に不必要な障害をもたらすことを目的として制定，適用されてはならない。また，特性よりも性能に着目し，国際規格が存在するときは当該国際規格，国際規格が存在しないときは国内強制規格，国内任意規格により技術仕様を定める。入札説明書で商標，特許，デザイン，型式，生産地もしくは供給者を特定してはならない。

4) 調達の効果を減殺する措置（第16条）：開発の奨励または国際収支の改善のために，国内産品もしくはサービスを組み入れること，技術の使用を許諾すること，投資を行うこと，見返り貿易を行うことなどの調達の効果を減殺する措置を課し，求め，考慮してはならない。ただし，開発途上国は加入のときに調達の効果を減殺する措置を用いることができる条件を交渉できる。ただし，当該条件は，客観的かつ無差別で調達手続の審査のためにのみ用いられ落札のための基準としてはならない。

5) 適用除外（第23条）：次の措置は適用除外である。① 自国の安全保障上の重大の利益の保護のために必要と認める措置または情報であって武器，弾薬もしくは軍需品の調達または国家の安全保障，防衛上の目的のために不可

欠の調達に関連する措置または情報，②公衆の道徳，公の秩序，公共の安全，人・動物・植物の生命・健康，知的所有権の保護に必要な措置，③心身障害者，慈善団体，刑務所労働者により生産される物品とサービスに関する措置。また，開発途上国向けのタイドエイドを実施するための調達には適用されない（注釈第1条1）。締約各国の適用除外は，付属書で示されている。

6) その他，契約の評価（第2条），原産地規則（第4条），開発途上国に対する特別かつ異なる待遇（第5条），入札手続き（第7条－第16条），紛争解決（第22条）などが規定されている。

第2節　TPP交渉における政府調達の論点

1．P4の規定

　TPPの前身のFTAであるP4には政府調達章があり，締約国企業への内国民待遇と無差別が約束されている[5]。即ち，政府調達に関連して，他の締約国の物品，サービスおよびそれらの提供者を自国の物品，サービスおよび提供者よりも不利に取り扱ってはならない。また，他の締約国の自然人と関係を持ち，あるいは所有されている自国の提供者（外資企業を意味する）を他の自国の提供者よりも不利に取り扱ってはならないと規定している。対象となる政府機関は，中央政府機関および地方政府機関であり，ニュージーランドは35機関，チリは20機関，シンガポールは23機関が対象となっている。チリは地方政府機関（州と県）が対象となっているが，市町村は対象外である。基準額は物品とサービスが5万SDR，建設が500万SDRとなっている。政府調達の効果を減殺する措置は禁止されている。なお，ブルネイは2年間の猶予期間が与えられている。基準額は物品とサービスが5万SDR，建設が500万SDRとなっている。

2．TPP交渉の状況

　2011年11月TPP交渉参加国の首脳会議後発表されたTPPのおおまかな輪

郭（broad outlines：以下は大枠合意）では，政府調達について基本原則と手続きに合意し，特別な義務について検討しているとし，途上国について移行措置により調達市場を開放する必要を認識しながら，全ての国が同等のレベルの調達市場を開放することを目指しているとしている。また，相互にセンシティブな分野があることを認識しながら対象範囲を拡大することを目指しているとしている。

　日本政府作成の「TPP協定交渉の分野別状況（平成24年3月）」によると，次のような状況となっている。WTO政府調達協定（GPA）並みの規定とするか，それを上回る水準にするかを中心に交渉が行われている。TPP交渉参加国のうちGPA締約国は，米国，シンガポール，カナダ，日本の4カ国である。対象機関については，地方政府およびその他の機関も含めることを目指している国もあるが，現時点では中央政府に集中して議論されている。対象となる調達の基準額は，物品，サービス，建設サービスに分けて議論されており，議論は収斂していない。入札公告などにおける外国語の使用については，GPA並みの義務（英語での入札公告の公示など）が課されるであろうとの情報があるが議論は収斂していない。

　米国議会調査局の資料（2012年3月）は交渉状況を次のようにまとめている[6]。米国の締結したFTA（シンガポール，豪州，ペルー，チリ，NAFTA）には相互ベースで基準額を設けて連邦および州の政府調達の入札に参加する機会を提供するという政府調達章が含まれており，TPPでは同様な提案を行なっている。2012年のダラスでの交渉で米国は中央政府の調達を地方政府より先に交渉するという提案を行なっている。これは州政府の抵抗によるものであり，州のFTAの政府調達への参加は努力条項であるため参加していない州もある。GPAに参加した州は37州あったが，最近のFTAの政府調達への参加を約束した州は8に減少している。

3．主要な論点

　政府調達は合意に近づいていると報道されているが，具体的な内容は判らない[7]。交渉の論点は，対象機関の範囲，調達基準額，センシティブな分野の取扱い，開発途上国への特別措置などであろう。対象機関については中央政府機

関が主な対象となっているが，地方政府機関の取扱いは判らない。米国が地方政府機関の調達に慎重なこと，GPA に参加していない国が多いことなどから地方政府機関の調達については限定的なものになるのではないかと推察される。調達基準額が WTO の GPA から引下げられるかどうかは情報はない。センシティブな分野については，経済的に弱いグループの特別取扱いが考えられる。P4 では，ニュージーランドについてワイタンギ条約によるマオリ族への政府調達における優先的取扱いが認められている。マレーシアは，政府調達でマレー人（企業）を優遇するブミプトラ政策を採用してきており，その撤廃あるいは削減が交渉での争点になっていると思われる（後述）。

第 3 節　主要国の政府調達の現状と課題

1．米国

　米国は GPA の締約国であり，中央政府に加え 37 州が国際調達を行なっている（第 10-1 表）。

　米国には，連邦バイ・アメリカン法があり，米国製品・資材の購入使用義務，価格評価の際に外国製品価格に 6%% 上乗せなど連邦政府の調達・公共建設において米国企業・製品を優遇しているが，GPA 加盟国と FTA 締結国は適用を控える旨の修正規定が設けられている。米豪 FTA では，米国は豪州企業・製品をバイ・アメリカン法の適用対象外とし，豪州は中央政府機関と州政府機関を適用対象としている[8]。なお，2011 年に下院議員 68 名が「バイ・アメリカン」を制限するような政府調達交渉を行わないようオバマ政権に要求している。

　米国は前述のとおり FTA で政府調達を規定している。たとえば，米韓 FTA の政府調達の規定は GPA をほぼ準用している。適用対象機関は中央政府機関のみで地方政府機関と政府関係機関は対象となっていない。基準額は，WTO での約束では中央政府の財サービスの場合，米韓とも 13 万 SDR（米国 19 万 3000 ドル，韓国 2 億 1000 万ウォン）からほぼ半減（米国 10 万ドル，韓国 1 億ウォン）させた[9]。

第 10-1 表　政府調達協定における米国の対象機関と基準額

	対象機関	基準額（単位：万 SDR）	
中央政府機関	すべての中央機関	産品 サービス 建設サービス 建設・エンジニアリング サービス	13 13 500 13
地方政府機関	37 州	産品 サービス 建設サービス 建設・エンジニアリング サービス	35.5 35.5 500 35.5
政府関係機関	TVA，エネルギー省傘下の機関など 11 機関	産品 サービス 建設サービス 建設・エンジニアリング サービス	18.2（40） 18.2（40） 500 18.2（40）

注：米国は，1994 年 4 月の EU との合意により，TVA，エネルギー省傘下の 5 機関およびセントローレンス航路開発公社の 7 機関の基準額を 18.2 万 SDR に引き下げたが，ニューヨークおよびニュージャージー港湾局，ボルチモア湾，ニューヨーク電力局については 40 万 SDR を維持。
出所：経済産業省（2013）『不公正貿易白書 2013 年版』。

2．マレーシアおよびその他の国

　マレーシアは 2012 年 7 月に GPA のオブザーバーとなったが GPA の締約国ではない。ASEAN 経済共同体は政府調達を自由化の対象としておらず，マレーシアの締結している FTA には日本との EPA をはじめ政府調達は含まれていない。マレーシアが GPA に参加せず，政府調達を FTA の自由化の対象外としてきたのは，ブミプトラ政策（マレー人優遇政策）が国策となっていたためである[10]。ブミプトラ政策は緩和されてきているが，政府調達ではブミプトラ企業あるいは他のマレーシア企業が優先され，国有企業も調達ではブミプトラ企業優先を優先している[11]。

　外国企業が入札に参加できるのは国内で財・サービスが調達できない場合である。マレーシア進出企業でも外資の出資比率がマジョリティの企業は政府調達に参加できない[12]。

　マレーシアでは，2013 年 6 月以降 TPP 反対の声が強まっているが，その理

由の一つが政府調達である[13]。マレー人商業会議所,マレー人経済行動委員会などのブミプトラ企業は,ブミプトラ政策の継続を求めて TPP に反対している[14]。そのため,政府は,国全体に加え中小企業およびブミプトラ企業に対する TPP の影響調査を実施することなどを 8 月の特別閣議で決定した。政府の姿勢は,「マレーシア企業が国外での調達に参加できる環境づくりを働きかけつつも中小企業やブミプトラ企業に対する優遇措置の維持を可能にするように努める」というものである[15]。また,ナジブ首相は,2013 年 9 月にブミプトラの経済・社会的地位向上支援策を発表し,政府関連企業(GLC)にブミプトラ企業からの調達を増やすことを指示した[16]。ブミプトラ政策の是正を目指してきたこうした政府の姿勢の変化には,反対の高まりと 5 月の総選挙での与党国民戦線の辛勝が背景にある。

その他の国についてみると,ベトナムは 2012 年 5 月に GPA のオブザーバーとなっている。ニュージーランドは GPA のオブザーバーであるが 2012 年 8 月に GPA 参加の意向を表明しており,2 年以内の参加が予定されている。ブルネイは GPA に参加していない。TPA の前身である P4 協定には政府調達が規定されており,ブルネイは 2 年間の猶予が与えられている。豪州は GPA のオブザーバーであり,米豪 FTA は政府調達規定が含まれている。

第 4 節　TPP 参加による日本への影響

1．GPA および EPA での日本の約束

日本は GPA の締約国であり,中央政府機関,地方政府機関,政府関係機関の政府調達を GPA 締約国に開放している。対象機関と基準額は第 10-2 表のとおりである。適用除外は,①再販売のために調達する物品およびサービスまたは販売のための物品の生産に用いるために調達する物品およびサービス(すべての政府機関),②協同組合または連合会と締結する契約(すべての政府機関),③第 23 条 1 により別段の決定を行なう場合の防衛省の調達,④機関が市場において競争にさらされている日常の営利活動のために締結する契約(地方政府機関,政府関係機関),⑤運送における運転上の安全に関する調達(地

方政府機関，政府関係機関），⑥ 発電，送電または配電に関する調達（地方政府機関，特定の政府関係機関），⑦ 特定の政府関係機関については別途適用除外規定がある。

日本政府の締結したEPAでは，マレーシアとのEPA，ASEANとのEPA（AJCEP）を除き政府調達の規定が設けられている。規定の内容は様々であり，シンガポールとのEPAではGPAの規定を準用し基準額を10万SDRとGPA基準額（当時）から引き下げているが，地方政府機関と建設工事などのサービスは例外としている。タイやインドネシアとのEPAでは情報交換，小委員会の設置などに留まっている。ブルネイとベトナムについては，政府調達章を設けずビジネス環境章で透明性や公正かつ効果的方法について努力義務を規定している。

第10-2表　政府調達協定における日本の対象機関と基準額

	対象機関	基準額（単位：万SDR）	
中央政府機関	すべての中央政府機関	産品	10
		サービス	10
		建設サービス	450
		建設・エンジニアリングサービス	45
地方政府機関	47都道府県および17政令指定都市	産品	20
		サービス	20
		建設サービス	1500
		建設・エンジニアリングサービス	150
政府関係機関	特殊法人，独立行政法人など約130機関	産品	13
		サービス	13
		建設サービス	1500（450）
		建設・エンジニアリングサービス	45

注：NTT，JT，JR（旧3公社）は民営化されたが対象となっている。日本は，独立行政法人の建設サービスに係る基準額を450万SDRとしている。邦貨換算額は，10SDR＝1200万円，13万SDR＝1600万円，20万SDR＝2500万円，45万SDR＝5800万円，150万SDR＝1億9000万円，450万SDR＝5億8000万円，1500万SDR＝19億4000万円である。

出所：経済産業省（2013）『不公正貿易白書2013年版』および外務省「政府調達協定及び我が国の自主的措置の定める「基準額」並びに「邦貨換算額」(http://mofa.go.jp/mofaj/annnai/shocho/chotatsu/kijyungaku/)。

2. 日本への影響について

　TPP に参加すると「地方の公共工事に TPP 参加外国企業が参入する。新興国企業の場合安価な賃金労働者が参入し低価格競争の激化による地域建設業者の受注と収益の減少を招く」と主張されている。この主張には誤解がある。まず，日本はすでに GPA により地方政府機関を含め政府調達を GPA 締約国に開放していることである。次に TPP 交渉では地方政府機関の政府調達については米国を含め慎重な国が多い。交渉の結果をみないと判らないが地方政府機関については GPA 以上の開放は考えにくい。また，外国人労働者の参入は全くの誤解である。TPP の人の移動の規定は，ビジネスパースンの移動（出張や駐在など）の円滑化を対象としており単純労働者は対象外である。

　なお，平成 23 年の政府調達の外国企業からの調達割合は，金額ベースで 3.1％，件数ベースで 3.1％である[17]。物品の調達に占める外国物品の割合は金額ベースで 13.7％となっており，鉄道用車両およびその附属装置（56.7％），航空機およびその付属装置（54.6％），医療用または獣医用機器（44.3％）などで高い割合となっている。サービスは金額ベースで電気通信サービスが 14.5％と高いが，全体では 1.8％である。

　政府調達については，EU との EPA 交渉の影響のほうが大きいと考えられる。EU は政府調達への EU 企業の参入を優先交渉事項としている。具体的な事例として，政府調達協定で調達の対象となっている JR など鉄道分野について「運送における運転上の安全に関する調達（業務安全事項）」を適用除外としているため実質的に除外されていると指摘している。全ての企業が要求事項を満たせるように業務安全事項とその範囲の明確な定義を要望するとともに入札の利用促進を要望している。

　一方で，TPP 参加国で GPA 未加盟国は 8 カ国ある。日本が EPA を締結している国でも具体的な開放規定がない国が多くこれらの政府調達市場が開放されれば日本企業にとってのメリットは大きい。また，GPA 締約国であっても TPP により基準額が引き下げられる可能性があり，TPP 参加によりそうした恩恵を享受できる。

　このように TPP 参加により政府調達に関連して懸念されている事態は誤解によるものが多い一方で，TPP による政府調達市場へのアクセスの改善は確実

に期待できる。

注
1） Briefing Note: Government Procurement Agreement: http://www.wto.org/english/thewto_e/minist_e/min11_e/brief_gpa\e.htm
2） 加盟申請国がニュージーランド，中国など10カ国，オブザーバーが豪州，チリ，マレーシア，ベトナムなど16カ国ある。
3） 政府調達の歴史についての記述は，John H. Jackson（1997），"The World Trading System," MIT Press, Cambridge, Massachusetts, pp. 224-228，小室程夫（2007）『国際経済法　新版』東信堂，604-605ページ，による。
4） 経済産業省（2013）『不公正貿易白書2013年版』。
5） P4は2006年に発効したシンガポール，ブルネイ，ニュージーランド，チリのアジア太平洋地域の4カ国が参加する高いレベルの自由化を実現した包括的なFTAでありP4に米国など4カ国が参加する形でTPP交渉が始まった。
6） Ian F. Ferguson, William H. Cooper, Remy Jurenas and Brock R. Williams, "The Trans-Pacific Partnership Negotiations and Issues for Congress, Congressional Research Service, August 2013," http://www.fas.org/sgp/crs/row/R42694.pdf#research='Congress+Researc+Service+TPP'
7） 日本経済新聞「日米，TPP主導できず」2013年12月11日付。
8） 水野亮（2011）「米国FTAの動向とNAFTA型FTAの特徴」国際貿易投資研究所『米国のFTA戦略と我が国経済への影響』48-49ページ。
9） 長島忠之・林道郎（2008）『韓米FTAを読む』ジェトロ，144-145ページ。
10） 1969年にマレー系と華人系の経済格差を背景に種族暴動が起きたため1971年から導入された経済社会再編政策であり，経済的格差の是正を目的に①出資比率をブミプトラ（マレー人）30％にする，②雇用比率を種族別人口比とする，が主な内容となっている。
11） USTR（2013），"National Trade Estimate Report on Foreign Trade Barriers 2013," http://www.ustr.gov/about-us/press-offices/reports-and-publications
12） 日本機械輸出組合「マレーシアにおける貿易・投資上の問題点」。
13） その他の理由は，ISDS条項，知的財産権の保護強化などである。
14） 鈴木絢女（2013）「TPPをめぐるマレーシアの国内政治―外交の「民主化」と「守り」の交渉―」『JMA News』No. 55（2013.10）。
15） 同上。
16） ジェトロ「通商弘報」2013年10月7日付。
17） 内閣官邸（2013）『平成24年度版政府調達における我が国の施策と実績』。

（石川幸一）

第11章

投資と ISDS 条項
―米韓 FTA から得られる知見―

はじめに

　首相官邸のホームページの TPP（環太平洋パートナーシップ）協定交渉への参加において，地方シンポジウムなどで指摘されているデメリットが列挙されている。そのデメリットのなかに，「外国人の投資家が訴えることで，日本の国内制度を変更させられるなど，国家主権にも影響が及ぶのではないか（ISDS 制度）」がある。
　日本政府の資料では，ISDS 制度により，投資受入国の司法手続のみならず，国際仲裁との選択肢を加える理由として，①投資家は，投資受入国の裁判所の中立性に不安がある，②国際仲裁において紛争を解決することができると定めれば，中立的な場で判断を受けられるため，投資活動を実効的に保護する手段を確保できる，③中立的な紛争解決の場を用意することで，投資家の投資が確実に保護されるという期待が高まり，投資受入国にとっては，外国からの投資が促され，経済発展につながる等が挙げられている[1]。
　つまり ISDS 制度は，投資家にとっては投資資産の保護，投資受入国にとっては外国からの投資促進，ひいては経済発展をもたらすなど，投資家と投資受入国の双方に利益をもたらす。財務省によれば，日本の対外資産残高の直接投資による額は，2000 年に 34 兆円であったものが，2012 年には 90 兆円に増加しているなど，直接投資による資産が増加している。しかしながら投資については，WTO による包括的なルールはなく，個別に投資協定等でルール作りを行わなければならない。そのようななか，TPP 協定に ISDS 条項が盛り込まれ

れば，TPP 協定参加国に進出している日本企業が，投資受入国側の突然の政策変更や資産の収用などによる不当な待遇を受ける事態が発生した場合，ISDS 手続きを通じて，問題の解決を図ることが可能となる[2]。

日本における TPP にかかる議論において，ISDS 条項に対して懸念が持たれている。理由の一つとして，2012 年 1 月に発効した米韓 FTA に，韓国の経済社会が悪影響を与える条項，いわゆる「毒素条項」が散りばめられているとの主張が日本で広まったことを挙げることができる。「毒素条項」は，韓国のインターネット上で広まり，これが日本にも伝わったが，ISDS 条項に関しては，「国家の主権の喪失を招く最も悪い条項である。憲法上保障された，司法権，平等権，社会権が崩れる」とされている[3]。「毒素条項」については，ISDS 条項も含め韓国政府が反論しているが，その反論は日本には伝わらず，韓国は ISDS 条項のため主権を失ったとの主張だけが独り歩きした。

本章では，ISDS 条項は懸念すべきものなのか，韓国における議論等から検討する。ISDS 条項が「毒素条項」であるとの主張の根拠としては，① 政府の政策により企業に何らかの損害が発生した場合 ISDS 手続きにより国際仲裁機関に提訴され，投資家側の主張が容易に認められる点，② 国際仲裁機関は中立ではなくアメリカ寄りである点が挙げられることが多い。そして，もしこの主張が正しければ，TPP 協定が発効した場合，日本政府が講じた政策によりアメリカの投資家が損害を受けたとして国際仲裁機関に提訴し，日本政府が賠償金を支払うケースが頻発することが予想される。

そこで，以下では，第 1 節で間接収用の判断基準，第 2 節で政府の政策と協定上の義務との関係，第 3 節で国際仲裁機関の中立性を検証することで，ISDS 条項は懸念すべきものなのか否かにつき検討したい。各節では，ISDS 条項により国家の主権が侵害されるといった主張に対する韓国政府の反論を紹介するとともに，その妥当性を検討する。

第 1 節　間接収用の判断基準

ISDS 手続きにより国際仲裁機関に提訴される投資紛争として，投資受入国

が収用禁止に違反したため，投資財産に損害が発生したと投資家が主張する場合が考えられる。そして，その場合の収用は，国有化等の直接収用というよりは，国有化と同等の措置，すなわち間接収用が想定される。

　米韓FTAでは，各当事国は，適用対象投資を直接的に，あるいは収用または国有化と同等な措置を通じて間接的に収用または国有化できない点が定められている。そして，①政府の行為の経済的影響（投資の経済的な価値に否定的な効果を与えた事実だけで間接収用が発生したと立証されることではない），②政府の行為が投資に明白で合理的な期待を侵害する程度，③政府の行為の目的及び性格に照らして，政府の行為が間接収用を構成するかが判断される点が示された。

　間接収用は，ISDS条項とは別途の「毒素条項」として位置づけられている。そして，「政府の政策や規定により発生した，間接的損害にも補償しなければならない」と主張されている[4]。この主張が正しければ，投資財産に対する損害のみならず，その活用により期待される利益の損失まで，間接収用を行ったとして補償が求められることとなる。しかし韓国政府はこの主張に対して反論している。

　反論は大きく二つある。第1の反論として韓国政府は，政府の措置によって，営業活動の継続が不可能となり，事実上財産権が剥奪される場合でない限り間接収用には当たらないとしている[5]。つまり，投資家が，政府の措置によって期待された利益が得られなかったと提訴しても，間接収用が認められ，政府に損害賠償が求められることは考え難い。これを裏付ける研究もある。松本（2010：133）は，間接収用として区別される傾向のある政府の措置につき，過去の仲裁例から分析している。そして，「相当程度の剥奪」と言えるほどの侵害がなければ間接収用とは認められないと結論づけている。

　第2の反論として韓国政府は，正当な公共福祉を目的とするための措置は原則的に間接収用には当たらないと主張している。米韓FTAの附属書11-Bには，公衆保健，安全，環境及び不動産価格安定化のような，正当な公共福祉を目的とするための非差別的な規制行為は間接収用に当たらない点が定められている。もちろん，公共福祉を目的とするための規制行為の全てが許されるわけではない。同じく附属書11-Bによれば，行為が目的や効果に照らして，極め

て激しい，あるいは不均衡であるといった稀な状況については，間接収用とされる。よって「稀な状況」であるとして，投資家が政府を国際仲裁機関に提訴し，これが認められれば政府は賠償責任を負う。なお韓国の開発制限区域（グリーンベルト）が，この「稀な状況」に相当すると報道されたことがあるが，これに対して韓国政府は，アメリカやドイツなども類似の用途制限を運用しており，間接収用に当たらないことがドイツやアメリカの専門家の共通認識である点を挙げて反論している[6]。

第 2 節　政府の政策と協定上の義務との関係

　間接収用も含め，協定上の義務に違反した政府の政策により投資家に損害を与えた場合，政府に賠償責任が発生する。ISDS 条項が「毒素条項」であるとの主張は，投資家に損害を与える政府の政策の全てが，協定上の義務に違反していることを前提にしているようである。

　しかし韓国政府は，政府の政策の多くは，① 協定上の義務から除外されている，② 例外とされている，③ 協定の適用が一部留保されていると主張している[7]。つまり①〜③ に該当する政策については，協定上の義務違反により投資家に影響を与えたとして，ISDS 手続きによって提訴され，政府に賠償金が課されることは考え難い。以下ではそれを説明していこう。

　まず米韓 FTA の適用から除外されている政策の存在である。① 公共退職制度，法定社会保障制度，② 中央銀行・通貨当局による金融サービス，③ 国策金融機関（預金保険公社，輸出入銀行，韓国輸出保険公社，信用保証基金，韓国資産管理公社，韓国投資公社等），④ 政府が提供する公共サービス（消防，警察，矯正サービス等），⑤ 補助金，⑥ 賭博及びギャンブルサービスにかかる政策がこれに相当する。

　また一般的例外として，① 必須的安全保障，② 非差別的な課税措置，③ 非差別的な通貨・信用・為替政策，③ 健全性措置（金融消費者保護，金融機関の健全性等），④ 間接収用の例外（前節で示した公衆保健，安全，環境，不動産等の公共福祉のための非差別規制）にかかる政策が挙げられる。

さらに個別分野の政策権限が確保されたものは，① 政府調達，② 金融，③ 公共サービス等にかかる政策の一部である。政府調達については，学校給食用の食材の国内産優先購入，中小企業製品の優先購入の政策権限が確保されている。金融については，政府支援機関（産業銀行，企業銀行，住宅金融公社，農協，水協）に対する徴税免除，債券保証，損失補填等の特別待遇が確保されている。公共サービスについては，政府が公企業を設立・運営する権限，公共サービス料金を承認する権限が維持されている。

そして現在留保及び未来留保によって協定上の義務の一部が課せられない政策もある。投資・サービス分野における現在留保は47，同未来留保は44，金融分野の現在・未来留保は18である。ちなみに現在留保は，政策を変更する際には，自由化の方向で行わなければならず，これを定めた条項を「ラチェット条項」と呼ぶ。ちなみに「毒素条項」にかかる主張では，ラチェット条項が「例えば，牛肉輸入を一度自由化した場合，狂牛病が発生しても輸入を禁止できない」と曲解されている。ラチェット条項は，現在留保の対象となる政策にのみ適用される。そもそも牛肉輸入とは関係がなく，狂牛病が発生すれば関税率のいかんにかかわらず，食品の安全を守るための措置に基づき輸入を禁止することが可能である。

以上にように韓国政府は，① 協定上の義務から除外されている，② 例外とされている，③ 協定上の一部の義務が課されない政策が多いことを指摘したが，これは協定文から確認することができる。よってこれら政策により投資家が損害を被ったとしても，ISDS手続きによって提訴され，政府に賠償金が課されることは考え難い。

第3節　国際仲裁機関の中立性等

ISDS条項の意義は，国際仲裁機関における判断といった選択肢を加えることで，投資受入国の裁判所の中立性に不安を抱く投資家を保護することである。しかし，その国際仲裁機関が中立性でないとしたら，ISDS条項の意義は根本から揺らぐこととなる。

米韓 FTA にかかる議論においても，国際仲裁機関がアメリカ寄りである点が，①国際仲裁機関の組織，②アメリカの投資家の勝訴率を根拠として主張された。また，国際仲裁機関の中立性とは別に，③アメリカの投資家は濫訴傾向にあることも懸念されている。以下では，国際仲裁機関がアメリカ寄りである，アメリカの投資家は濫訴傾向にあるとの主張と，韓国政府の反論を紹介し，国際仲裁機関の中立性等について検討する。

1．世界銀行と国際仲裁機関との関係

国際仲裁機関がアメリカ寄りであるといった主張の根拠として，国際投資紛争解決センター（ICSID）が世界銀行の傘下にあり，総裁はアメリカ人が続いていることが挙げられている[8]。

これに対して韓国政府は以下のように反論している。1946 年以降，確かに世界銀行の総裁はアメリカ人である。だからといって世界銀行の傘下にある ICSID の仲裁判定がアメリカ側に有利であったという証拠はない。判定には世界銀行は何ら関与することはない。判定は 3 人の仲裁人によって行われるが，紛争当事者が各 1 名ずつ指名して，残り 1 名が双方の合意によって指名される。合意に至らない場合は，ICSID の事務総長が第三国の人を指名する。

ただしこの方法については，事務総長はアメリカの息がかかっており，アメリカに有利な人を指名するといった主張があるが，これに対しても韓国政府は反論している。NAFTA に関連する終結した ISDS 事例は全部で 13 件あるが，双方が合意せず事務総長が仲裁人を指名したケースが 4 件存在する。そして 2 件はアメリカに有利な判定，2 件はアメリカに不利な判定が出ている。ちなみに仲裁人について両国で合意がなされた 9 件については，アメリカに有利なケースが 6 件，アメリカに不利なケースは 3 件である。つまり事務総長が指名した仲裁人が，アメリカに有利な判定を下すわけではないことがわかる[9]。

また ICSID の中立性に関連して，仲裁人となったアメリカ人が 137 人と最も多い半面，韓国はゼロであるため，アメリカに有利との主張もある。しかしこれに対しても韓国政府は反論している。アメリカが ICSID による仲介の当事者になったケースは 123 件と最多である（企業が訴えたケースと政府が訴えられたケースの合計）。そして当事者が 1 人仲介人を選ぶ権利を有するた

め，アメリカ側が自国民の仲裁者を指名した結果，アメリカ人の仲裁人の数が多くなっている。ただ相手側も自国に有利な仲裁人を指名しているので，これをもってアメリカが有利とは言えない。一方で，韓国は1967年にICSIDに加入してから，提訴したことや，訴えられたことは一度もない。韓国が当事者になったことがないので，仲裁人となった韓国人がいなくても何ら不思議はない[10]。

ただし以上の政府の反論には一点情報を追加する必要がある。2012年11月に，アメリカを本拠地とする投資ファンドであるローンスターが韓国政府を相手取り，韓－ベルギー・ルクセンブルグ投資協定に違反したとして，ISDS条項に基づきICSIDに提訴した。ちなみに韓国政府はフランス国籍の大学教授，ローンスターはアメリカ国籍の法律家，さらに両者はイギリス国籍の法律家（ロンドン国際仲裁裁判所副院長）を仲裁人（仲裁裁判長）として選定した。両者の合意により選ばれたイギリス国籍の法律家は，21件の国際投資仲裁の仲裁人（うち15件は仲裁裁判長）を務めた経験を持つ[11]。

2．国際仲裁機関とアメリカの投資家の勝訴率

数値を根拠に国際仲裁機関はアメリカ寄りであるとする主張もある。アメリカの投資家がISDS手続きを通して訴えを起したケースで，投資家が勝訴した件数は15件であり，敗訴した件数の22件より少ない。しかし和解を加えれば投資家の要求が通ったケースが60％となり，国際仲裁機関はアメリカ寄りとの解釈も可能である。

しかし韓国政府はこの主張に対して反論している。和解した事案については，非公開とされた場合が多く，どちらに有利な結果かわからない上に，公開された事案についても，投資家に対する賠償金の支払いが行われなかったケースが多い点を政府は指摘している。つまりアメリカ企業が，ISDS手続きを通じて提訴した事案のうち，終了したものに限れば，投資家の勝訴率は27％とそれほど高くない（第11-1表）。

日本政府の資料からも韓国政府の主張が裏付けられる。NAFTAにおけるアメリカのISDS手続きの現況を見ると，アメリカ企業がカナダ政府を訴えたケースは15件，うち手続きが終結したものは13件であるが，アメリカ企業

第11-1表 アメリカ関連のISDS現況（2010年末現在）

	国家勝訴	投資家勝訴	和解	係属中	その他	計
提訴	22 (20.4%) 【40.0%】	15 (13.9%) 【27.3%】	18 (16.7%) 【32.7%】	48 (44.4%)	5 (4.6%)	108
被提訴	6 (40%) 【100%】	―	―	9 (60%)	―	15

注：【　】内の％は、終了事案（国家勝訴＋投資家勝訴＋和解）に占める比率。
出所：外交通商部「"医療分野開放しない？営利病院は協定対象―我々だけでは撤回できない"ハンギョレ新聞記事 (11.5) 関連」（報道資料：2011年11月7日）により作成。

が勝訴したケースは2件（15％），敗訴は5件（38％），和解3件（23％）となっている。またアメリカ企業がメキシコ政府を訴えたケースは15件で，すべての手続きが終結している。そしてアメリカ企業が勝訴したケースは5件（33％），敗訴したケースは6件（40％）である。つまりNAFTAに関連した事案においても，アメリカ企業の勝訴率はそれほど高いとは言えない。

3．アメリカの投資家と国際仲裁機関への提訴

次にアメリカの投資家は濫訴する傾向にあるのかを見る。何をもって濫訴と考えるのか難しいが，ICSIDにアメリカの投資家が提訴した件数は，390件のなかで108件であり，相対的に多いとは言える。しかし全体の件数である390件について，訴えられた国を見ると，アルゼンチンが51件であり，メキシコ19件，チェコ18件，エクアドル16件が続くなど，法制度が未整備な国が過半数を占め，地域別には中南米，東欧，旧ソ連諸国が多くなっている[12]。よって法制度が整備されている国では提訴されるリスクは小さいと言える。

ただし結果的に勝訴しても，企業から頻繁に訴えられれば行政の活動に支障が生じるといった考えもある。そこで1994年に発効したNAFTAの例を挙げると，アメリカの投資家に，カナダあるいはメキシコ政府が訴えられたケースは29件である（カナダ15件，メキシコ14件）[13]。つまり1年で1政府あたり，1件弱の訴訟が起こされている計算となる。これをもって濫訴と判断するのは難しいのではないだろうか

おわりに

　投資家にとっては投資資産の保護，投資受入国にとっては外国からの投資促進，ひいては経済発展をもたらすなど，投資家と投資受入国の双方に利益をもたらすはずのISDS制度が，日本の国家主権にも影響が及ぶのではないかと懸念される理由の一つに，米韓FTAにおける「毒素条項」の議論があると考えられる。

　しかしISDSに基づき国際仲裁機関に提訴される可能性のある投資紛争の一つである間接収用は，政府の政策や規定により発生した，間接的損害にも補償しなければならないわけではない。間接収用が認められるためには「相当程度の剥奪」と言える侵害が必要であり，過去の仲裁例を分析した論文はこれを裏付けている。また韓国政府は，米韓FTAにおいては，①協定上の義務から除外されている，②協定の例外とされている，③協定の適用が一部留保されている政策が多いと主張しており，協定文からもこれが確認できる。

　また，国際仲裁機関はアメリカ寄りではないことがアメリカの投資家の勝訴率によっても確認できる。またアメリカの投資家は，NAFTAの例から見て決して濫訴傾向にあるわけでもないこともわかる。

　TPP協定にISDS条項が盛り込まれたとしても，一般的に見て，間接収用が認定されるためのハードルは高く，国際仲裁機関がアメリカ，あるいは投資家寄りとは言えない。また米韓FTAでは政府の政策の多くが，①協定上の義務から除外されている，②協定の例外とされている，③協定の適用が一部留保されている。TPP協定によっても，政府の政策の多くが，米韓FTAのように位置づけられるかは明らかではない。しかし，米韓FTAにおける政府による政策の扱いが，TPP協定で大きく変更されるとも考え難い。

　よって，日本政府の政策により投資家が損害を被ったとしても，ISDS手続きによって国際仲裁機関に提訴され，政府に賠償金が課されることが頻発する事態は生じないと考えることが妥当であろう。

　TPP協定におけるISDS条項は，これによって日本の主権が侵害される事態

は発生するリスクは小さい一方で，日本の投資家の保護に大きく資する可能性は大きいと考えられる。

注
1） 外務省・経済産業省（2012）1ページによる。
2） 内閣官房（2011）62ページによる。
3） 外交通商部（2011）12ページによる。
4） 外交通商部（2011）19ページによる。
5） 外交通商部（2011）19ページによる。
6） 外交通商部「"グリーンベルト指定など公共規制'間接収用'該当し訴訟対象"ハンギョレ新聞記事（11.25）関連」（報道資料：2011年11月26日）による。
7） 以下，外交通商部「米韓FTAの公共政策自由権確保の現況」（報道資料：2011年10月31日）による。
8） ハンギョレ新聞「医薬分野開放しない？営利病院は協定対象─我々だけでは撤回できない」（2011年11月5日）。なお現在の世界銀行総裁は，Jim Yong KIM（ジム・ヨン・キム）氏である。キム氏は韓国生まれであるが，アメリカ国籍を取得している。
9） 外交通商部「FTA交渉代表ブリーフィング　米韓FTAの事実はこのようだ─ISD分野」（報道資料：2011年12月5日）による。
10） 外交通商部「投資家─国家間紛争解決手続き（ISD），公正なグローバルスタンダード」（報道資料：2011年12月5日）による。
11） 外交部「ローンスター関連仲裁裁判長にジニ─ピーター選定」（報道資料：2013年5月14日）による。
12） 外務省・通商産業省（2012）6ページによる。
13） 外務省・通商産業省（2012）8ページによる。

参考文献
外務省・経済産業省（2012）「国家と投資家の紛争解決（ISDS）手続の概要」。
経済産業省（2012）『2011年版不公正貿易報告書』。
内閣官房（2011）「TPP協定交渉の分野別状況」。
松本加代（2010）「収用─規制と間接収用」小寺彰編『国際投資協定』三省堂。

外交通商部（2011）「わかりやすく書いた，いわゆる米韓FTA毒素条項の主張に対する反論」（韓国語文献）。

（高安雄一）

第12章
TPPと競争政策の焦点：国有企業規律

はじめに

　TPP（環太平洋経済連携協定）交渉の競争政策分野では，国有企業規律が大きな争点の一つとなっている。国家資本主義のもと政府が国有企業に民間企業よりも有利な競争条件を与え，公正な競争を阻害しているからである。
　TPP交渉を主導する米国は，国有企業と民間企業が対等に競争できるルール作りを目指しているが，国有企業を多く抱える中国が念頭にある。まずTPPで国有企業に関する厳格な規律を作り，いずれ中国も従わせたいというのが米国の思惑だ。
　しかし，TPPの交渉参加国では，国有企業を多く抱えるマレーシアやベトナム，王室が多数の企業を所有するブルネイなどが強く反発している。これら新興国にとって，国有企業の扱いは国家の体制に関わるセンシティブな問題だからである。日本も対岸の火事では済まない。国有企業の定義次第では，政府が100％出資する日本郵政が問題視される可能性もある。
　そこで，本章では国有企業規律に焦点を合わせて，TPPと競争政策の問題について論じてみたい。

第1節　なぜ国有企業規律が必要なのか

1．国家資本主義への高まる警戒感
　最近，新興国を中心に国有企業の存在が目立っている。市場原理を導入し

つつも，政府が国有企業などを通して積極的に市場に介入している。これは「国家資本主義」（state capitalism）と呼ばれる。中国などでは，金融，エネルギー，通信，自動車などの重要産業の大半は，政府によって有形無形の支援を受けている国有企業が独占している[1]。

21世紀のイデオロギーの対立は，今や資本主義対社会主義ではなく，国家資本主義対市場経済という構図で捉えねばならない。イワン・ブレマーは，『自由貿易の終焉：国家資本主義とどう闘うか』（日本経済新聞社，2011年）の中で，国家資本主義が市場経済の脅威になっていると警告した。

国家資本主義の拡大は，WTO（世界貿易機関）を軸とした自由貿易体制の崩壊につながりかねない。特定の企業が政府の支援を受けていれば，自由で公正な貿易を維持することは難しくなる。先進国は，自国の国有企業に有利なように市場に介入する新興国の国家資本主義に苛立ちを強めている[2]。

国家資本主義の特徴は，政府が経済主体として市場において支配的な役割を果たす点にある。政府はレフリーとしての役割を果たすだけでなく，自らプレーヤーも兼ねる。しかし，政府による支援を受けた国有企業が幅をきかせると，「民業圧迫」と呼ばれるように民間企業の活動を阻害する。

米国では，中国の国家資本主義が米企業の競争力を脅かすとの懸念が高まっている。米議会の諮問機関である米中経済安全保障調査委員会（U.S.-China Economic and Security Review Commission）は，2011年10月，「中国における国有企業と国家資本主義の分析」と題する報告書を発表し，国有企業の役割を過小評価すべきでないと指摘した[3]。中国では農業以外のGDPの5割超が国有企業によって生み出されている。巨額の政府補助金や資金調達および税制・規制の面での優遇に支えられ，中国国有企業は中国経済の原動力となっている。

報告書では，中国の国有企業は政府によってさまざまな形で優遇される一方，米企業は極めて不利な状況に置かれていると批判，中国の国家資本主義が米中間の貿易摩擦を引き起こす大きな要因になっていると指摘している。

2．国有企業と不公正な競争

確かに，米産業界には，中国は規制や補助金を通じて自国の国有企業を優遇

して，米企業を不当に扱っているとの不満が根強い。例えば，国有企業を補助金などで支援し，政府が外国企業に圧力を加えて技術移転を促し，中国からの輸出に有利なように人民元相場を低く抑えるといったやり方である[4]。
USTR（米通商代表部）のカーク代表は2011年12月，米議会において「中国は国有企業と国内産業を保護するような政策を実施し，米国との貿易を大きく歪めている。それが米中貿易摩擦の要因だ」と証言した。米政府は国家資本主義への警戒を強めており，中国が不公正な貿易慣行を行っているとして，WTO提訴などの手段を積極的に活用する方針を打ち出している[5]。

　米中間では中国の補助金供与をめぐって貿易紛争が激化しており，WTOの紛争解決手続きにおいて顕在化したものも少なくない。紛争激化の背景には，米中における産業政策の捉え方，さらには政府と市場の関係に対する考え方の根本的な違いがある。この対立は，国家資本主義をめぐる米中の攻防という図式で捉えるべきであろう。

　中国では補助金政策を産業政策の一環として位置づけており，産業の高度化と自主創新政策（イノベーション戦略のこと）を推進するため，輸出補助金や国産品優先購入補助金といったWTO義務違反となるような措置が多い。米国はこれに対して相殺関税の発動で対処している。

　しかし，国家資本主義の中国に特有の問題として，国有商業銀行による政策融資，国有企業による投入財の低価格供給などの補助金性が浮上してきている。また，国有企業が市場プレーヤーである場合，補助金のみならず，不公平な取扱いを含む政府による優遇措置によって，競争上の優位を得ていないかという問題も指摘されている。

　これらはWTOにおいて「偽装された保護主義」と呼ばれるものだが，OECDでも「競争上の中立性枠組み」（国有企業と民間企業との間の競争上の中立性を確保するための取り組み）についての議論が行われている。

第 2 節　TPP は国家資本主義の歯止めとなるか

1．米国による中国包囲網の形成

　中国の国家資本主義に対して米国はどのように対応しようとしているのか。結論を先に言えば，TPP の締結によって中国包囲網を形成し，中国の国有企業改革を促す。「TPP に参加したいのであれば，自らを変革する必要がある」というのが中国へのメッセージだ。米国は TPP を通じて国家資本主義と闘う構えである[6]。

　国家資本主義は本質的に自由貿易とは共存できない。自由貿易は政府による市場への関与を許さないからだ。中国が自由貿易から恩恵を得るためには，国家資本主義を変える覚悟が求められる。

　TPP は国家資本主義をどこまで追い詰めることができるか。TPP は米国の輸出戦略の切り札である。米国は TPP を通じて，アジア太平洋地域における新たな通商ルール作りを主導しようとしている。米国の狙いは，FTAAP（アジア太平洋自由貿易圏）の実現を目指し，TPP を通じて高度で包括的な FTA を APEC 全体に広げていくことである。当然，中国の TPP 参加も視野に入れている。

　国家資本主義のもとで国有企業が多く貿易障壁の撤廃も難しい中国が，すぐにハードルの高い TPP に参加する可能性は，現時点でほとんどない。しかし，今後，APEC 加盟国が次々と TPP に参加し，事実上 FTAAP と呼ぶにふさわしい規模に近づけば，中国の選択は変わるかもしれない。FTAAP の実現を睨み，中国が TPP 不参加によるデメリット，すなわち域外国が被る差別を回避するために，TPP 参加を選択する可能性はある。周辺の国が全部 TPP に参加し中国が孤立する，そんな悪夢を中国は恐れている。

　当面は中国抜きで TPP 交渉を締結させ，その後，APEC 加盟国からの TPP 参加を通じてアジア太平洋地域における中国包囲網の形成を目指す。最終的には投資や知的財産権，競争政策，政府調達などで問題の多い中国に，TPP への参加条件として国家資本主義からの転換とルール遵守を迫るというのが，米国

の描くシナリオであろう。

　中国には，TPP の高いハードルを参加国は本当に受け入れることができるのか，といった懐疑的な見方も少なくない。TPP 交渉が決裂することはもちろん，TPP 拡大が行き詰まれば，アジア太平洋地域における貿易の主導権は中国の手に転がり込んでくる。TPP 交渉が頓挫すれば，一番喜ぶのは中国だ。

2．米産業界が求める公正な競争

　米産業界は，TPP の協定に盛り込まれるルールがアジア太平洋地域における米産業の競争力にとって大きな意味を持つと考えている。このため，米国が TPP 交渉を主導できるよう新たな協定案を提案するなど，米政府を側面から支援する一方で，高いレベルの FTA にするために妥協はせず強硬姿勢を貫くよう圧力もかけている。

　米産業界が TPP 交渉に求めているものは何か。米国商工会議所，全米製造業協会等の主要産業団体からなる米国 TPP ビジネス連合（US Business Coalition for TPP）が，2010 年 9 月に発表した「TPP 協定の基本 15 原則」，および 2011 年 2 月に国家経済会議議長に対して送った書簡を見ると，その内容がわかる[7]。

　それらの中で注目したいのは，「公正な競争」である。新興国において自国企業（とりわけ国有企業）を優先する政策がとられることも多く，米企業にとっては差別的な貿易・投資障壁となる。

　米産業界が求めているのは国有企業と民間企業と間の公正な競争である。国有企業が問題とされるのは，政府による所有自体ではない。国有企業と政府の間に不公正な関係があり，それが競争上の優位性につながっている点にある。

　TPP ビジネス連合は，国有企業（SOE）の問題に対処するため，TPP の競争政策規定に国際的な規範を導入すべきだと主張し，次のような改善が必要だとしている。第 1 に，TPP の競争政策条項には OECD のベストプラクティスを盛り込む。第 2 に，SOE ガバナンスに関する OECD ガイドラインに従って国有企業を運営していくことを義務付ける[8]。

　具体的には，①国有企業を民間企業と平等な競争環境に置き，②国有企業の事業再構築は最も限定的なものに抑え，③国有企業の圧倒的な市場支配力

と事業における内部援助を防ぐことによって競争を促進し、④関連する規制改革を通商ルールに準拠したシステムに沿って行わなければならないとしている。

3．国有企業規律をめぐる TPP 交渉の攻防

TPP は，国家資本主義を抑制する大きなチャンスである[9]。国有企業に関する規律づくりが TPP 交渉の論点として浮上した。アジアの新興国には政府の優遇策によって民間企業よりも有利な条件で競争している国有企業が多いからだ。

2012 年 2 月，米下院歳入委員会は「オバマ大統領の通商政策課題」と題する公聴会を開催した[10]。カーク USTR 代表は，国有企業の市場への影響拡大について懸念を表明するとともに，TPP 交渉において初めて国有企業規律に関する検討が行われている点を強調した。

米政府は TPP 交渉において，国有企業が政府の優遇措置と補助金を使って民間企業の活動を圧迫するのを制限する規制を設ける考えである。市場経済体制への移行途上にあるベトナムにおいては，依然として国有企業が独占的な地位を占め，外国企業との対等な競争条件が保障されていない。多民族国家としての政治的な安定を狙い，マレー系住民や企業を優遇する「ブミプトラ政策」を続けてきたマレーシアも，国有企業優先の姿勢を変えていない。

目先の対象は TPP 交渉参加国のベトナムやマレーシアである。しかし，長期的には中国が真のターゲットである。中国の国有企業は米国にとって大きな脅威となっているからだ。

2011 年 10 月の TPP リマ会合では，米国から国有企業に関する規律の新たな条文案が提示された。国有企業が財とサービスの貿易を自由化し，重要な国家プロジェクトで外国企業を差別しないよう義務付ける案となっている。国有企業に対する補助金と融資に対する制限も設けられている。仮に外国企業が不当な差別を受けた場合には，仲裁を申し立てることができる。ベトナムとマレーシアはこの案に強硬に反対している。

2012 年 5 月，米ダラスで TPP 交渉分野の作業部会が開催された。米国が提案した国有企業に対する優遇措置の見直しをめぐる本格的な協議である。米国

の提案は，米豪 FTA に盛り込まれた，国有企業の活動が財・サービスの貿易自由化に反しないようにした規律よりもさらに踏み込んで，国有企業の活動が市場の競争条件を歪曲しないようにする規律を設けようとしている。国有企業の扱いに関する米国の提案は，これまでの二国間および地域間の FTA と比べて全く新しいものである。国有企業の競争上の中立性概念よりもさらに野心的な内容となっている。

　TPP の国有企業規律の策定作業は，規律の目的および範囲について交渉参加国の間で大きな意見の隔たりがあるため難航している[11]。

　第 1 に，その目的が国有企業等の「公営」を律することにあるべきか，それとも公営企業による競争を阻害するような「行動」を律することにあるべきか，意見が大きく分かれている。

　シンガポールは後者を支持している。前者の規律が採用されると，シンガポールのテマセクなど政府系ファンドの投資活動が規制されるのではないかと懸念しているからである。テマセクは，政府から予算を割り当てられ，シンガポール航空や海運大手ネプチューン・オリエント・ラインズ，通信大手シングテルなどシンガポール内外で外国企業と競争する各社の経営支配権を握っている。

　第 2 に，そうした規律の対象を中央政府が所有する公営企業に限定すべきか，地方レベルにも及ばせるべきか，という点である。米国は，規律を地方レベルにまで及ばせることは，適用をひどく複雑なものにしてしまいかねないという懸念から，前者を主張している[12]。一方，シンガポールや豪州などは，国有企業に関する規律を州政府が所有する企業にも適用すべきだと主張している。

　第 3 に，規律に例外を認めるべきか否かについての議論もなされているが，米国はこれまでのところ強硬姿勢を崩していない。一部の参加国の経済において国有企業の比重が非常に大きい（ベトナムでは 4 割）ということだけではなく，中国など他の主要な新興国にも適用することを念頭に置いているため，ハードルは非常に高いものとなっている。

　しかし，国有企業の規律に関する提案は，ベトナムやマレーシアなどにとって重大な関心事項である。国有企業規律は，国有企業と民間企業との間に対等

な競争条件をつくり出すことを目的としており，政府が国有企業を支援することと相容れない。両国とも，国有企業に対する継続的な関与は必要であり，そのことが認められるような適切な柔軟性（flexibilities）を求めて，交渉を続けている。2013年12月に開催されたシンガポールでのTPP閣僚会議では，共同声明にあえて「柔軟性をもって作業を続ける」との文言が入れられ，対立の根深さが浮き彫りとなった[13]。

なお，2013年8月のブルネイ会合の直前に，競争政策に関する合意文書案の内容がリークによって一部明らかになった[14]。それによると，第1に，国有企業は国内企業と外国企業に差別を設けないことを明記，国有企業が外国企業を排除し，自国の企業と優先的に商取引することを禁じている。

第2に，国有企業の優遇措置を廃止するまでに3〜5年の経過措置を設ける。最長5年の経過期間をとることで，内外無差別のルールを作る時間を用意し，市場開放の影響を緩やかにする狙いがある。米国が交渉妥結を優先し，新興国に妥協した形だ。

第3に，無差別原則に違反した場合は国連の仲裁機関を通じて訴えることができる。ただし，米企業による訴訟の乱発を懸念する新興国に米国が配慮し，この分野では民間企業が国を訴える「ISDS条項」は適用せず，国同士の訴訟しか認めないとしている。

第4に，国有企業の定義は「政府が議決権の50％超を保有する」案が有力で，日本では日本郵政が規定の対象になる可能性がある。

第3節　国有企業の問題は対岸の火事か

1．TPPと郵政民営化問題

皮肉なことに，日本にとって国有企業の問題は対岸の火事では済まない。国有企業の定義が未決着のため，日本への影響も明らかでないが，定義次第では，TPPにより，日本郵政株式会社傘下のゆうちょ銀行，かんぽ生命保険，日本郵便と民間企業が，それぞれ銀行，保険，急送便サービス分野において対等に競争できる条件を整備することが求められる可能性がある。

2011年11月の野田首相による「TPP 交渉参加に向けて関係国との協議に入る」との声明を受けて，日本の TPP 参加を承認するための TPP 日米事前協議が 2012 年 2 月に始まった。日本の TPP 交渉参加と絡め，米国は日本の国有企業問題として郵政民営化を議題に取り上げた。

　米国は，日本に対して長年にわたり郵政民営化を要求し続けてきた。2005年の解散・総選挙で小泉改革による郵政民営化が実現したが[15]，2009 年の政権交代により郵政民営化路線が見直されることになった。米国はこれを構造改革に逆行する動きとみて，反発を強めている。

　2012 年 4 月に郵政民営化法改正案が衆参両議院で可決・成立したが，法改正のポイントは，次の 3 点である。

　第 1 に，日本郵政グループを現行の 5 社体制から 4 社体制にした。具体的には，日本郵政株式会社の傘下にある郵便事業会社と郵便局会社が合併し，新たに日本郵便株式会社と変更された。

　第 2 に，日本郵政株式会社と日本郵便株式会社に，郵便業務および貯金・保険の基本サービスを，郵便局で一体的に提供する責務（いわゆる，ユニバーサルサービスの義務付け）を課した。

　第 3 に，ゆうちょ銀行とかんぽ生命保険の金融 2 社の株式の売却について，全株式の売却期限なしの努力規定に緩和された。これにより，完全民営化路線が後退することは否めない[16]。

　2012 年 4 月に USTR が米議会に提出した「2012 年版外国貿易障壁報告書」では，郵政民営化の見直しにより，日本の金融市場の競争に深刻な影響が生じる恐れがあると指摘している。米国は，日本郵政の金融 2 社が，民間金融機関と比べて優遇されていると主張。こうした優遇措置は「民業圧迫」であり，民間金融機関に悪影響を及ぼすとして，米国は，日本郵政各社と民間金融機関との間に対等な競争条件を確立するよう日本に要求している。

　また，米国は，対等な競争条件が確保されるまで日本郵政の業務に対する制限を維持するよう要求しているが，郵政民営化法改正で事業範囲の拡大が容認された。競争上の優位を取り除くことなく，日本郵政に新商品の販売を認めたことに，米国は反発を強めている。

　そうしたなか，日本郵政グループのかんぽ生命保険は「がん保険」への参入

を当面見送ることにした。米国が，政府出資が残るかんぽ生命保険の業務拡大を警戒し，米保険会社のシェアが高いがん保険への参入に反対しているからである。

これにより保険について日米決着の期待が高まったが，米国は，政府出資が残る段階でかんぽ生命保険の業務拡大は認めないという原則論を変えていない。このため，日米事前協議において金融庁は，かんぽ生命保険から新規事業申請があっても認可しない方針を示した。

2013年4月，事前協議を終結させるため，保険と自動車の残された懸案事項については，TPP交渉と並行して日米の二国間協議の場において解決を図ることになった。7月，日本郵政は米保険大手アメリカンファミリー生命保険（アフラック）との提携を強化すると発表した。アフラックのがん保険を直営の全郵便局約2万カ所で販売できるようにするものだ。この提携強化は，かんぽ生命保険の事業拡大に反対している米国に配慮した格好だが，米国は依然として強硬姿勢を軟化させる気配はない。

前述の下院公聴会（2012年2月）でカークUSTR代表は，米国の保険業界にとり日本が重要な市場であること，日本がこの分野において国有企業の競争を可能にするならば，それは市場原理と無差別的な条件に基づくものでなければならないと証言している。日本としても，競争条件の公平性に十分に配慮した対応を図る必要がある。

2．国家資本主義と日本のFTA戦略

日中経済関係の進展に伴い，日本も否応なく中国の国家資本主義と真正面から向き合わなければならない羽目に陥っている。国家資本主義の影響で中国市場における日本企業のビジネス活動が大きく縛られているからだ。そのため，日本も中国の国家資本主義への警戒を強めている。

中国だけでない。アジアには中国の国家資本主義を経済モデルとして，国有企業の優遇策をとっている新興国が少なくない。多くの国有企業が政府の保護の下で民間企業よりも有利な条件で競争力を得ている。日本企業が世界の成長センターとなっているアジア地域に投資を増やしつつある中で，日本にとってもアジアの国有企業改革は重大な関心事になっている。

国有企業の存在は自由な市場メカニズムに反する動きにつながる恐れがある。新興国における国家資本主義の拡大を抑え，公正な競争を確保できるようなルールを確立することは，アジア市場でグローバル化を進める日本企業にとっても大きなメリットである。

　TPP交渉では，国有企業に関する規律が大きな争点となっているが，国家資本主義の変質を迫る米国の戦略は，基本的に日本の国益とも一致する。日米の産業界は，実はTPPに関して利害関係の多くを共有している。米国が主導するTPPの国有企業改革に日本が便乗するのは，決して悪い話ではない。日本はTPP交渉において，競争政策の焦点となっている国有企業に関する規律づくりを米国とともに強力に進めていくべきである。

　一方，前に述べたように，国有企業改革や投資，政府調達，知的財産権などの問題への対応の難しさを考えると，中国はTPPにすぐには参加できないであろう。米主導のTPPを警戒する中国は，あくまでも国家資本主義を維持しつつ，非TPPの枠組みとして日中韓FTAやRCEP（東アジア地域包括的経済連携）の実現を加速させようとしている。

　TPPを主導する米国と東アジア経済統合の実現を目ざす中国との角逐は，市場経済対国家資本主義の対立の構図として捉えることができる。重層的な経済連携を目指す日本は，米国が主導するTPPに参加する一方で，日中韓FTAやRCEPにおいても主導的な役割を担うべきであろう。

　日本は，日中韓FTAやRCEPの締結を通じて，問題の多い中国市場におけるビジネス環境の改善を迫りたいところだ。しかし，東アジア経済統合の実現に向けた交渉で中国が主導権を握るかぎり，国家資本主義と相容れないような高いレベルの包括的なFTAは望めない。中国が，国有企業の改革を含む競争政策のルールづくりなど，国家資本主義の変質につながるようなFTAの内容には合意しないからだ。

　TPPをテコに日中韓FTAやRCEPを高いレベルに引き上げていくためには，日本に強いイニシアティブが必要である。日本のFTA戦略の真価が問われている。

注
1） 米経済誌「フォーチュン」の 2012 年版世界企業ランキングの上位 10 社に，中国石油化工集団公司（5 位），中国石油天然気集団公司（6 位），国家電網公司（7 位）の中国国有企業 3 社（いずれもエネルギー分野）がランクインしている。また，世界上位 500 社の国別数でも，中国（73 社）は，米国（132 社）に次いで 2 位を占めている。日本（68 社）は 3 位。
2） "Going Abroad: The World in Their Hands," The Economist, Jan 21, 2012.
3） 報告書では，中国の政治経済・外交政策における国有企業の役割，国有企業と中国政府との関係の特質，中国共産党の国有企業への影響などについて考察されている。報告書の全文は，〈http://www.uscc.gov/pressreleases/2011/11_10_26pr.pdf〉参照。
4） 米産業界は，中国の政府系銀行が輸出企業に有利な貸し付けをしていることを「実質的な輸出補助金」と非難している。
5） 2012 年 1 月の一般教書演説で，不公正貿易慣行を監視する機関の設置を表明。
6） クリントン米国務長官は，2012 年 2 月の G20 外相会合で，米国が 21 世紀型 FTA の構築をめざし，その狙いに台頭する国家資本主義との闘いを挙げた。
7） 詳しくは馬田（2011）参照。
8） この OECD ガイドラインとは，2005 年 4 月に採択されたガイドラインで，OECD Guidelines on Corporate Governance of State-Owned Enterprises のことである。
9） 日本経済新聞社説「TPP で国家資本主義の拡大に歯止めを」2012 年 4 月 8 日。
10） 公聴会の内容は，〈http://waysandmeans.granicus.com/MediaPaper.php?view_id=2&clip_id=165〉参照。
11） 詳しくは，Inside U.S. Trade, January 11, 2013, March 15, 2013, March 29, 2013. を参照。
12） 米政府が所有する企業としては，米郵政公社や全米鉄道旅客公社（アムトラック），テネシー川流域開発公社などがある。
13） マレーシアは国内で影響力が大きいマハティール元首相が TPP 参加に反対している経緯もあり，大幅な譲歩は難しい状況だ。2013 年 8 月にマレーシアの企業家らが参加するマレーシア経済行動評議会（MTEM：Malaysian Economic Action Council）がナジブ・ラザク首相に提出した TPP に関する文書には，75 項目の譲れぬ条件が含まれている。譲れぬ一線とされるものの中には，投資，政府調達，知的財産，国有企業などの分野における制限が含まれている。
14） しかし，その後すぐに日本政府はこの報道内容を否定したとおり，最終合意に至っていない。日本経済新聞 2013 年 8 月 21 日付。
15） 2005 年に成立した郵政民営化法は，①持株会社である日本郵政株式会社と，4 つの事業会社として郵便局会社，郵便事業会社，株式会社ゆうちょ銀行，株式会社かんぽ生命保険を設け，②期限を定めてゆうちょ銀行とかんぽ生命保険の全株式を売却し，完全民営化するとしている。
16） 2012 年 4 月の改正によって，金融 2 社株の扱いについては，「一定期間は 100％出資，2017 年 9 月末までに全株売却」から，期限を定めず，「できる限り早期に，全株処分を目指す」という文言に後退した。市場での全株売却を避ける狙いがあるのか，全株式の「売却」を「処分」とし，郵政グループ内での株の持ち合いなどの余地を残した。なお，貯金の限度額引き上げなどは見送られた。民業圧迫への懸念に一定の配慮をした形だ。

参考文献
Bremmer, Ian（2011），*The End of the Free Market: Who Wins the War Between States and Corporations?* Portfolio.（イワン・ブレマー著，有賀裕子訳『自由貿易の終焉：国家資本主義とどう闘うか』日本経済新聞社，2011 年。）
Bergsten, C. Fred,（2008），"A Partnership of Equals," *Foreign Affairs*, July/August.
Bergsten, C. Fred（2009），"U.S.-China Relations: Maximizing the Effectiveness of the Strategic and Economic

Dialogue," the House Committee on Foreign Affairs, September 10.
Jason, D., A. Browne and S. Oster (2010), "China's State Capitalism Sparks a Global Backlash," *The Wall Street Journal*, November 16.
OECD (2005), OECD Guidelines on Corporate Governance of State-Owned Enterprises.
Petri, A. Peter and Michael Plummer (2012), "The Trans-Pacific Partnership and Asia-pacific Integration: Policy Implications," Peterson Institute for International Economics, Policy Brief, No. PB12-16, June.
U.S. Business Coalition for TPP (2010), Trans-Pacific Partnership (TPP) Agreement Principles, September 30.
U.S. Business Coalition for TPP (2011), Letter to Mr. Gene Sperling, Director of the National Economic Council, February 3.
United States Trade Representative (2012), 2012 Trade Policy Agenda and 2011 Annual Report.
United States Trade Representative (2012), 2012 National Trade Estimate Report on Foreign Trade Barriers.
U.S.-China Economic and Security Review Commission (2011), The U.S.-China Economic and Security Review Commission Releases Report: An Analysis of State-owned Enterprises and State Capitalism in China, October 26. 〈http://www.uscc.gov/pressreleases/2011/11_10_26pr.pdf〉
U.S.-China Economic and Security Review Commission (2011), An Analysis of State-owned Enterprises and State Capitalism in China, October 26. 〈http://www.uscc.gov/researchpapers/2011/10_26_11_Capital Trade SOE Study.pdf〉

馬田啓一・浦田秀次郎・木村福成編著 (2012)『日本の TPP 戦略：課題と展望』文眞堂。
馬田啓一 (2011)「米国の TPP 戦略と日本の対応」国際貿易投資研究所『季刊　国際貿易と投資』No. 85，9月〈http://www.iti.or.jp/kikan85/85umada.pdf〉。
馬田啓一 (2012)「TPP と東アジア経済統合：米中の角逐と日本の役割」国際貿易投資研究所『季刊　国際貿易と投資』No. 87，3月〈http://www.iti.or.jp/kikan87/87umada.pdf〉。
馬田啓一 (2012)「オバマ政権の対中通商政策：激化する米中貿易摩擦の深層」国際貿易投資研究所『季刊　国際貿易と投資』No. 88，3月〈http://www.iti.or.jp/kikan85/85umada.pdf〉。
馬田啓一 (2012)「TPP と国家資本主義：米中の攻防」国際貿易投資研究所『季刊　国際貿易と投資』No. 89，9月〈http://www.iti.or.jp/kikan89/89umada.pdf〉。
太田泰彦 (2012)「TPP と国家資本主義」日本経済新聞「時事解析」5回連載，5月14日～18日。
関志雄 (2012)「中国，問われる国家資本主義：「体制移行のわな」克服急げ」独立行政法人経済産業研究所〈http://www.rieti.go.jp/jp/papers/contribution/kwan/10.html〉，日本経済新聞「経済教室」2012年5月24日。
佐々木高成 (2010)「米中経済関係の新たな構図：G2 体制の可能性」青木健・馬田啓一編著『グローバル金融危機と世界経済の新秩序』日本評論社。
在日米国商工会議所民営化タスクフォース (2004)「郵政民営化へのグローバルベストプラクティスの適用について」8月〈http://www.accj.or.jp/ja/about/committees/com〉。
三浦有史 (2012)「中国「国家資本主義」のリスク―「国進民退」の再評価を通じて」『環太平洋ビジネス情報』RIM Vol. 12, No. 45。
山澤逸平・馬田啓一・国際貿易投資研究会編著 (2012)『通商政策の潮流と日本：FTA 戦略と TPP』勁草書房。

　　　　　　　　　　　　　　　　　　　　　　　　　　　　　　　　　　　（馬田啓一）

第13章

TPPとサービス自由化
―越境サービス，一時的入国，電気通信を巡る論点―

はじめに

　TPPに参加することで，日本を含めた環太平洋域のサービス産業の状況は大きく変わると予想される。一括りにサービス産業といっても多種多様な活動が含まれ，例えば，輸送，金融，通信，小売，流通，飲食店，医療，教育，開発・研究，建設，法務や会計，情報処理・調査など企業活動および個人の生活を様々な形で支えている。そして国境をまたいだサービスの売買がサービス貿易と認識されている。

　本章では，サービス貿易のうちTPPにおいて独立の章立てを有する三つの分野，すなわち「越境サービス」，労働者の「一時的入国」および「電気通信」に関して，TPP交渉の意義と背景を考察する。特にTPP交渉で議論されてきた重要な論点を整理し，この分野における日本のとるべきスタンスについて論じることにしたい。ここでTPPにおいて，サービス貿易の規律はいくつかの章により行われている。「越境サービス」の章は，国境を越えるサービスの提供（サービス貿易）に対する無差別待遇や数量規制等の貿易制限的な措置に関するルールを定めるとともに，市場アクセスを改善する章である。「一時的入国」の章では，貿易・投資等のビジネスに従事する自然人の入国及び一時的な滞在の要件や手続等に関するルールを定めるものである。また「電気通信」の章は電気通信の分野について，通信インフラを有する主要なサービス提供者の義務等に関するルールを定めている（TPPではさらに金融サービスに関する章も設けられているが，これについては次章で扱う）。

本章の構成は以下の通りである。第1節においてはサービス貿易について概観し，TPP における位置づけを見る。第2節では TPP の参加国間におけるサービス貿易フローの状況を概観し，サービス貿易が自由化された場合の効果について考察を行う。続く第3節においては，「TPP はアジア太平洋自由貿易圏 (Free Trade Area of the Asia-Pacific：FTAAP) への通過点である」という見方を参照しながら，サービス貿易分野と TPP に関して政策提言を行いたい。

第1節　サービス貿易と TPP

第 13-1 表に日本の世界に対するサービス輸出とサービス輸入の規模を示す。サービス産業は近年実態経済において大きく拡大しており，日本の場合には 2011 年時点で生産 GDP の 75％ほどを占めているが，サービスの貿易となると，財貿易の4分の1程度に過ぎない。したがって更なるサービス貿易の拡大は日本の経済成長戦略として自然かつ必要不可欠なものであろう。TPP は財貿易だけでなく，サービス貿易の自由化も目指したものであるため，日本経済の大きな景気刺激策となるであろう。

ここで第 13-1 表内のサービス収支をみると，日本は毎年赤字で推移している。すなわち日本に関しては，サービス分野の競争力がモノの貿易（その収支は黒字）と比べて低いことが指摘できよう。これを TPP への参加という形でどのように解決していくべきであろうか。結論を一言で述べるとすれば，サービス市場という現状において限られた（静態的な）サイズのパイの「奪い合い」から脱し，「パイのサイズを動態的に拡大する」ためにこそ TPP を積極活用すべき，ということになる。この点については第4節においても言及したい。

サービス貿易の方法としては周知のように四つの「モード」が WTO により定義されている。第1モードはサービス生産者と消費者が異なる国に所在したまま売買を行う「越境取引」であり，例としてインターネットを用いた音楽ソフトの売買が挙げられる。第2モードは消費者による「国外消費」，すなわち消費者が外国へ移動して現地でサービス提供を受ける方式で，例として外国に

第 13-1 表　日本の主要マクロ指標

	2006	2007	2008	2009	2010	2011	2012
GDP							
名目 GDP（10 億ドル）	4,364	4,377.1	4,879.7	5,031.6	5,460.3	5,989.6	6,394.8
名目 GDP（兆円）	508	515	504	471	479	477	495
実質 GDP 成長率（%）	2	2.3	−1.2	−6.3	4	−0.2	2.3
GDP の構成（%）							
農業	1.5	1.4	1.4	1.4	1.4	1.4	1.4
工業	26.4	26.4	5.7	24.5	24.9	24	24.2
サービス	2.2	72.1	72.9	74.1	73.8	74.6	74.4
貿易収支（10 億ドル）	81	105	38	44	91	6	90
輸出	616	678	746	545	730	801	920
輸入	535	573	708	502	639	795	830
サービス収支（10 億ドル）	−19	−21	−20	−20	−16	−23	−36
受取	117	129	149	128	131	137	146
支払	136	150	169	148	165	176	177
所得収支（10 億ドル）	118	139	152	131	133	154	132

出所：IMF, *International Financial Statistics*.

おけるホテル（宿泊サービス）を利用することがこれに該当する。第 3 モードは外国への「商業拠点の設立」を通じてサービス提供企業が消費者と取引を行う方式で，例えば小売業の企業が外国にスーパーなど商業拠点を設立してそこで消費者に販売活動を行う方式である。そして第 4 モードはサービス提供者が法人（企業）でなく自然人（例えば医師）の場合，その「自然人の移動」により消費者が医療サービスを受ける方式である。

　サービス貿易は財貿易と異なって，生産と消費を時間的に分離することが不可能で，また消費の不可逆性や転売不能性，また契約内容の予測不能性および複数企業の集積による規模の経済性が存在している。そのため一般的には消費者に近接して需要構造を探った上でサービス提供を行うことが必要になる。すなわち第 3 モードが不可欠となる。TPP においては，電子商取引の章が明示されていることからも推察されるように，業務上拠点の設立（第 3 モード）を要件とせずに第 1 モードのみでサービス提供を行うことが可能となるような措置

が交渉内容の特徴となっている。

　第13-2表にWTOによるサービス分類を示す。同表に掲載されている通り、「サービス貿易」と一口にいってもその内容はまさに多岐に亘り、企業活動および家計部門の消費活動を下支えしている。これらのサービス部門うちのどれをどこまでTPPで開放するのかについて、様々な憶測と懸念がマスコミで報じられているが、基本的には民間企業の担いうる活動は内外企業間で「公正な競争条件」を確保するために、外資企業の参入が望ましいという認識でTPP交渉が進められている。

　日本政府取りまとめの情報[1]によると、「越境サービス」、すなわちサービス貿易に関するルール（サービス貿易の一般的規制を定めるもの）および市場アクセス（サービス貿易市場への参入に関する規制を定めるもの）でそれぞれ以下の通りである。

1．越境サービスのルール

(1) WTOのGATS（サービス貿易一般協定）に盛り込まれている、無差別原則（内国民待遇、最恵国待遇）、数量規制・形態制限の禁止といった義務を設けることや、関連措置の透明性の確保、現地拠点設置要求禁止、いわゆる「ラチェット」条項等に関する規定が議論されてきた。ここで「ラチェット（つめ歯車）」条項とは、内国民待遇等の規律の適用対象外として留保した措置に関し、自由化の程度を悪化させない場合に限って例外措置を修正できることを定めるものを指している。

(2) 他国の資格・免許を相互に認め合うこと（相互承認）については、TPP協定発効後に専門職の相互承認を関心国の間で議論するための枠組みについて検討されているが、医師等の個別の資格・免許を相互承認することについての議論は出ていない。

(3) 急送便（エクスプレス・デリバリー）サービスについては、公正な競争条件の確保の観点から提案がなされてきた。なお急送便サービスについての規定を置くかも含めた議論が収斂しない状況がかなり続いた。

第13-2表　WTOによるサービス分類

1. 実務サービス 　A. 自由職業サービス 　B. 電子計算機及び関連のサービス 　C. 研究及び開発のサービス 　D. 不動産に係るサービス 　E. 運転者を伴わない賃貸サービス 　F. その他の実務サービス	7. 金融サービス 　A. 全ての保険及び保険関連のサービス 　B. 銀行及びその他の金融サービス（保険を除く） 　C. その他
2. 通信サービス 　A. 郵便サービス 　B. クーリエサービス 　C. 電気通信サービス 　D. 音響映像サービス 　E. その他	8. 健康に関連するサービス及び社会事業サービス 　A. 病院サービス 　B. その他の人に係る健康サービス 　C. 社会事業サービス 　D. その他
3. 建設サービス及び関連のエンジニアリングサービス 　A. 建築物に係る総合建設工事 　B. 土木に係る総合建設工事 　C. 設置及び組立工事 　D. 建築物の仕上げの工事 　E. その他	9. 観光サービス及び旅行に関連するサービス 　A. ホテル及び飲食店（仕出しを含む） 　B. 旅行業サービス 　C. 観光客の案内サービス 　D. その他
4. 流通サービス 　A. 問屋サービス 　B. 卸売サービス 　C. 小売サービス 　D. フランチャイズ・サービス 　E. その他	10. 娯楽，文化及びスポーツのサービス 　A. 興行サービス（演劇，生演奏及びサーカスのサービスを含む） 　B. 通信社サービス 　C. 図書館及び記録保管所のサービス 　D. スポーツその他の娯楽のサービス 　E. その他
5. 教育サービス 　A. 初等教育サービス 　B. 中等教育サービス 　C. 高等教育サービス 　D. 成人教育サービス 　E. その他の教育サービス	11. 運送サービス 　A. 海上運送サービス 　B. 内陸水路における運送 　C. 航空運送サービス 　D. 宇宙運送 　E. 鉄道運送サービス 　F. 道路運送サービス 　G. パイプライン輸送 　H. 全ての形態の運送の補助的なサービス 　I. その他の運送サービス
6. 環境サービス 　A. 汚水サービス 　B. 廃棄物処理サービス 　C. 衛生サービス及びこれに類似するサービス 　D. その他	12. その他のサービス

出所：外務省ホームページ（http://www.mofa.go.jp/mofaj/gaiko/WTO/service/jimu.html）。

2. 越境サービスの市場アクセス

(1) ネガティブ・リスト方式（リストに掲載したものは適用対象としない方式）に基づいて，自由化を適用しない分野（「非適合措置」）につき交渉がなされてきた。

(2) 各国が作成したネガティブ・リストに記載された内容について，互いに確認を進めてきた。

(3) 市場アクセスについては，現在各国間でネガティブ・リストの内容を確認する作業が行われていることからも，完全自由化（全ての参入障壁の撤廃）は目標になっていない。しかし一般にネガティブ・リスト方式は，自由化する分野を記載するポジティブ・リスト方式に比べて自由化の水準が高い。

個別分野として，上記の急送便（エクスプレス・デリバリー）サービスの他に，インターネットによる保険サービスの販売や教育サービスの提供，企業や個人データの保存・管理サービス等を想定できる。これらの分野は，電子商取引（eコマース）としても認識することができ，特に米国は新分野としての電子商取引における実物配送取引と同程度の高い自由化，および関連サーバー施設を特定の場所に設置する要求の禁止などを提案している（ショット・コトチュウォー・ミュール，2013）。情報の保護を法的にどう担保していくかは課題であるが，越境サービスの開放は日本のビジネス環境を整備することにつながる。

3. 電気通信サービスのルールおよび市場アクセス

次に電気通信サービスに関しては，日本政府により以下の内容が公表されている。

(1) 電気通信サービス分野の特殊性に鑑み，実質的な競争を促すとの観点から，WTOのGATS（サービス貿易一般協定）において各国の自主的な約束に委ねられている事項（主要な電気通信事業者による反競争的行為の禁止，相互接続の義務化等）や，TPP交渉参加国間の既存の自由貿易協定で規定されている事項（通信インフラへの公平なアクセス，コロケーション（既存の電気通信設備への第三者による設備設置），相互接続，周波数割り

当て，透明性，競争等）について共通のルールを設けるべく議論されてきた。
(2)　電気通信サービス提供者に対し，相互接続や物理的な設備へのアクセスを通じて合理的なネットワーク・アクセスを与えることが必要であるとの合意がなされている。また，規制に関連するプロセスの透明性の強化や，規制機関の決定に対する事業者の不服申立ての権利の確保についても議論されてきた。
(3)　特定の情報通信技術（例えば通信方式等）を用いることを政府が義務付ける等により電気通信事業者の自由な技術の選択を妨げてはならない旨の規定や，高価な国際携帯ローミング料金への対応について提案が行われている。

なお電気通信サービスに関しては，米国と日本の間で日米経済調和対話（United States- Japan Economic Harmonization Initiative）においても言及されてきている。これはいわば，米国合衆国政府が日本政府に対して規制緩和などの改善を求めた要望事項であり，2011年2月時点の要望内容には，通信事業者への周波数割り当てへの競売方式の導入，NTT改革を通じた新規参入の促進，携帯電話の相互接続料金の引き下げ，などが明記されている[2]。これらはいずれもTPPにおいてカバーされている交渉の論点と合致しており，TPPにおける米国の要望事項が色濃く反映されている。一方日本はTPPを通じて電気通信サービスをさらに開放し，日本国内におけるビジネスの利便性を高めていくことが得策である。

4．一時的入国（商用関係者の移動）のルールおよび市場アクセス

続いて一時的入国については，「商用関係者の移動」すなわち第4モードとして捉えることができるが，以下のような交渉状況が政府により公表されている。
(1)　入国に関する申請処理の透明性の確保や，手続の迅速化，TPP交渉参加国の当局間の技術協力の促進等について交渉がなされてきた。
(2)　一時的入国関連の技術協力については，入国審査の際の生体情報による本人認証技術に関する具体的な提案がなされている。

(3) 専門家を含む商用関係者について，各国がそれぞれ約束を適用する範囲（「短期商用」「投資家」「企業内転勤」「サービス提供者」等のカテゴリー）を検討するとともに，各国共通の約束を行うのか，国ごとに独自の約束を行うのかについても議論がなされてきた。

(4) いわゆる単純労働者の移動は議論の対象となっていない。

　一時的入国を巡る主論点として，上記(4)にある通り，いわゆる単純労働者については除外されているため，先進国がより関心事を有する「高度人材」の移動を自由化しようという意図が，TPP交渉における論点である。少子高齢化に伴って縮小傾向が予測される日本の労働人口を補う意味で，一時的入国が活発化し，「短期商用」から「企業内転勤」へと移行することが日本の成長戦略として重要である。

第2節　TPPの参加国間におけるサービス貿易フローの状況

　第13-3表にTPP交渉参加国を含めたAPECメンバーのGATS（2003年オファー）におけるサービス貿易自由化の状況を指数化して示す。全般的に1を大きく下回っており，TPP域内で自由化の余地が大きいことが分かる。また第13-4表にある通り，日本から米国へのサービス貿易の輸出総額（受取額）は2011年におよそ352億ドルで，一方米国から日本へのサービス貿易の輸出総額は同年におよそ509億ドルであった。ここで米国の「ホクマン指数」（表3下の注を参照）は1点満点で0.51，日本の同指数は0.15である。欠損値が多いために全体的な動向は予測しづらいが，仮にTPPによって一律にサービス貿易自由化がなされたことを考えた場合，米国の日本へのサービス輸出額は大きく伸長し，一方日本から米国へのサービス輸出額も絶対額としては伸びることが期待される。したがってTPP発効により日本のサービス収支はさらに赤字の方向に動く可能性が指摘されよう。

　電気通信サービスに関しては，日本から米国への輸出額が2.4億ドル，米国から日本への輸出額が1.8億ドルであり[3]，同部門における米国のホクマン指数は，第13-3表にある通り1点満点（サービス貿易の内外差別の完全撤廃に

第13章 TPPとサービス自由化　175

第13-3表　TPP参加表明国とAPECメンバー（TPPメンバーを含む）のGATSにおけるサービス貿易自由化状況（ホクマン指数）

	1.実務サービス	2.通信サービス	3.建設サービス及び関連のエンジニアリングサービス	4.流通サービス	5.教育サービス	6.環境サービス	7.金融サービス	8.健康に関連するサービス及び社会事業サービス	9.観光サービス及び旅行に関連するサービス	10.娯楽、文化及びスポーツのサービス	11.運送サービス	平均
ブルネイ	0.12	0.05	0.00	0.00	0.00	0.00	0.13	0.00	0.00	0.00	0.01	0.03
インドネシア	0.05	0.10	0.23	0.00	0.00	0.00	0.21	0.00	0.17	0.00	0.03	0.07
マレーシア	0.30	0.05	0.09	0.00	0.00	0.00	0.21	0.16	0.22	0.18	0.03	0.11
フィリピン	0.03	0.22	0.00	0.00	0.00	0.00	0.34	0.00	0.36	0.00	0.16	0.10
シンガポール	0.21	0.14	0.15	0.00	0.00	0.00	0.32	0.00	0.28	0.15	0.03	0.12
タイ	0.22	0.11	0.41	0.10	0.30	0.69	0.19	0.00	0.52	0.14	0.11	0.25
ベトナム	0.34	0.27	0.50	0.25	0.20	0.44	0.41	0.25	0.36	0.09	0.11	0.29
中国	0.34	0.29	0.44	0.48	0.31	0.14	0.23	0.00	0.34	0.00	0.12	0.24
日本	0.41	0.15	0.50	0.60	0.26	0.48	0.28	0.06	0.44	0.43	0.17	0.34
韓国	0.33	0.20	0.35	0.41	0.00	0.45	0.11	0.00	0.48	0.00	0.13	0.22
オーストラリア	0.53	0.13	0.40	0.58	0.40	0.38	0.28	0.13	0.48	0.30	0.20	0.35
ニュージーランド	0.33	0.11	0.50	0.45	0.45	0.00	0.35	0.00	0.25	0.00	0.23	0.24
米国	0.51	0.51	0.63	0.63	0.11	0.88	0.10	0.13	0.84	0.69	0.12	0.47
カナダ	0.35	0.27	0.75	0.50	0.00	0.75	0.14	0.00	0.38	0.00	0.23	0.31
メキシコ	0.30	0.18	0.15	0.28	0.55	0.00	0.16	0.22	0.33	0.00	0.05	0.20
チリ	0.03	0.06	0.00	0.00	0.00	0.00	0.06	0.00	0.13	0.00	0.01	0.03
ペルー	0.03	0.09	0.00	0.09	0.00	0.00	0.05	0.00	0.09	0.09	0.00	0.04
香港	0.19	0.17	0.08	0.08	0.00	0.00	0.20	0.00	0.19	0.08	0.04	0.09
台湾	0.65	0.37	0.50	0.60	0.60	0.34	0.25	0.39	0.47	0.30	0.19	0.42
パプアニューギニア	0.08	0.21	0.18	0.00	0.00	0.00	0.10	0.00	0.19	0.00	0.03	0.07
TPP参加表明国（日本を含む）平均	0.29	0.17	0.31	0.28	0.16	0.24	0.21	0.08	0.32	0.16	0.10	0.21
APEC平均	0.27	0.18	0.29	0.25	0.16	0.23	0.21	0.07	0.33	0.12	0.10	0.20

注：太字部分がTPP交渉参加国。ホクマン指数とは、自由化を約束していない場合に点数を0、なんらかの規制がある程度自由化の場合に点数を0.5、規制なしの場合に点数を1としてGATS約束表中の155業種のモードごとに点数をつけ、それらを11部門にまで集計したもの。

第13-4表 TPP参加国（執筆時点で交渉中の国を含む）を中心としたサービス貿易マトリクス（2011年、サービス全体、第1モード中心）

（単位：百万米ドル）

受取国＼支払国	ブルネイ	チリ	ニュージーランド	シンガポール	米国	日本	カナダ	メキシコ	ペルー	オーストラリア	マレーシア	ベトナム	世界
ブルネイ		-											13,133
チリ	-		-	35	1,273								10,124
ニュージーランド				435	12,800	615	198			3,200	118		116,233
シンガポール	366		770	-		9,178	793			8,108	3,171	1,139	607,743
米国			1,136	17,561	-	50,896	61,607						145,649
日本			250	14,791	35,158	-	1,836	676		2,824	1,964		83,683
カナダ			87	527	44,926	1,762	-						15,582
メキシコ						230		-					4,364
ペルー									-				
オーストラリア			3,915	3,297		2,985				-			35,977
マレーシア			133	1,933		1,298					-		
ベトナム				664								-	8,691
世界	15,711		10,930	115,567	429,211	167,764	106,959	30,205	6,497		38,595	11,859	

注：空欄部分はデータなし。
出所：UN Service Trade Database. (http://unstats.un.org/unsd/servicetrade/)

あたる）で 0.51 と日本の同指数（0.15）より自由化度がすでに高い。したがってTPPにより電気通信サービスにおいても日本の収支がさらに赤字化する可能性がある。

しかしサービス産業は他産業にとって「サポーティング・インダストリー」であり，サービス収支単体で黒字化を図ることは日本経済にとり得策ではない。より重要な政策は，サービス貿易の自由化を通じ，日本における製造業を含めた広範な経済活動が下支えされ，対内直接投資が拡大するなどを通じて国内の生産活動が動態的に伸びていくシナリオを目指すことである。

第3節　サービス貿易とTPP：政策提言

TPPによるサービス貿易の拡大は国内経済を大きく発展させることにつながるため，TPPによりサービス貿易の障壁を下げることが望ましい。特に停滞中のWTOを代替せざるをえない現在，TPPという「広域自由貿易協定」におけるサービス貿易開放の持つプラスの効果は非常に大きい。ここでTPPには「APECが生み出したフォーラム」という側面が存在している。このことはマスコミ等において取り上げられることが少ないものの，APEC諸会合のマージンにおいてTPP関連会合が開催されていることからも明らかである。TPPがより広い「アジア太平洋自由貿易圏」（Free Trade Area of the Asia Pacific：FTAAP）へと至る道筋には，APECを通じた政策措置が欠かせない。個別のサービス分野においてもAPECは取り組んできており，広域自由貿易協定としてのTPPの持ちうる「WTOプラス」の効果を考えると，TPPとAPECにおけるサービス貿易自由化の連携はきわめて重要である。

サービス貿易のうちの「越境サービス」，労働者の「一時的入国」および「電気通信サービス」においても，それら分野を限られた（静態的な）サイズのパイの「奪い合い」の場として捉えることから脱し，「パイのサイズを動態的に拡大する」ためには，TPPのFTAAPへの結実を見すえてAPECを積極活用すべきである。また日本に関してはサービス業の生産性が全般的に低いことが指摘されており（深尾・権，2011），今後TPPによるサービス貿易の自由化

によって国内外のサービス提供企業間の競争圧力が増大し効率性を高めることにつながるのであれば，サービスの市場規模は環太平洋域で大きく拡大するであろう。TPPを巡るサービス貿易においては，予定されている高水準の自由化へのコミットという「攻め」こそ究極の産業保護・育成，すなわち「守り」につながることを銘記する必要がある。

注
1 ）　内閣官房「TPP協定交渉に関する資料」(http://www.cas.go.jp/jp/tpp/tppshiryo.html#jyoukyou) より。（情報は平成24年3月改訂のもの）。
2 ）　米国大使館サイト（http://japan2.usembassy.gov/j/p/tpj-20110304-70.html) より。
3 ）　UN Service Trade Database (http://unstats.un.org/unsd/servicetrade/) より。

参考文献
深尾京司・権赫旭（2011）「日本経済成長の源泉はどこにあるのか：ミクロデータによる実証分析」RIETI Discussion Paper Series 11-J-045（http://www.rieti.go.jp/jp/publications/dp/11j045.pdf）。
ジェフリー・J・ショット，バーバラ・コトチュウォー，ジュリア・ミュール（2013）『米国の研究者が書いた　TPPがよくわかる本』日本経済新聞社。

（石戸　光）

第 14 章
金融サービス分野交渉
―日本の立ち位置―

はじめに

　TPP における金融サービス分野に関しては，いまのところ，関税に関する日米間の農産物や自動車に見られるほど，大きな争点としては，話題になっていない。金融分野における海外との協力関係については，日本は，1997 年のアジア通貨危機以降の「ASEAN+3」での通貨・金融協力分野での活動実績には顕著なものがある。ここで注目すべきは，TPP と ASEAN+3 では，その構成国に大きな違いがある点である。具体的には，TPP は米国を含む環太平洋諸国で構成され，その中に ASEAN4 カ国（シンガポール・ブルネイ・マレーシア・ベトナム）を含む。一方で，後者は ASEAN10 カ国と日本・中国・韓国の東アジア諸国で構成されている。そこで，本章では，上記をふまえて，以下の視点での分析を試みたい。

　まず，TPP 交渉参加国を中心とする既存 EPA 契約内容との関係である。これは，多国間交渉ではあるものの，TPP も EPA と同種の経済連携協定であることから，金融サービス分野での TPP も既存の EPA 契約内容と大きな違いや矛盾が生じることは回避すべきだからである。

　つぎに，ASEAN+3 での取組との関係である。アジア通貨危機以降，東アジアで地道に取組み，成果をあげてきた ASEAN+3 での取組との齟齬がある内容が TPP に含まれた場合，それまでの活動における日本の貢献や評価が瓦解する可能性をはらむためである。

　最後に，TPP 交渉参加国のうち，日本以外で唯一の先進国，かつ金融最先端

国であるアメリカとの関係である。多国間交渉ながら，アメリカの経済力や政治力・外交力を勘案すれば，TPP交渉においても，その意向が強く反映される可能性がある。そのため，日本にとっても，金融サービス分野で，アメリカがどのような主張をするかには十分，留意のうえ，交渉に参加すべきだからである。

第1節　既存EPAの当該分野の契約内容

1．TPP参加国とのEPA契約締結状況

　日本を除くTPP交渉参加国11カ国のうち，日本が経済連携協定（EPA）を締結・発効済の国は7カ国，交渉中が2カ国ある。そこで，本節では既存EPA契約における「金融サービス」分野の契約内容を確認する。

　7カ国との協定のどれも，金融分野での言及はあるが，協定締結国双方の「留保事項」と呼べる種類の規定が存在する。これは，自国の事情で維持すべき点が両国間で合意されたものといえる。金融サービス分野は，自国の金融システムや金融・資本市場の安全性につながる側面を持ち，その点に留意されていると考えられる。これは，WTOにおける文書「金融サービスに関する約束に関する了解」[1]の精神とも同様のものであり，経済連携協定においても，金融サービスの公共性や特殊性への配慮と評価できる。

　具体的には，第14-1表にあるとおり，「自国の信用秩序維持のための措置をとることは妨げられない」の規定，または同主旨の規定が7カ国全てとの協定に含まれている。また，締結相手国が，自国の通貨・為替制度の運用にかかわる規定を明示しているケース（シンガポール・マレーシア）や外資系銀行の進出に関する条件や出資比率規制など，自国金融機関が過度な競争にさらされないような規定が明示されているもの（マレーシア・チリ・ベトナム）もある。

　国別の約束表における留保状況は，各協定により差異は見られるが，対象7カ国には欧米諸国が含まれず，相対的には日本が金融分野においては先進国の位置づけと考えられる。そのため，締結相手国が，相対的に，より自国の事情を金融サービス分野に反映させ，それを日本もEPA協定全体とのバランスの

第 14 章　金融サービス分野交渉

第 14-1 表　TPP 交渉参加国との EPA 締結概要

No.	国名	TPP 交渉参加国	ASEAN+3 諸国	EPA 締結 13 カ国	締結日	発効日	特記事項
1	シンガポール	○		○	2002年1月 (修正) 2007年3月	2002年11月 (修正) 2007年9月	(共通) 健全な信用秩序維持のための政策実施に進出している相手国金融機関への効果的な監督強化に関する協力の促進。(日本) 預金保険制度は外国銀行は対象外。シンガポール外国銀行の預金取扱の制限規定あり。シンガポールの非国際化政策に準拠。
2	メキシコ	○		○	2004年9月 2011年9月	2005年4月 (修正) 2012年4月	(共通) 1. 公的年金計画、社会保障に係る活動・自国 (含む公的機関) の財源の使用でそれぞれ係る活動又はサービスの実施は可能。2. 自国の信用秩序維持のための措置、を採用し、又は維持することは妨げられない旨の「例外規定」あり。
3	マレーシア	○	○	○	2005年12月	2006年7月	(共通) 1. 「自国の信用秩序維持のための措置」をとることは妨げられない旨の「例外規定」あり。2. 「約束表」に WTO/GATTS に準拠の表示あり。(日本) ~約束表に記載「新たな記入につき、差別的でない~制限等の措置あり。(マレーシア) ~約束表に記載「業務上の法的な形態、(証券会社、銀行それぞれでの有価証券の取扱条件など)」~約束表を除き「約束しないのマレーシア国内へのサービスの提供は、規定に則りされないものを除き「約束しないのマレーシア銀行の各項目にあり。2. 銀行資本項目は従前の規定 (オフショア・ラブアン拠点、オンショア銀行:既存外資米13行 (注) のみ、など) を維持。3. 資金取引・外国為替取引については、外貨とマレーシア・リンギの取扱を区分。
4	ブルネイ	○	○	○	2007年6月	2008年7月	(共通) 「自国の信用秩序維持のための措置」をとることは妨げられない旨の「国内規制」の規定あり。(日本) 「約束表」に WTO/GATTS に準拠の表示あり。1.「約束表」は保険関連の項目のみ記載あり。(ブルネイ)
5	ペルー	○		○	2011年6月	2012年3月	(共通) 「自国の信用秩序維持のための措置」を採用し、又は維持されるサービスの提供を中止することは妨げられない。(ペルー) 政府、公的機関、特定の金融サービス提供又は留保される活動またはサービスの提供される。許容される。(協定の規定から除外)
6	チリ	○		○	2007年3月	2007年9月	(共通) 1. ①中央銀行または金融当局等が為替政策を遂行するための活動、② 公的年金計画、社会保障に係る活動、③自国 (含む公的機関) の財源の使用又は活動又はサービスは、「金融サービス」の規定の対象外。2. 自国の信用秩序維持のための措置、を採用し、又は維持することは妨げられない旨の「例外規定」あり。(チリ) 1. 銀行の株式の10%超となる新規取得、追加取得、直接・間接、国内・国外および法人・個人を問わず、金融監督庁の許可が必要。
7	ベトナム	○	○	○	2008年12月	2009年10月	(共通) 1. 「自国の信用秩序維持のための措置」をとることは妨げられない旨の「国内規制」の規定あり。2.「約束表」に WTO/GATTS に準拠の表示あり。(日本) 預金保険制度は外国銀行は対象外。(ベトナム) 1. 日本の銀行の駐在員事務所、支店は設置可。合弁銀行の出資比率は50%以上は不可。支店設置の場合、日本の銀行の銀行本体の前年末の総資産は200億米ドル以上。2. 支店外の取引拠点設置不可。

注：13 行は協定締結時のオンショア銀行行数。　資料：経済産業省ホームページ各国との EPA 契約内容から作成。

中で，認めたものと考えられる。

2．スイスとのEPA協定における金融サービスの内容

次に，TPP交渉参加国ではないが，スイスとのEPA協定における金融サービス分野の内容も確認したい。これは，前述のとおりTPP交渉参加国で既に日本がEPA協定を結んでいる7カ国との関係では，金融サービス分野では日本が先進国の位置付けとなる。そのため，同じ先進国であるアメリカとのTPP交渉を検討するにあたり，当該分野で先進国同士のEPAの事例であるスイスとの協定内容を確認することは，有効であると考えられるためである。

スイスとのEPAでも，両国の共通項目として「締約国は，信用秩序の維持のための措置を採用し，又は維持することを妨げられない」との条項があり，金融分野の公共性・特殊性への配慮が見られる。その対象範囲として，投資家や預金者などの保護や自国の金融体系の健全性・安定性の確保などを示している。また，他国との協定では見られなかったものとして，バーゼル銀行監督委員会の「実効的な銀行監督のためのコアとなる諸原則」，保険監督者国際機構の基準及び原則ならびに証券監督者国際機構の「証券規制の目的と原則」の自国内での実施・適用を確保することへの最善の努力規定がある。これは，先進国間の協定特有の配慮と評価できる。

続いて，各国別の留保事項についても確認したい。日本については，他国との協定と同様，預金保険制度は外国銀行を対象としない点を明示。また，証券会社・銀行それぞれでの有価証券の取扱規定など，他のEPAと同様のレベル感で表示している。保険関連も，対スイスでの特殊性は見受けられない。スイスに関しては，銀行に関して許可制であることもあり，外資系（出資比率50％超）は，別途，追加的なライセンスを必要とする旨，明示している。

このEPAの特徴としては，日本が初めて先進国と交わした協定であることに加えて，ネガティブリスト方式を採用している点もあげられる。日本は，TPP交渉参加7カ国とのEPAでは，中南米3カ国（メキシコ・ペルー・チリ）とは同方式，ASEAN 4カ国（シンガポール・マレーシア・ブルネイ・ベトナム）とはポジティブリスト方式を採用している。前者は，サービス貿易分野に関する内国民待遇・市場アクセスの自由を基本として，それらの例外となる措

置や分野をリストにおいて明示するものである。後者は，自由化の対象となる分野および条件・制限をリストで明示する約束方式であり，リストに記載されない項目・分野については，内国民待遇・市場アクセスに関して何ら義務を負わないとするものである。結果として，両者の比較では，前者の方が，自由化度が高いものとなる可能性が高い。

　スイスとのEPAを確認した結果としては，両国とも金融サービスの公共性・特殊性をふまえ，自国の金融秩序維持の視点を基本としている点では変わらないとの印象である。この視点は，おそらく，先進国・新興国とも変わらないと考えられることから，TPPにおける交渉参加各国とも同様のスタンスで交渉に臨むことが予想される。TPPは広範な分野を対象とし，かつ多国間交渉であり，各国とも基本的には自国のメリットの極大化・デメリットの極小化を目指すであろう。その際に，金融サービス分野の「公共性・特殊性」がおろそかにされないことには，留意すべきであろう。

第2節　ASEAN+3での取組との関係

1．ASEAN+3での取組概要と日本への影響

　金融分野での日本の国際的な連携活動に関しては，1997年のアジア通貨危機以降のASEAN+3での取組が挙げられる。本項では，その主要な活動を確認するとともに，TPPにおける金融サービス分野の検討材料としたい。

　ASEAN+3は，ASEAN10カ国に，日本・中国・韓国を加えた13カ国で，域内での通貨・金融協力を進めているものである。具体的には，アジア通貨危機時に域内諸国通貨が市場で売り込まれ，急落した経緯をふまえ，その防止策としてのチェンマイ・イニシアティブがある。これは，通貨危機に陥った国に，自国通貨を買い支えるための外貨融通を行う，スワップ協定である。当初は，2000年にバイラテラル，すなわち2カ国間の取極めを複数成立させる形式で合意された。その後，金額の増額とともに，多国間協定（「マルチ化」という）へと進化している（2010年3月発効）。

　上記が，危機対応への施策であるのに対して，通貨危機の発生原因と呼ばれ

第 14-1 図　チェンマイ・イニシアティブ（CMI）の仕組の変化

【従来の CMI】
・複数の二国間契約（8カ国間，16本の契約）
・発動時には，二国間で各国の外貨準備を融通
・日中韓及び ASEAN 5カ国が参加

【CMI マルチ化】
・一本の多国間契約
・発動時には，二国間で各国の外貨準備を融通
・ASEAN+3 の 13カ国が参加

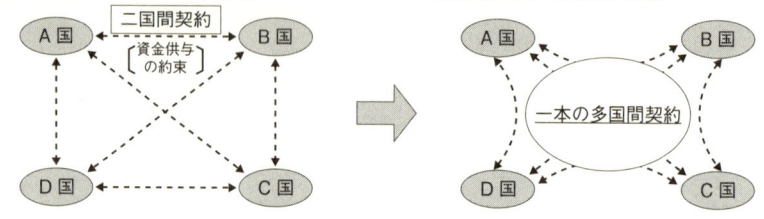

出所：財務省ホームページ。

た「ダブルミスマッチ」[2]，通貨および期間に関する需給のアンバランスへの対策としては，「ASEAN+3 債券市場育成イニシアティブ」がある。これは，域内の貯蓄を域内の投資に向けるための資本市場の育成，域内通貨建て債券市場を育てる取組である。地道な取組であったが，ASEAN および中国を中心とした経済発展に伴い，清水（2013）にもあるように域内通貨建ての資本市場は，クロスボーダー取引を含め，着実に拡大していると評価できる[3]。

最近の動きでは，前述のチェンマイ・イニシアティブのマルチ化とともに，その発動に備えて，事前に域内各国の経済状況をモニタリングするための常設機関として AMRO（＝ ASEAN+3 Macroeconomic Research Office）が 2010 年 4 月にシンガポールに設立された。

こうした ASEAN+3 での取組は，東アジア地域における金融分野での日本の積極的な活動と評価できる。現状の対中国，対韓国との関係の問題はあるものの，今後も，着実に成果をあげることは期待できる。TPP は，環太平洋地域での取組であり，東アジアよりもさらに大きな地域での取組である。現時点の交渉参加国に ASEAN4 カ国（シンガポール・ブルネイ・ベトナム・マレーシア）が含まれ，今後，韓国も参加を検討する段階に来ていることを勘案すると，日本は金融サービス分野では，これまでの東アジアで積み上げてきた取組と齟齬を起こすことは回避しつつ，果実も得られるような交渉を目指していくべきと考える。

2．TPP「金融サービス」分野との関係

　これまでの EPA 協定において，金融分野においては，2 カ国間との協定が大半であり，前節で述べたとおり，そうした中では相手国の事情をふまえた内容となっていると評価できる。TPP 交渉は，多国間であり，また，経済規模が極めて大きく，かつ先進国であるアメリカが含まれている点が大きく異なる。政府が，当該分野で考慮すべき点として，「我が国が確保したい主なルールの内容」として挙げているのは，「高い水準のルールや市場アクセスの改善（例：外資規制や再保険規制の自由化）が規定される場合，特に ASEAN の TPP 協定交渉参加国における我が国の金融関連企業のビジネス環境の整備」である。これにより，日系金融機関の当該国での活動の自由度や競争力の高まりなどが期待される。こうした部分が，金融サービス分野における「攻め」の色彩を持つところであろう。

　数多くの分野の交渉を同時に行う TPP 交渉の場で，これまで自国の規制との兼ね合いで，当該分野に関して慎重であった ASEAN 諸国の理解が得られるかは不明ながら，努力はすべきであろう。

　具体例をあげるなら，TPP 交渉参加国ではないものの，過去においてフィリピンとの 2 カ国間での EPA 交渉において，同国での日系金融機関の出資比率割合の上限を，WTO における GATS [4] で認めている 40％を上回る，60％で決着させたような取組である。渡邉（2007）によれば，こうした理解を相手国に求める際には，以下のような説明が必要であるとしている。

① 安定的な貿易環境を作り上げるには，日本の投資家が信頼しうる，安定した金融サービスの担い手が必要不可欠であることを訴える。
② 相手国の慎重姿勢に配慮しつつも，可能な限り自由化や規制の透明性を図ることが望ましいこと。
③ 日本の金融機関の進出を認めることが，日本の企業の投資を促進する。

　こうした折衝が，多国間である TPP 交渉においても可能かどうかは慎重な検討が必要となろう。フィリピンとの交渉で実現したような成果を TPP であげることを狙う場合は，同じ先進国であるアメリカとの連携による交渉が想定される。しかし，ここで日・米－ ASEAN 間での交渉の構図となるのは，前項で触れた ASEAN+3 での取組との関係で，好ましくない面もあると考えられる。

この側面を考慮した場合，ASEANの中でも金融立国を標榜するシンガポールとの連携・協力も重視した交渉が望ましいと考えられる。ASEANは2015年末までに，ASEAN経済共同体（以下AECという）の実現を目指している。その取組では，AEC創設時点で金融分野がどの程度進捗しているかは不明ながら，域内証券取引活性化の分野を中心として，着実に進めていると考えられる。また，日本はASEANとの間でもEPAを結んでいる。対ASEANとのEPAを確認すると，金融サービス分野の規定は存在しない。前提となる「サービス貿易」全体に関しても，「協力し，今後，討議・交渉するステイタス」の表現に留まっている。そうしたASEANとのEPA交渉状況も勘案すれば，TPPでの日本の金融サービス分野での「攻め」の交渉は，米国の意向を確認しつつ，やはりシンガポールの交渉のスタンスもふまえて慎重に進めるのがよいと考えられる。

第3節　米国との関係

1．論点の整理

本節では，金融サービス分野における「守り」の色彩を持つ部分を考えたい。

再び，政府のいうところの考慮すべき点を確認すると，「我が国として慎重な検討を要する可能性がある主な点」として以下の記載がある。

「これまで我が国は，WTO・EPAにおいてすでに高いレベルの自由化を約束しており，追加的約束を求められる余地は考えにくい。他方，TPP協定交渉参加国間のFTAにおいては見られないものの，我が国との2カ国の協議において提起されている関心事項（郵政，共済）について，追加的な約束を求められる場合には，慎重な検討が必要。」

ここでいう2カ国の相手国はアメリカであり，金融サービス分野に属するのは，金融（郵貯）と保険（簡保・共済）が対象である。この分野では，アメリカの交渉力から，危惧する意見もある。この事項に関して，整理しておくべき点は，以下のとおりである。TPP交渉で上記の郵貯・簡保・共済の議論がどの

程度なされるかはまだ不明である。一方で，TPP 交渉参加の前提となる米国の同意を得るための 2 カ国間協議において，TPP 交渉と並行して行われる日米間での非関税措置交渉分野に「保険」が明示されている。2013 年 6 月に外務省が発表している，アメリカの TPP に関する意見募集における当該分野に関して記載されている概要は次のとおり。米国生命保険協会の意見として，TPP および二国間交渉とも，かんぽ生命・共済が優遇されず，対等な競争条件が確保される点が重要，とある。こうした点が，アメリカの強い関心分野として，議論されることを前提として，日本は交渉戦略を立案する必要がある。

　この点に付言すべき点がある。当該事項は，日本郵政グループ傘下の事業（簡保・郵貯）関連や，JA の共済など公的色彩を持つ。そのため，「金融サービス」分野のみならず，「競争政策」分野での「国有企業」の議論にも関連してくることには留意すべきであろう。

2．交渉での留意事項

　上述の米国との 2 カ国間協議で議論がなされている保険関係の交渉が，TPP 全体の交渉で，どのように取り扱われるかが注目できる。第 2 節で述べたように，金融サービス分野は各国にとっても，慎重な取扱がなされるべき分野である。したがって，日本に関するアメリカ一国の関心・意向が，多国間交渉でも同様に進められることを避けることは可能と考えられる。留意すべきは，当該分野の除外項目のリストが，ポジティブリスト方式となるかネガティブリスト方式のどちらで作成されるかの点である。特にネガティブリスト方式が採用された場合には，これまでの EPA における金融サービス分野と同レベルの記載でよいのか，更なる精緻化が必要かの検討は必要となるであろう。

　一方で，郵貯・簡保・共済分野に関しては，アメリカとの関係よりも，国内における，いわゆる「郵政民営化」の議論との兼ね合いで検討すべき点もあると考えられる。米国生命保険協会の意見にもある，「対等な競争条件の確保」は，日米間の前に，日本国内における民間金融機関との関係において整理されるべきであろう。競争関係において，当該分野が今後どのように民営化されていくのかは，TPP の議論とは分けて進めていくほうが好ましいと考えられる。そのうえで，外資系への内国民待遇の視点で，日本の民間金融機関と同レベル

での競争が，米国ほか外資系保険会社に可能となる方策・スケジュールを立案していけばよいと考える。

　保険分野で，米国との協定で参考になるものとしては，米韓FTAがある。同FTAでは，韓国の共同組合の保険事業に対して，実施可能な範囲で，同種の民間保険と同一のルールを適用すべき旨や，協定発効後3年以内に組合等の保険事業の支払能力につき，金融監督委員会の規制下に置くことなどが謳われている。こうした分野を含め，同FTAによる金融・資本市場の完全開放による悪影響を指摘する声も存在する。これに関して，高安（2013）は韓国政府が既に韓国が高い水準で資本市場を開放している点を強調するなど，反論していることを指摘している。

　金融サービスに関するTPP交渉の評価に関しても，アメリカの交渉力のイメージに引きずられず，事実に基づく影響調査をふまえた，冷静な議論が必要であろう。

第4節　日本の視点からの「金融サービス分野」交渉

　本章では，交渉中のTPPにおける金融サービス分野について，日本の「攻め」の分野・「守り」の分野の視点と，交渉参加国のうちASEAN諸国との関係・米国との関係の視点を中心に，交渉のあり方を検討してみた。総論での「自由貿易体制が望まれる」との議論ではなく，個別分野ごとに利害が対立する可能性のあるTPP交渉の中で，自国のメリットの極大化とデメリットの極小化を各国が主張すれば議論は集約されない。そうした中で，全体最適，あるいは，各国間のバランスを取るような討議が望まれる。

　そうした前提の中で，金融サービス分野に関しては，公共性・特殊性を有する分野として各国が冷静に交渉に臨むことが必要と考えられる。2008年のリーマンショック以降，従来の自由化推進ありきの流れに歯止めがかかり，バーゼルIIIの銀行の自己資本規制の強化や流動性規制の導入が決定された。国別でも，TPP交渉参加国である米国で，2010年に金融規制改革法（ドッドフランク法）が成立し，昨年（2013年）12月には銀行の自己勘定売買や投機的取引

を規制する「ボルカールール」が承認された。金融分野における，こうした規制強化と規制緩和の動きは，佐々木（2014）にもあるように，これまでも繰り返しなされてきたもの[5]であるが，現在のTPP交渉が，規制強化の局面でなされていることも考慮したい。

その意味では，金融サービス分野で，交渉参加各国が自国の金融市場および信用秩序の維持を前提として，自由化に慎重な姿勢で臨むことも，否定はされないであろう。TPP参加各国の経済発展段階に違いがある状況で，そのインフラとなる金融サービスに関して，合意点を見出すことが望まれる。

上記をふまえると，日本は金融サービス分野の「攻め」と「守り」の各分野の交渉においては，第2節，第3節で述べたように，以下の点を念頭に置くべきと考える。

ASEAN+3におけるこれまでの活動実績をふまえ，TPP交渉参加国であるASEAN各国（シンガポール・ブルネイ・マレーシア・ベトナム）と，当該分野では決定的な対立は回避すべきではなかろうか。併せて，米国との行き過ぎた連携も不要と思われる。AESAN4カ国との間での「攻め」の分野に関する交渉は，場合によってはTPP交渉の場にこだわらず，先述のフィリピンとの交渉事例のように，別途，当該諸国との2カ国間のEPA，あるいは対ASEANとのEPA協定の見直し協議の中で，粘り強く進めることを視野に入れてもよいと考える。

一方で，「守り」の分野については，TPP自体での交渉よりも，むしろTPP交渉参加への同意を得るための米国との事前交渉において，2カ国間協議となった分野に留意すべきであろう。自国内の民間との適切な競争環境を確保する方向で，郵貯・簡保・共済の今後のあり方の整理・議論がポイントとなると考える。

注
1）　WTOにおけるサービス貿易一般協定（GATS：下記「注4)」参照）における「金融サービス分野」の了解事項。高水準の自由化とそれに伴うルールを定めたもの。
2）　当時の東アジアにおけるインフラなどの旺盛な資金需要は，「域内通貨建て・長期資金」のニーズであった。これに対する供給は，先進国金融機関による「米ドル建て・短期資金」であり，二重のアンマッチであったことをこう呼ぶ。
3）　ASEAN+3債券市場育成イニシアティブに加え，AECの域内資本市場連携などの取組が奏功。
4）　WTOにおけるサービス貿易一般協定（General Agreement on Trade in Services）。

5) 佐々木 (2014) は, リーマンショック後の状況をふまえ, 危機後の規制は厳しくなりがちであり, 1929年の大恐慌後のグラス・スティーガル法を事例としてあげている。銀行業務と証券業務を厳密に分離した同法が, 1999年に競争を阻害していることを理由に廃止された点も指摘し, 過剰規制への副作用などマクロ的影響を考慮しつつ, 長期的観点からのチェックが必要としている。

参考文献

赤羽裕 (2013)「ASEAN 経済共同体における金融サービス・資本市場の連携・統合」石川幸一・清水一史・助川成也編著『ASEAN 経済共同体と日本』文眞堂。

石川幸一 (2013)「TPP と東アジアの FTA のダイナミズム」石川幸一・馬田啓一・木村福成・渡邉頼純編著『TPP と日本の決断』文眞堂。

小寺彰 (1999)「金融分野における WTO 規律の法構造」『IMES Discussion Paper Series』99-J-45, 日本銀行研究所。

佐々木百合 (2014)「金融規制の論点(下) 経済への副作用注視を」『日本経済新聞 経済教室』2014年1月16日。

清水聡 (2013)「進展するアジア金融統合と日本の戦略」『環太平洋ビジネス情報 RIM』2013, Vol. 13, No. 51, 日本総合研究所。

高安雄一 (2013)「TPP と米韓 FTA の検証」石川幸一・馬田啓一・木村福成・渡邉頼純編著『TPP と日本の決断』文眞堂。

渡邉頼純監修, 外務省経済局 EPA 交渉チーム編著 (2007)『解説 FTA・EPA 交渉』日本経済評論社。

経済産業省 (EPA 関連) http://www.meti.go.jp/policy/trade_policy/epa/index.html

WTO (金融サービス分野) http://www.wto.org/english/tratop_e/serv_e/finance_e/finance_e.htm

(赤羽 裕)

第15章

TPP と環境規律

― 産品非関連 PPM ルールの導入は可能か ―

はじめに

　2011 年 12 月，米国政府（USTR）は TPP 交渉において，陸上（動・植物），海上（漁業資源），および森林・材木資源の保護を提唱する文書，通称「グリーン・ペーパー」を公表した（Green Paper on Conservation and the Trans-Pacific Partnership）。

　本章では，産品の「生産工程・方法」（process and production methods，以下「PPM」と略称）の段階で CO_2 排出など環境汚染が発生しているのに，生産された産品（final product）それ自体は使用・消費される段階で，環境に無害，つまり「環境中立的」な場合（このようなケースを「産品非関連 PPM」と呼ぶ），当該産品を輸入禁止にできるか否かについて，米国政府が提案した「グリーン・ペーパー」（後述）を参考にしながら検討する。

　TPP が APEC の目指す 21 世紀型の FTA モデルに相応しいのならば，グローバルな課題としての「貿易と環境の両立」の先駆けとなる議論も TPP 交渉でなされるべきである。

　世界中に数百はあると言われる環境協定の中で，複数国間で締結されたそれらの総称を MEAs（多数国間環境協定：Multilateral Environmental Agreements）と呼んでいる。

　これまで開催された 3 度の地球サミット開催（1992 年，2002 年，2012 年）に象徴されるように，地球環境の保護・保全に関わる問題解決に向けた WTO と MEAs の協力関係は今や常態化している。現在，全世界で 250 以上の MEA

が存在し、そのうち約20には特定の産品や「種」の貿易を禁止する等の貿易制限的な規程が含まれているとされる[1]。つまりMEAには地球温暖化の抑制はもとより、森林伐採・海洋資源の枯渇による生態系の悪化を含むグローバルな生物・鉱物資源の枯渇防止を目的とする協定も含まれる。

TPP交渉における24分野の中の「環境分野」交渉において、米国のグリーン・ペーパー提案が示す「漁業補助金の撤廃」などを含む関連MEAsの順守義務について合意が得られた場合、産品非関連PPMの規律化がTPP域内で強化される可能性も否定できない。

TPPのような地域貿易協定（Regional Trade Agreement）と産品非関連PPMが関わる問題は、WTOドーハ・ラウンド（略称「DDA」）でも検討されていない分野である。DDAは2001年1月にスタートしたが、2013年12月のバリ閣僚会議でも全8交渉分野の一括最終合意に至らず部分合意に留まった。

第1節　産品関連PPMと産品非関連PPM

国際貿易の下で生じる大気汚染や食品による健康被害の懸念などの環境問題は、その発生源が「産品」自体にある場合と、産品の「生産工程・方法」、つまりPPM段階にある場合の二つに大別される。

前者は、産品の使用（消費）段階における外部不経済、後者は生産段階における外部不経済に関わる。

WTOに常設されている「貿易と環境委員会」（CTE）や関連の国際機関（UNEPなど）においても、産品の生産工程で発生する大気汚染などの「外部不経済」を抑制するために、事前にそのコスト分を生産費に組み込むこと、即ち「外部不経済の内部化」（環境コストの内部化とも言う）を輸入国側が輸出国へ要求できるか否かなど、しばしば議論される[2]。産品によっては、PPM段階で大気汚染などの外部不経済が生じているにもかかわらず、産品の使用（消費）段階では全く無害（環境中立的）なケースが見られる。これは産品非関連PPM（Non-Product-Related PPM）のケースであり、今のWTOルールでは当該産品を輸入禁止にできない[3]。WTOではそのような生産地における産品非関

連 PPM が，間接的に近隣諸国や地球環境およびユーザーへ及ぼす悪影響を抑止するための予防措置として，強制力（regulation）のない，例えばエコラベルのような任意（voluntary）措置の採用を推奨してきた（エコラベルには ISO のような WTO の TBT 協定が推奨する国際任意規格の他に，国々の政府や民間の環境保護組織が設けるもの等，様々なものがある）。だが地球温暖化への早急な取組みが望まれる今日，任意措置だけに頼るのは最善策ではない。

他方，産品の PPM 段階に「原因」があって，産品の使用（消費）段階で環境汚染や摂取による健康悪化などの「結果」が生じる場合は「産品関連 PPM」（Product-Related PPM）のケースであり，WTO ルールに依らずとも，輸入国は当該産品を輸入禁止にできる。本章で扱うのは前者「産品非関連 PPM」のケースである。

第 2 節　TPP に対する環境 NGO の誤解

環境 NGO（非政府組織）が TPP を批判する背景には，これまでの多くの FTA 交渉と異なり TPP 交渉が非公開で行われていることがある。このため，2012 年 7 月のサンヂエゴで開催された第 13 回 TPP 会合では，初日に NGO も出席できる機会が設けられたものの，結局は交渉がスタートした翌日の会合から，NGO には聴講すら認められなかった。

TPP に反対する環境 NGO の意見には，例えば，「TPP が貿易拡大による経済厚生の改善に寄与するとしても，自然環境の保護保全にはマイナスである」，「TPP に参加する国が増えるほど，商品の輸送距離が長くなるので，輸送途中での温暖化ガス（GHG）の排出量が増える」，「環境基準の緩い方にハーモナイズされてしまう」，そして「TPP によって，これまで国々が実施してきた排出権取引や排出基準，炭素税，および環境補助金などによる気候変動対策が緩和されてしまう」等の批判的な意見がある[4]。

これら環境 NGO の意見には，「環境基準の緩い方にハーモナイズされてしまう」（上記）のように，現実にはあり得ない誤解や偏見が混在している。TPP は WTO ルール（GATT 第 24 条）下の地域貿易協定（FTA）の一つである

ので，国々の環境（安全）基準はWTOが推奨する（ISOやCODEXなどの）国際基準に調和化（ハーモナイズ）される場合でも，科学的見地から自国の環境（安全）基準を国際基準よりも厳しくする必要性が認められるなら，これを緩める必要はない。つまりWTOルールがベースとなっている限り，特定国の緩い基準に合わせるような規律化がTPP交渉でなされることはない。また「TPPによって，これまで国々が実施してきた排出権取引や排出基準，炭素税，および環境補助金などによる気候変動対策が緩和されてしまう」（上記）ことは，TPPがWTOルールに整合的である限り，これもあり得ない。目的が環境保全にあって，輸出効果がない国内農業補助金もまたTPP交渉の対象ではない。

第3節　TPP交渉と環境規定

　2006年5月に発効したシンガポール，ニュージーランド，チリ，ブルネイによる「P4」は全体で20の章から構成され，その欄外に「環境」と「労働」に関する規定が（環境協力協定・労働協力に関する覚書として）含まれている。これは当時，ニュージーランドの労働党政権が自国内の労働団体や環境保護団体の支持を得るために盛り込んだものとされる。

　TPP交渉では，環境と労働が他の分野と同等の章建てとなるか否かは現時点（2014年1月）では未確定である。

　なお，TPP交渉24分野の一つである「分野横断的事項」を除けば，他の23分野は，項目としてはこれまでの日本が締結したEPAに全て含まれている（ただしその内容は日本のEPAのそれと同じではない）。また日本政府の交渉関係者の中には，TPP交渉と日・EUのFTA交渉の中身はほぼ同じという意見もある。

　上述P4の環境協力協定では，基本的な約束として，①高いレベルの環境保護と多国間の環境約束，実行計画の実施，②国際的な環境約束に調和した環境法・規制・政策・慣行の保持，③加盟各国の主権の尊重，④保護主義的な貿易目的で環境法・規制・政策・慣行を定め利用することは不適切である

こと，⑤貿易投資を奨励するために環境法・規制を施行・運用しないことは不適切であること，などが規定されている。なお，米韓 FTA（2007 年 6 月 30 日署名，2012 年 3 月 15 日発効）の環境規定は，環境保護のレベル，多国間環境協定，環境法の適用と施行，手続き，保護の実効を高めるためのメカニズムなど，既存の環境保護（協定，国内法）の実施に力点が置かれている。（現行の TPP 交渉で加盟国が遵守すべき環境協定として提案されている七つの協定，すなわち(1) CITES, (2) モントリオール議定書，に加えて(3) *the Protocol of 1978 Relating to the International Convention for the Prevention of Pollution from Ships*, (4) *the Convention on Wetlands of International Importance Especially as Waterfowl Habitat*, (5) *the Convention on the Conservation of Antarctic Marine Living Resources*, (6) *the International Convention for the Regulation of Whaling*, および(7) *the Convention for the Establishment of an Inter-American Tropical Tuna Commission*, と同じものが米韓 FTA および米・ペルー FTA にも明示されている。

第 4 節　WTO における産品非関連 PPM の規律化

　本来，地球規模の環境問題への取り組みは関連の MEAs（多数国間環境協定）の管轄であるはずだが，大半の MEAs には WTO ほどのグローバルな強制力のあるルールや罰則規定がない。

　地球温暖化への対応が望まれる現状に鑑みれば，MEAs と同様に WTO でも，地球環境にマイナス影響を与える産品非関連 PPM の規制・規律化が早急の課題となるはずである。

　「貿易と環境」問題は，1995 年の WTO 発足以前から国々の間で議論されてきたが，自国外すなわち「域外」の生産段階で地球環境にマイナス影響を与える「産品非関連 PPM」（non-product-related processes and production methods）をめぐる問題は，GATT 時代（1948 〜 94 年）および WTO 時代（1995 年〜）のいずれにおいても，GATT/WTO の管轄外であるとして規律化はなされてこなかった。ただし，WTO の TBT 協定は産品の特性に影響を与える生産工程・

生産方法（PPM）を管轄するが，SPS 協定は産品の特性に直接影響するか否か明確でない（産品非関連の）衛生管理体制なども管轄する。これは，SPS 協定の対象が産品自体ではなく，産品の生産工程・方法（PPM）であり，産品の特性と関連していなくても人や動植物の生命・健康に影響を与えるものであれば，全て SPS 協定の対象となるという考え方に基づくと考えられる（山下 2009：21）。

これは，GATT 第 20 条で定める"当該国が保護すべき環境"の範囲が当該国の「自国領域内」を指し，「国外」は含まないとされてきたことや，生産の川上段階に位置する生産工場の多くが，WTO 加盟国の中でも多数派を占める途上国内に立地していること，及び輸入国における同種産品（like products）の無差別扱いを規定する GATT 第 3 条（内国民待遇）との整合性などに起因する。他方，当該産品内に組み込まれた物質が原因で産品自体の安全性が問題となる，いわゆる「産品関連 PPM に関わる環境問題」については，関連の GATT・WTO ルールで規律化がされている。例えば，食品自体の安全性を理由とした貿易規制なら SPS 協定との整合性が問われるし，EU の REACH（後述）の貿易規制は GATT 第 3 条に整合的なことが求められる，等である。

第 5 節　TPP の環境ルールに関わる米国提案

2011 年 12 月，米国政府（USTR）は通称「グリーン・ペーパー」と呼ばれる環境保全のための提案文書を公表した（*USTR Green Paper on Conservation and the Trans-Pacific Partnership*）。

その中で，米国政府は TPP 加盟国の共通合意が得られた MEA に違反する産品については，TPP 加盟国同士が輸入禁止措置をとるよう提唱した。同文書では TPP 加盟国が環境保全を理由として保護すべき領域を三つに分けている。第 1 に，「陸上の野生生物種」（wildlife）の保護については，全ての TPP 交渉参加国が締結している CITES（「絶滅のおそれのある野生動植物の種の国際取引に関する条約」：通称「ワシントン条約」）などの MEAs を順守するよう求めている。第 2 に，「海上の漁業資源」（marine fisheries）の保護については，

第 15 章　TPP と環境規律　　197

過剰漁獲（乱獲）・過剰漁獲能力に繋がる漁業補助金（撤廃）規律の順守を提案し，WTO のドーハラウンド（DDA）の最終段階で出された漁業補助金規律を参考にするよう求めている。第 3 に，（原木および床板や家具などの木材加工製品を含む）「森林・木材」（illegal logging）の保護，つまり違法伐採の禁止については，政府間の取極めや環境 NGO などとの連携を図りつつ，自国内法が順守されているか否かの情報を当該国政府が開示するよう求めている。

　これら三つは，民主党オバマ政権を支持する環境保護団体への配慮という一面があるにしても，「産品非関連 PPMs」に基づく TPP 域内の環境保護・保全の強化に繋がるものといえる。現段階で，これら三つの全ては動植物や生態系の保護を目的としているが，これを鉱工業品にも適用できる可能性がある。例えば，WTO で推奨する工業品を対象とする ISO の環境規格は，<u>WTO 加盟国間では「任意」の規格（スタンダード）</u>であるが，これを <u>TPP 加盟国間</u>では，強制規格（レギュレーション）と定めれば，同じ TPP 加盟国間で ISO 規格に合致しない産品の輸入を禁止にすることが可能になる。ただし TPP「未」加盟国の同種産品が，ISO 規格に違反している場合，これを TPP 加盟国が輸入禁止にすれば，TPP 未加盟国は問題を WTO の紛争処理手続きに委ねるであろう。

　以下では，仮に産品非関連 PPM に基づく輸入規制・禁止措置が TPP 加盟国間でルール化された場合にどのような問題が発生し，それを改善するにはどのような解決策があり得るかについて考察する。

　環境保全目的での産品非関連 PPMs にかかわるラベリング措置が WTO 加盟国間で紛争の契機となった典型的な例には，米国とメキシコの間で争われた「イルカ・マグロ紛争」がある[5]。

　　WTO パネル報告書（2011 年 9 月 15 日公開）は，メキシコ側の訴えを認め，米国側の措置は不当との裁定を下した。この紛争は，メキシコが米国向けに輸出する目的でクロマグロを洋上で漁獲する際に，イルカも偶発的に混獲していたため，米国側が，メキシコの海洋哺乳類保護法（MMPA）違反を主張し，一方的にメキシコ産マグロの輸入禁止措置をとったことが発端となった。その後，米国は輸入禁止措置の代わりに，マグロを漁獲する際にイルカを混獲しない漁法措置を講じたことが証明できたマグロ産品には"Dolphin-safe"のラベルを添付し，そうでない場合には同ラベルを添付出来ないとした。メキシコは，米国が求める"Dolphin-safe"のラベル添付条件が差別的かつ不必要な措置

であるとして，WTOのパネル（紛争処理機関：DSB）に持ち込んだ。WTOパネル（第一審）では2008年10月のメキシコからの調停申し立てを経て，2009年4月20日のパネル設置，2011年9月にパネルの最終報告書が出された。それによれば，メキシコによるイルカの保護策は国際基準を満たしており，米国の主張は不当とした。米国は，本件はNAFTA第2005条4項に従って，まずNAFTA規定下の協議（consultations）から始めるべきだったのに，メキシコがそれを阻止してWTOへ先に持ち込んだと付記した。2012年1月，米国は本件をWTO上級委員会（第二審）へ上訴した。その結果（2012年3月）は，米国の"Dolphin-safe"ラベル添付措置はメキシコを差別的に扱っておりWTO違反であるので撤廃すべき，というものであった。米国の環境保護団体はWTOの判断が（マグロの捕獲段階でイルカが殺傷されているか否かを知る）米国の消費者主権を侵害するものだと非難した。

1980年代よりEUと米国で長く争われた「牛肉・ホルモン紛争」では，その後になってEU向け米国産牛肉のうち肥育時にホルモン剤が投与されていない牛肉には，EU域内市場で「high quality beef」（高品質牛肉）と明記したラベルを添付するという合意（MOU）が米・EU間で交わされている。

第6節　産品非関連PPMとWTO交渉

　従来GATT/WTOルールにおいて，当該外国産品を輸入禁止に出来るのは，環境や人の健康に関わる問題が輸入国内で発生する場合，すなわち「産品関連PPMs」を理由とする場合であり，問題が輸出国内だけで発生する「産品非関連PPMs」の場合は，当該外国産品の輸入は禁止できないとされてきた。
　例えば，EUのREACH（Registration Evaluation Authorization and Restriction of Chemicals）は，産品関連PPMに関わる環境ルールであり，当該産品の中に環境や人の健康に有害な（事前に指定された）物質が含まれる場合に輸入が禁止されるのでWTOルール整合的である。他方，生産段階においてのみ周辺（大気や河川・土壌など）の環境が汚染される場合，つまり産品非関連PPMsの場合，当該産品それ自体は環境や人の健康に無害ならば，GATT/WTOルール上は当該産品を輸入禁止にすることが出来ない。
　これは1948年のGATT発効時より，ルールの主たる対象が貿易可能な「産

品」それ自体であったこと，および輸出国の生産工程で産品に組み込まれた有害物質が輸入国内で暴露（exposed）する可能性がある場合，当該産品の輸入禁止措置は正当化されるとの共通認識が国々の間にあったためと推察される。

途上国は鉱工業品の分野で生産工程の川上に位置する場合が多いため，産品非関連PPMsを理由とする輸入禁止措置の規律化に反対する傾向にある。よって途上国が多数派を占めるWTOの多国間交渉では，産品非関連PPMを根拠とする輸入規制・輸入禁止の合意を取り付けることは今後も難しい。他方，TPPは米国主導であるため産品非関連PPMを根拠とするTPP域内共通ルールを設け易い。

グローバルな環境保全の重要性が高まる現下の情勢に鑑みれば，産品非関連PPMsを根拠とした貿易規制が望まれる余地はある。

第7節　漁業補助金をめぐるWTOでの議論

漁業補助金を撤廃すべきか否かの議論は，本章で扱う「産品非関連PPMs」と間接的に関わる。過剰な漁業補助金は，漁船の捕獲技術や規模を向上させ，魚（産品）の捕獲量を増大させ乱獲につながり，海洋資源生態系の破壊につながるからである。ただし漁業補助金と乱獲の因果関係は科学的に証明されていない。実際のところ，漁業に関わる国々の政府は，乱獲による漁業資源の枯渇を回避するために，漁業者に漁獲割当（catch quota）を課している。

米国提案（グリーン・ペーパー）によれば，現行漁獲高の約20％相当がWTO加盟国の漁業補助金に起因するので，漁業補助金を撤廃すれば，現行漁獲量が20％は削減されるという。WTOドーハ・ラウンドではこの漁業補助金の削減をめぐり国々の意見が対立し，現行のTPP交渉参加国の多く（米国，オーストラリア，チリ，ニュージーランド，ペルー）は，漁業補助金の撤廃を主張する。

WTOの補助金ルール（SCM協定）では，輸出補助金や国内産品優遇補助金などのような，貿易歪曲効果がある補助金だけを禁止の対象としており，漁業補助金そのものを規律化するルールはWTO協定に存在しない。漁業補助金の

規律化は WTO ドーハ・ラウンドにおける八つの交渉分野のうち「ルール交渉分野」において検討され，2005 年の WTO 香港閣僚会議で，過剰漁獲能力＆過剰漁獲（乱獲）を増長する補助金の禁止および，この規律強化に向けた合意がされた。規律方式にボトムアップ方式とトップダウン方式の二つが提案されたが，ドーハ・ラウンドが未終結なため収斂に至っていない。

> WTO 香港閣僚会議（2005 年）の後に出された漁業補助金交渉グループ議長テキスト（2007 年 11 月 30 日）は，漁業補助金を貿易的関心事項ではなく非貿易的関心事項の視点から議論する方向にシフトした。第 1 に，新しい漁船の建造費および漁業の運営費のための補助金は禁止，第 2 に，後発途上国は補助金削減の対象から除外，第 3 に，途上国については，その領海内の日常的な漁業運営に向けた補助金について柔軟な対応をすることとした。その後 2008 年 12 月に出された新たな議長案では，ボトムアップ・アプローチの下で，削減すべき補助金を広くとる案となった。

WTO ドーハ・ラウンドで漁業補助金をめぐる国々の見解は三つに大別できる。

第 1 に，漁業補助金の廃止を主張する「漁業フレンズ」（Friends of Fish）と呼称されるグループ（米国を含むアルゼンチン，オーストラリア，チリ，コロンビア，ニュージーランド，ノルウェー，アイスランド，パキスタン，ペルーの 10 カ国）は，過剰漁獲を防止・禁止する目的上から（例外を除き）漁業補助金は原則すべて撤廃すべきこと，および公海での操業に関わる（大型漁船の建造費補助金を含む）補助金は，排他的水域と公海を含めて先進国・途上国問わず公平に禁止すべき，と提唱する。漁業補助金を巡るルール交渉議長ペーパーでは，禁止すべき漁業補助金として，「漁船の購入，建設，修理，改善のための補助金（造船施設を含む）」，「漁船の第三国移動のための補助金」，「漁船の操業コスト補填」，「漁業港湾施設への補助金」，「漁業従事者収入への補填」，「魚産品価格の補填」，「他の WTO 加盟国の漁業区域アクセス権のための補助金」，「違法漁業に従事する漁船への補助金」の八項目を SCM 協定の付属書 8 として記載することが示された。だがこれらは WTO ドーハラウンドで未採択のままである。

漁業フレンズの国々は，WTO 加盟国の中で年間 140 億ドルから 205 億ドル（総収入の約 20 ～ 25％に相当）の補助金が漁業部門へ支出されており，これ

らが過剰な漁獲能力と過剰漁獲（乱獲）の原因と主張する。TPP 交渉参加国のうち，ブルネイ，マレーシア，ベトナムの 3 カ国以外は漁業フレンズのメンバー国である。シンガポールは中立的立場を表明，アルゼンチンなど 6 カ国（WTO [Nov. 2. 2004] TN/RL/W/166），米国（WTO [Dec. 13. 2004] TN/RL/W/169），ブラジル（WTO [Mar. 31. 2005] TN/RL/W/176）はいずれも漁業補助金削減を支持。

　第 2 に，日本・韓国・台湾は，漁業補助金には漁業者のための所得補償の役割があるので全廃することは困難であり，補助金と過剰漁獲（乱獲）の明確な因果関係も証明されていないと主張する（WTO [Feb. 22. 2005] TN/RL/W/172）。

　第 3 は，「S&D」対象の後発途上国（LDCs）であり，ドーハ・ラウンドの分野別自由化交渉で漁業補助金の撤廃が最終合意されたとしても，後発途上国だけはその対象から例外扱いを主張する（実際のところ LDC 諸国には「漁業補助金の禁止」が適用されない見込みである）。

第 8 節　産品非関連 PPMs と地域貿易協定

　「産品非関連 PPM」と「地域貿易協定」（Regional Trade Agreement）の二つが関わる問題は，WTO ドーハ・ラウンドでも検討されていない。

　WTO が発足する以前，貿易と環境はそれぞれ異なる管轄組織・条約が関わると見なされてきた。グローバルな"国際貿易の自由化"は GATT（1948〜94 年）が管轄し，"環境の保護・保全"は多数国間環境協定（MEAs）の管轄領域と見なされていた。後者には，CITES（絶滅のおそれのある野生動植物の種の国際取引に関する条約），モントリオール議定書，および生物多様性条約（CBD）のように締約国数が 100 カ国を超えるものや，全米熱帯マグロ類条約（Inter-American Tropical Tuna Commission：IATTC）のように締約国数が少数（16 カ国）で特定生物（マグロ）を対象とするものまで多岐にわたる。なお国際的なマグロ資源管理条約は，地域別に大西洋マグロ類保存条約（ICCAT），インド洋マグロ類条約（IOTC），中西部太平洋マグロ類条約（WCPFC），南マ

グロ保存条約（CCSBT）を含めて総計五つあり，日本はこれら全てに関わっている。

　もしTPPが発効してWTO加盟国（160カ国，2014年1月現在）の中のTPP加盟国間だけで厳格なTPP域内環境ルールを設けたとしても，TPP非加盟国はTPP加盟国へ輸出する際にWTOルールだけを遵守すれば良いため，TPP加盟国間の環境規制を厳しくすれば，逆にTPP非加盟国からのTPP加盟国向け産品の輸出が増加する可能性がある。これを防ぐには，TPP非加盟国にも同様の厳格な環境ルールを適用すればよいが，当該のTPP域内環境ルールがWTOルール非整合ならば，問題は複雑になる。関税同盟結成時に伴う国境措置（共通域外関税）を新設する際に，関税の引上げによる貿易転換効果によって域外国が被る経済的損失を埋めるための補償的調整がGATT/WTOで規律化されている（GATT第24条（6））。しかし，TPP域内共通の厳しい環境規則が新たに設けられた場合，TPP域内の国々も域外国と同じく域内環境規則に合致させるためのコストを自ら負担せねばならないので，関税同盟結成に伴う国境措置の場合のような「補償的調整」を規律化することは難しい。

第9節　GATT第20条の「環境領域」と地球環境

　GATT第20条（b）は，「人および動植物」の健康／安全を含む環境保護を理由とする輸入制限について定めている。しかし同20条の「保護すべき環境」の領域は，当該国の国内領域を指し，相手国やグローバルな地域を含まない。ゆえに輸入国が当該産品を輸入禁止にできるのは，当該産品を輸入することにより自国領域内の環境が悪化する（またはその恐れがある）場合のみとなる。

　TPPで域内共通の産品非関連PPMベースの環境基準・規格が設けられるならば，TPP構成国は同時にWTO加盟国でもあるので，「環境領域」の定義をGATT第20条に整合させる必要がある。そのことから想定しうるケースは基本的に次の二つであり，実態はこれらのミックスになると推察される。

　第1は，保護すべき環境の領域が一国内ではなく，全てのTPP加盟国から

成る「TPP 域内全域」に拡大するケースである。この場合，当該産品が TPP 域内全域で輸入規制（禁止）にするのは，域内の「産品関連 PPM」に関わる共通環境基準・規格に合致しない同じ TPP「域内」の加盟国および「域外」からの産品である。だが域内の「産品非関連 PPM」に関わって設けられた共通環境基準・規格に合致しない域外産品の輸入規制（禁止）措置は，その措置自体が WTO 非整合となるため適用できない。もし TPP 加盟国が「産品非関連 PPM」を理由に WTO 加盟国からの産品を輸入規制すれば，当該 WTO 加盟国はこれを WTO の紛争処理に訴え，当該輸入国（TPP 加盟国）は敗訴する可能性が高い。

第 2 は，環境保護を理由に輸入規制・輸入禁止にできるのが当該 TPP 加盟国の「自国内」だけとなるケースである。具体的には，米国グリーン・ペーパーが提案する分野（漁業補助金，森林伐採，およびワシントン条約）に関連する産品・生物のみが TPP の環境保護ルールの対象であり，それ以外の産品・生物の輸入については，当該産品が GATT 第 20 条に合致しない場合に，一国レベルで輸入禁止措置をとることができる。

21 世紀型 FTA と呼ばれる TPP で，産品非関連 PPM に基づく輸入禁止措置が TPP 域内の共通ルールとなれば，地球環境の保全に大きく貢献する FTA となることは明らかであるが，国々の発展段階が相違する現状に鑑みれば，幾つかの問題がある。

第 1 に，財の川上段階に近い生産工程を抱えている国々の多くが途上国であること，第 2 に，（上述のように）WTO ルール自体に，産品非関連 PPM を理由とする輸入規制（禁止）を規律化するルールが設けられていないこと等である。中国やロシアなどを含む WTO 加盟国の大半が途上国である現下，WTO で産品非関連 PPM の「域外適用」が規律化されることは困難である。

第 10 節　仮説）「現行 TPP 交渉では，実質的な産品非関連 PPM の規律化を目指す方向にある。」

貿易からの損益と無関係に，米国提案（グリーン・ペーパー）は将来の TPP

加盟国に対して，陸上，海上および森林・材木の資源保護の観点から既存の多数国間環境協定または（新たな域内環境協定）の順守義務を課し，これに合致しない産品については TPP 加盟国間で貿易禁止（prohibition）措置をとるよう求めている。

「海上資源の保護」については WTO ドーハ・ラウンドで漁業補助金の削減が議論されてきた。現行 TPP 交渉参加国の多くは，WTO ドーハ・ラウンドの「ルール交渉分野」の中で同補助金の削減・撤廃に賛成する通称「漁業フレンズ」のメンバー国である（それらはアルゼンチン，オーストラリア*，チリ*，コロンビア，エクアドル，ニュージーランド*，ノルウェー，アイスランド，パキスタン，ペルー*，米国*。「*」は TPP 交渉参加国。日本，ブルネイ，マレーシア，ベトナムは補助金削減に反対，シンガポールは中立）。

ドーハ・ラウンドは 2008 年末，実質的に停止したため WTO における漁業補助金を削減すべきか否かの問題は未解決のままである。

もし TPP 交渉において，米国提案（グリーン・ペーパー）が承認されれば，WTO ドーハ・ラウンドの関連分野（漁業補助金交渉）の進展に影響を与える可能性に加えて，TPP において次の新たな問題が発生する。

第 1 に，TPP ルール下で保護すべき環境領域が「自国内」ではなく「TPP 域内」と広く定義されることによる問題である。そうなると TPP 加盟国の漁業者は同じ魚（like products）を，漁業補助金無しの漁船で捕獲した魚は同じ TPP の加盟国に輸出し，補助金付きの漁船で捕獲した魚は，TPP 非加盟国に輸出することによって，一定の利益を維持するはずだ。その結果，TPP が目指すべき漁業補助金の撤廃による漁業資源のグローバルな乱獲を防止することは困難になる。

第 2 に，環境問題を伴う貿易紛争が域内で発生した場合，TPP 加盟国は WTO と TPP の二つの紛争処理手続きのうち自国に有利な方を選択できる可能性がある。もし，TPP の環境基準が WTO のそれよりも厳しければ，TPP 域内で輸入国（TPP 加盟国）の産品非関連 PPM が関わる輸入規制によって貿易損害を受けた輸出国（TPP 加盟国）は，貿易損害を出来るだけ小さくするために問題を，TPP ではなく WTO の紛争処理手続きに訴える可能性がある。前述のように，マグロ・イルカ紛争においては，被提訴国の米国は，本件が WTO で

なくNAFTAの紛争処理手続きで審理されるべきと主張したが，提訴国であるメキシコは環境基準の緩いWTOの紛争処理手続きに訴えた。

第3は，TPPが形成されたとしても，米国は加盟国数が最大規模の多数国間環境協定（MEA）に未加盟なままの可能性があることである。2012年現在，193カ国・地域が加盟している生物多様性条約（1992年5月22日採択，1993年12月29日発効）に，米国は署名のみで批准はしていない。なぜなら米国が同条約を批准すれば，途上国の遺伝子資源を利用してきた米国のバイオテクノロジー産業に損失となるからである。つまり米国が，加盟国の数が最大規模の「生物多様性条約」に参加しないという現状は，TPP下でも存続することになる。

第4は，漁業補助金が（原則上の）完全撤廃となった場合の我国（日本）への影響である。

以上を要約すれば，TPPにおける「環境」の問題は次のようになる。

第1は，「環境」（environment）の領域は，GATT第20条に基づけば「当該国内」（＝自国内）を指すが，米国提案（グリーン・ペーパー）に基づけば，（特定の産品・生物に限定されるものの）「TPP域内」を指すことに起因する問題である。すなわち，TPP加盟国がTPPで定めた漁業補助金規定に違反して（即ち補助金付きで）捕獲した魚類を輸出しようとする場合，同じTPP加盟の輸入国はこれを輸入禁止にできるが，TPP未加盟はこれを輸入禁止に出来ないという問題である。

既述したように，TPP加盟国（輸出国）は，輸出利益を最大化するために，TPP加盟国向けとTPP未加盟国とに分けて，それぞれに異なる漁法（PPMs）を用いることが考えられる。例えば，TPP加盟国向けには補助金なしで建造された漁船，TPP非加盟国向けには補助金で建造された漁船を使うなどである。その結果，産品は同じ（like products）でありながら，TPP加盟国向けに輸出される魚類の輸出価格は，補助金を投入できない分，アップする可能性があり，TPP非加盟国への輸出が増加する恐れがある。

第2は，上記に関わるが，TPP加盟間（輸入国AとB輸出国B）の間で海洋資源枯渇を防ぐための漁法に関わる紛争が発生した場合（いずれもWTO加盟国），TPPの紛争処理とWTOの紛争処理のいずれか，また当該2カ国

（例えば，メキシコと米国の2カ国）だけで締結している別のFTA（例えばNAFTA）の紛争処理の中で，自国に最も有利な紛争処理ルールを選べる余地が増える可能性がある（例えば，仮にTPPが完成した後，米国が"カナダ産木材はTPPの環境ルールに違反して不法伐採されたので輸入禁止にする"として貿易紛争となった場合，カナダはこの紛争処理をTPP，NAFTA，WTOの三つから自由に選べるかもしれない）。

実際に米国・メキシコ間で争われたイルカ・マグロ紛争は，マグロ捕獲の（一緒にイルカを混獲してしまう）漁法が紛争の原因であることから分かるように，典型的な産品非関連MMPの貿易紛争である。2009年に同紛争はWTOに持ち込まれてパネル（紛争処理の小委員会）が設置されたことに対し，米国（USTR）は，「本件は本来ならばNAFTAの第2005条4項に従い，まずNAFTA規定下の協議（consultations）から始めるべきであったが，メキシコがそれを阻止してWTOへ持ち込んだ」と述べた[6]。つまり，TPP加盟国には紛争処理の選択肢が少なくともWTOとTPPの二つ存在することになる。前者では産品非関連PPMsに基づく明確なルールは存在しないが（現行のまま），後者では特定分野で「海上＆陸上の資源保護」の名の下に強固なルールが規律化される可能性がある。

第3は，米国提案（グリーン・ペーパー）に沿って，TPP域内共通のMEAs（多数国間環境協定）をTPP加盟国が選定・規律化する場合，その判断基準を何に求めるかという問題である。

米国の提唱するように，TPPが真に先進的な21世紀型の地域貿易協定を目指すのであれば，地球環境の保全・保護に寄与するMEAをTPP域内共通のものとすべきだが，現実にはその理想が損なわれる可能性がある。下表のMEAsは，TPP域内で共通化を検討するに値するものであるが，TPP関係国の現実的な利害関係に鑑みれば，それを妨げる要因があり得る。下表の①②③は，加盟国数が多いグローバルなMEAsとして知られるが，③生物多様性条約には，米国を含む主要なTPP交渉参加国が未締約であり，逆に④⑤は米国が（①②とともに）TPP域内で共通化したいMEAsである。⑥は多くのTPP交渉参加国が支持しているもの，WTOドーハ・ラウンドでは未採択。

例えば，生物多様性条約（CBD）には，自国内の生物多様性が豊富なマレー

シア，ベトナム，ペルー（いずれも TPP 交渉参加国）を含む，WTO 加盟の大半の国々が参加している。

他方で，遺伝子組み換え作物（LMO・GMO）を多く生産している米国，オーストラリア，チリ，ブルネイ，チリ（いずれも TPP 交渉参加国）などの一部の国々は，同条約に含まれる「カルタヘナ議定書」(2003 年発効，2010 年現在，159 カ国＋EU が締結) が，遺伝子組み換え作物の貿易を実質的に制限していることもあり未締結である（日本は 2003 年 11 月に締結）。

---

① ワシントン条約（CITES，164 カ国・地域）
「絶滅のおそれのある野生動植物の種の国際取引に関する条約」
② モントリオール議定書（196 カ国・地域，国連加盟の 196 カ国全てが批准）
オゾン層破壊物質の生産＆貿易等を禁ずる国際条約。
③ 生物多様性条約（CBD，192 カ国＋EC）
WTO では同条約を推奨，TPP ではなし。現行 TPP 交渉国（9 カ国）中，CBD の完全締結国はマレーシア，ベトナム，ペルーの 3 カ国のみ。米国，シンガポール，オーストラリア，ブルネイ，チリは CBD のカルタヘナ議定書に未批准，米国は CBD 本体に未参加。
④ 全米熱帯マグロ類委員会（IATTC）
中南米諸国を中心とする加盟 16 カ国の中で，現行 TPP 交渉国（9 カ国）は，米国，ペルーの 2 カ国のみ。
⑤ 南極の海洋生物資源の保存に関する条約（25 カ国）
南極の生物資源の保存管理と持続可能な利用のための措置の採択と実施および海洋エコシステムの維持。
現行 TPP 交渉国 9 カ国のうち，オーストラリア，チリ，NZ，米国の 4 カ国だけが参加。
⑥ WTO ドーハラウンドの漁業補助金禁止規定

注：上記①②ともに現行 TPP 交渉国 9 カ国および今後 TPP 交渉参加国となる可能性のある国々を含む全ての国々が既に参加している。米国は TPP 域内の共通ルールの一例としてワシントン条約をあげている。

なお，IATTC は，参加国数が少ない（16 カ国）ため将来とも WTO 推奨の MEA となる可能性は低い。

既に述べたように米国案（グリーン・ペーパー）を TPP でルール化するならば，TPP 域内では（森林や漁業資源などの有機物に関して）産品非関連 PPM に基づく特定の MEA を域内共通の環境保全ルールとして規律化し，これ

第15-1図　産品非関連PPMに基づく環境保全ルールがTPP域内ルール整合的となった場合，発生しうる問題

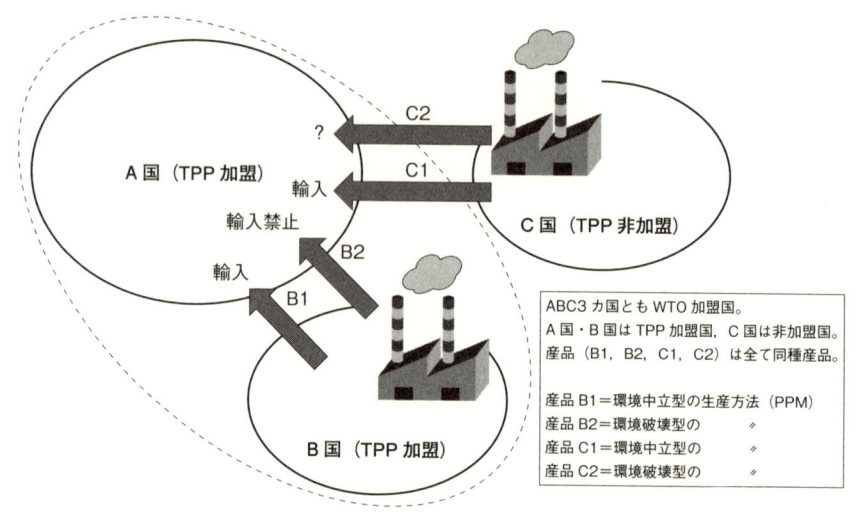

［図：A国（TPP加盟）、B国（TPP加盟）、C国（TPP非加盟）の産品輸入関係図。B1、B2、C1、C2の矢印。
ABC3カ国ともWTO加盟国。
A国・B国はTPP加盟国，C国は非加盟国。
産品（B1，B2，C1，C2）は全て同種産品。
産品B1＝環境中立型の生産方法（PPM）
産品B2＝環境破壊型の　〃
産品C1＝環境中立型の　〃
産品C2＝環境破壊型の　〃］

出所：著者作成。

に整合しない産品は輸入禁止にできることになる。

つまり，TPP加盟国間では，TPP域内共通の合意された環境保全ルール（例えば「ワシントン条約」，全米マグロ保護協定や漁業補助金禁止ルール）に合致しない生産方法・生産工程によって生産された産品を，輸入禁止にできることになる（米国のグリーン・ペーパーの提案では，TPP加盟各国の国内基準・規格に合致することが文書にて証明されない場合，TPP加盟の輸入国はこれを輸入禁止にできるよう求めている。同ペーパーのポイントは，全てのTPP加盟国が参加しているMEAと，各TPP加盟国がそれぞれに加盟しているMEAの二つに分け，いずれも当該TPP加盟国が自らでそれらを順守することを求めている点である）。

第11節　理論的帰結

今ここに，WTO加盟の三つの国（A，B，C）が同じ産品（同種産品：like

product）を生産しており，AB 両国のみが TPP に加盟，C 国は TPP 非加盟国とする。ここで A 国は，TPP 域内で共通に規律化された産品非関連 PPM に基づく環境ルールの対象となる産品を，B 国（TPP 加盟国）と C 国（TPP 非加盟国）から輸入しているとする。

WTO 下では産品非関連 PPM を理由としたルール規律化が為されていないため，C 国は TPP の産品非関連 PPM に縛られることなく A 国へ輸出できる。A 国は C 国産品を輸入禁止にできない。

A 国（輸入国）は，GATT 第 3 条（同種産品）に合致する四つの産品（B1，B2，C1，C2）の輸入に直面している。いずれも産品自体は環境に無害（＝環境中立的）だが，生産工程（すなわち PPM 段階）においては，産品 B1 と C1 は環境中立的，B2 と C2 は環境に有害な生産工程の下で生産されているとする。

A 国はこれら産品 B2 と C2 のうち，B2 は輸入禁止にできるが，C2 は輸入禁止に出来ない。なぜなら産品 C2 の生産地である C 国は TPP 未加盟国だからだ。

もし A 国が C2 も輸入禁止にすれば，C 国は WTO ルール（＝産品非関連 PPM を根拠にした輸入禁止規定がない。）を理由に本件を WTO の紛争解決手続き（パネル）に持ち込むであろう。

さらに問題なのは，TPP 加盟国間（A 国と B 国）で「漁業補助金の撤廃」が規律化された場合である。魚類は一般の産品と違って，生産の場（すなわち漁場）が自国領海内の水域に加えて公海上にもある。そのため，TPP 加盟国間で漁業補助金が撤廃されれば，公海上の魚類の捕獲は，TPP 非加盟国の漁船に取って代わる可能性が高い。つまり，海洋資源の枯渇を防ぐ目的で，TPP 全加盟国が漁業補助金を撤廃しても，世界全体の漁獲高は減らないため，その目的は達成されない。

また，TPP 加盟国が，同じ TPP の加盟国に輸出する魚類と TPP 非加盟国へ輸出する魚類は実質的に同種産品（like products）にもかかわらず，TPP 域内向けには，漁業補助金なしの漁法で，TPP 域外向けには漁業補助金付きの漁法で捕獲した魚類を輸出することになり，国々の漁法は TPP 加盟によって，より複雑になる。

第 12 節　おわりに（結論に代えて）

　TPP が 21 世紀型の広域 FTA を目指すのであれば，長期的には地球環境の保護を念頭に置いた環境章（environment chapter）を設けるべきである。その際には，産品そのものの有害性・無害性に加えて，生産段階での環境に与える有害性・無害性を考慮した貿易ルールの規律化，つまり産品非関連 PPM に基づく環境保全ルールの規律化が望まれる。しかし，現状を見る限り，生物多様性条約（CBD）のように TPP 域内の国々の間で立場が対立するケースもある。さらに TPP 加盟国の全てが漁業補助金撤廃を決定しても，そのことで利益（漁夫の利）を得るのは TPP 非加盟国である。

注
1) WTO (2012), ENVIRONMENT: Negotiations on trade and the environment.
2) WTO&UNEP (2009), "Trade and Climate Change A report".
3) IISD&UNEP (2000), Environment and Trade, Handbook.
4) 例えば，ニュージーランドの環境 NGO "TPP Digest (2012)" 参照。
5) WTO (16 May 2012) "UNITED STATES—MEASURES CONCERNING THE IMPORTATION, MARKETING AND SALE OF TUNA AND TUNA PRODUCTS," WT/DS381/AB/R.
6) http://www.ustr.gov/about-us/press-office/press-releases/2009/november/united-states-initiates-nafta-dispute-mexico-over

参考文献
Andrew W. Shoyer (2011), "WTO case Law on product Standards and Labeling: New Cases, New challenges" RIETI.
WTO (WT/DS381/AB/R), "dolphin-safe" labelling provisions are inconsistent with Article I: 1 and Article III: 4 of the GATT 1994, p. 151.
Inside US Trade (2010), "U.S. Environmental Groups Urge Inclusion Of Lacey Act Language In TPP."
USTR (2011), Green Paper on Conservation and the Trans-Pacific Partnership.
USTR (2011), "At 8th WTO Ministerial Conference, United States Urges Continued Work on Fisheries Subsidies".
USTR (2011), "Trade and Sustainable Management of Natural Resources".
USTR (2009), United States Initiates NAFTA Dispute with Mexico over Mexico's Failure to Move Its Tuna-Dolphin Dispute from the WTO to the NAFTA.
WTO (Mar. 31. 2005), "TN/RL/W/176."

八木 信行（2001）「環境的関心事項の分析視角から見た WTO 漁業補助金交渉」（REITI）。

山下一仁（2009）『環境と貿易を巡る法的分析』RIETI。

（岩田伸人）

第3部
総　括

第16章
TPP交渉と日本の通商戦略

はじめに

　TPP（環太平洋経済連携協定）交渉が正念場を迎えている。高度で包括的な21世紀型のFTA（自由貿易協定）を目指すTPPは，企業の国際生産ネットワークの構築にとって極めて重要である。日本企業の多くがすでにアジア太平洋地域に進出し，サプライチェーン（供給網）の効率化を進めているが，アジア太平洋の広範な地域をカバーするTPPを利用すれば，より一層戦略的な事業展開が可能になろう。交渉の成否が日本経済の再生を目指すアベノミクスの成長戦略のカギを握っていると言っても過言でない。

　だが，TPP交渉参加12カ国は昨年末の妥結を目指したが，関税撤廃や知的財産権，国有企業規律などセンシティブな問題をめぐる対立が解消されず越年となった。日米の関税協議が膠着し，交渉全体のブレーキとなるなか，4月の日米首脳会談が一つのヤマ場とされたが，TPPをめぐる日米協議が実質合意に達したかどうかはヤブの中である。共同声明には「前進する道筋を特定した」と記すにとどまり，「大筋合意」の文言は盛り込まれなかった。

　TPP交渉は漂流してしまうのか。TPP交渉の成否は他のFTA交渉にも影響する。TPP交渉が早期に妥結すれば，日中韓FTAやRCEP（東アジア地域包括的経済連携）の交渉にも弾みがつく。逆に，TPP交渉が躓けば，日本がTPPをテコに両交渉で主導性を発揮するという通商戦略のシナリオも狂う。

　TPPの登場でアジア太平洋地域はメガFTAの主戦場となった。この地域における経済連携の潮流をどう読むべきか。本章では，TPP交渉を中心にアジア太平洋の新たな通商秩序の構築に向けた動きを取り上げ，TPP交渉の現状と課

題，日本の対応などについて論じる。

第1節　TPPの背景：変わるアジア太平洋の力学

1．FTAAP実現の道筋：TPPはAPECの先遣隊

(1)　"Stop Asia Only"（アジアだけの経済圏を阻止）

21世紀に入ってASEANや日中韓の間で二国間FTAのネットワークが張りめぐらされる一方，東アジア共同体構想が浮上し，米国を抜きにしたASEAN+3（日中韓）またはASEAN+6（さらに印豪NZも追加）という枠組みによる東アジアの広域FTAに向けた取り組みも進められた。将来の世界経済は東アジア市場の成長に大きく依存するとの見方が強まるなかで，米国が，東アジアの地域主義に警戒心と焦りを感じたのも無理はない。

今後さらにダイナミックな成長が見込まれる東アジア市場から米国が締め出され，米国の権益が大きく損なわれるとの懸念が急速に高まり，米国としても黙って見ているわけにはいかなくなった。

東アジアの経済連携の動きに対抗して，米国は，2006年11月にベトナムのハノイで開催されたAPEC（アジア太平洋経済協力）首脳会議で，アジア太平洋自由貿易圏（Free Trade Area of Asia-Pacific：FTAAP）構想を提案した。APECのFTA化を提唱した1993年のクリントン構想の復活版である。東アジア諸国だけでなくアジア太平洋諸国に地域的な枠組みを拡げ，APEC加盟国によるFTA締結を目指したこの広域FTA構想には，米国抜きの経済連携を推進しようとする東アジア諸国の動きを牽制する狙いがあり，米国が巻き返しに出たといえる。

(2)　TPP拡大を通じたFTAAPの実現

しかし，FTAAP妥結に向けてAPEC内の合意を形成することは容易な話でなかった。東アジアには中国やASEANの一部に，米国主導を嫌い，FTAAPよりも東アジア共同体の実現を優先したいという考えが根強くあった。FTAAPの推進によってASEAN+3を軸とする東アジア経済統合の枠組みが崩壊しかねないとの懸念もあった。

さらに，APECはこれまでFTAを結ばず，「緩やかな協議体」として非拘束の原則を貫いてきた。APECからFTAAPへの移行は拘束ベースの導入を意味する。東アジアには中国など拘束を嫌ってFTAAPに慎重な国も少なくなかった。全会一致が原則のAPECでの協議は，下手をするとFTAAPを骨抜きにする恐れがあった。

このため，ブッシュ政権はAPECをFTAAP交渉の場にすることを諦め，TPP（Trans-Pacific Partnership Agreement：環太平洋経済連携協定）の拡大を通じてFTAAPの実現を図るという戦略に軌道修正し，2008年9月，TPP交渉へ参加する方針を議会に表明した。APECでは，2001年に「パスファインダー（pathfinder）・アプローチ」が採択され，加盟国の全部が参加しなくても一部だけでプロジェクトを先行実施し，他国は後から参加するという方式を認めている。米国はTPPにこの先遣隊のような役割を期待した[1]。

そうしたなか，日本が議長国となった2010年のAPEC首脳会議では，「横浜ビジョン」が採択され，FTAAPへの道筋としてTPP，ASEAN+3，ASERAN+6の3つを発展させることで合意した。一方，APECは，FTAAPのインキュベーター（孵卵器）と位置づけられ，FTAAPの実現に向けて「次世代の貿易・投資」の問題を整理し，対処することに重要な役割を果たすことになった。

(3) ドミノ効果の可能性

今後，米国の思惑通りにドミノ効果は起こるだろうか。TPPは，2006年5月にAPECに加盟するシンガポール，ニュージーランド（以下，NZ），チリ，ブルネイの4カ国の間で発効されたP4（Pacific 4）と呼ばれるFTAを母体とする。

2008年に米国がTPPへの参加を表明すると，オーストラリア（以下，豪州），ペルー，ベトナムも追随してTPP参加を表明した。2010年3月に8カ国により交渉が始まり，10月にマレーシアが参加，9カ国で21分野についてTPP交渉が進められた。その後，2011年12月からカナダ，メキシコ，昨年7月からは日本も交渉に参加，現在，交渉参加国は12カ国に拡大している。

なお，昨年11月には韓国がTPP参加方針を表明，関係国との事前協議に入ったほか，タイ，フィリピンなどASEANの一部，台湾なども強い関心を示しており，今後，さらにAPEC加盟国からの参加が増える可能性は十分にあ

る。

2．TPPと国家資本主義をめぐる米中の角逐
(1) 中国はTPPに参加するか

　米国は中国の「国家資本主義」(state capitalism) に苛立っている。中国政府が国有企業に民間企業よりも有利な競争条件を与え，公正な競争を阻害しているからだ。市場原理を導入しつつも政府が国有企業を通じて積極的に市場に介入するのが，国家資本主義である。米国は中国の国家資本主義にTPPの照準を合わせている。TPPを通じて中国の国家資本主義と闘うつもりである[2]。

　米国の狙いは，中国も含めてTPP参加国をAPEC全体に広げることにある。したがって，TPPがもたらす利益は，現在交渉に参加している12カ国を前提にした静態的なものではない[3]。国有企業が多く貿易障壁の撤廃も難しい中国が，今後，ハードルの高いTPPに参加する可能性はあるのか。ドミノ効果によってAPEC加盟国が次々とTPPに参加し，FTAAPと呼ぶにふさわしい規模に近づけば，中国の対応は変わるかもしれない。皮肉なことに，FTAAPの実

第16-1表　主要国に与えるTPP，RCEP，FTAAPの経済効果
(2025年のGDP増加額，カッコ内は増加率，単位10億ドル，％，07年基準)

	TPP12	TPP16	RCEP	FTAAP
米国	76.6 (0.38)	108.2 (0.53)	−0.1 (0.00)	295.2 (1.46)
日本	104.6 (1.96)	128.8 (2.41)	95.8 (1.79)	227.9 (4.27)
中国	−34.8 (−0.20)	−82.4 (−0.48)	249.7 (1.45)	699.9 (4.06)
韓国	−2.8 (−0.13)	50.2 (2.37)	82.0 (3.87)	131.8 (6.23)
ASEAN	62.2 (1.67)	217.8 (5.86)	77.5 (2.08)	230.7 (6.20)
シンガポール	7.9 (1.90)	12.3 (2.97)	2.4 (0.58)	18.1 (4.37)
ベトナム	35.7 (10.52)	8.7 (14.34)	17.3 (5.10)	75.3 (22.15)
マレーシア	24.2 (5.61)	30.1 (6.98)	14.2 (3.29)	43.5 (10.09)
タイ	−2.4 (−0.44)	2.5 (7.61)	15.5 (2.79)	30.0 (5.38)
フィリピン	−0.8 (−0.24)	22.1 (6.88)	7.6 (2.35)	17.4 (5.42)
インドネシア	−2.2 (−0.14)	62.2 (4.02)	17.7 (1.14)	41.3 (2.67)
豪州	6.6 (0.46)	9.8 (0.68)	19.8 (1.38)	30.1 (2.10)
NZ	4.1 (2.02)	4.7 (2.36)	1.9 (0.92)	6.4 (3.16)
インド	−2.7 (−0.05)	−6.9 (−0.13)	91.3 (1.74)	226.2 (4.32)

(注) TPP12は現在の交渉参加国，TPP16は韓国，タイ，フィリピン，インドネシアが参加。
(資料) P. A. Petri, M. G. Plummer, *ASEAN Centrality and ASEAN-US Economic Relationship*, East-West Center, 2013より筆者作成。

現によって最も大きな利益を受けるのは，米国ではなく中国なのである（第16-1表）。

TPPに対する中国の今後の対応に注目が集まるなか，昨年5月末，中国商務省は中国のTPP参加の可能性を検討すると表明した。現段階では中国が今すぐTPPに参加する可能性は極めて低い。TPPと中国の国家資本主義とは大きくかけ離れており，その溝を埋めることは非常に困難とみられるからである。溝を埋めるためには，TPPのルールを骨抜きにするか，中国が国家資本主義の路線を放棄するか大幅に修正するしかない。しかし，そのどちらも難しい。

当面は中国抜きでTPP交渉を妥結し，その後APEC加盟国からのTPP参加を促し，中国包囲網を形成する。最終的には投資や競争政策，知的財産権，政府調達などで問題の多い中国に，TPPへの参加条件として国家資本主義からの転換とルール遵守を迫るというのが，米国の描くシナリオであろう。「TPPに参加したいのであれば，自らを変革する必要がある」というのが中国へのメッセージである。

(2) 東アジア経済統合を急ぐ中国

中国はTPP交渉が本格的に始まっても当初は平静を装い，これと距離を置いてきた。しかし，2010年秋に日本がTPP交渉参加に意欲を見せ始めたのをきっかけに，TPPが拡大する可能性が一段と高まった。このため，TPPによる中国包囲網の形成に警戒を強めた中国は，TPPへの対抗策として，東アジア経済統合の実現に向けた動きを加速させ始めた[4]。

2011年に入り中国は日中韓FTA交渉の前倒しを提案したが，その裏には，日中韓FTAをテコにRCEP（Regional Comprehensive Economic Partnership：東アジア地域包括的経済連携）の実現を早めたいとの思惑が働いている。日中韓はそれぞれASEANとすでにFTAを締結済みであるから，日中韓FTAが締結されれば，RCEPの実現に弾みがつく。日中韓3カ国は，2012年5月の日中韓サミットで交渉開始の方針で一致，昨年3月に交渉を開始した。

一方，ASEAN+3とASEAN+6をめぐる日中の確執で膠着状態にあった東アジアの広域FTA構想にも新たな動きが見られた。中国が，当初は否定的だったASEAN+6の枠組みにも柔軟になったからである。2011年8月の日中共同提案を受けてASEANがまとめたRCEPは，これまで揉めていた構成メンバー

の問題を「ASEANプラス」（参加国を確定せず，交渉次第で離脱）という形で棚上げした。だが，同床異夢の感は拭えず，TPPのような高いレベルの包括的なFTAではなく，3分野（物品貿易，サービス貿易，投資）の自由化を優先した低レベルのFTAにとどまりそうだ。東アジア16カ国は，2012年11月の東アジアサミット（カンボジア）でRCEPの交渉開始を決定，2015年の合意を目指して昨年5月から交渉を始めた。

　中国は，米国を外した「非TPP」の枠組みづくりのため，ASEANの中心性を尊重する姿勢をみせている。米国が安全保障と経済の両面でアジア太平洋地域への関与を強めるなか，中国が米国に対抗するにはASEANを自陣営につな

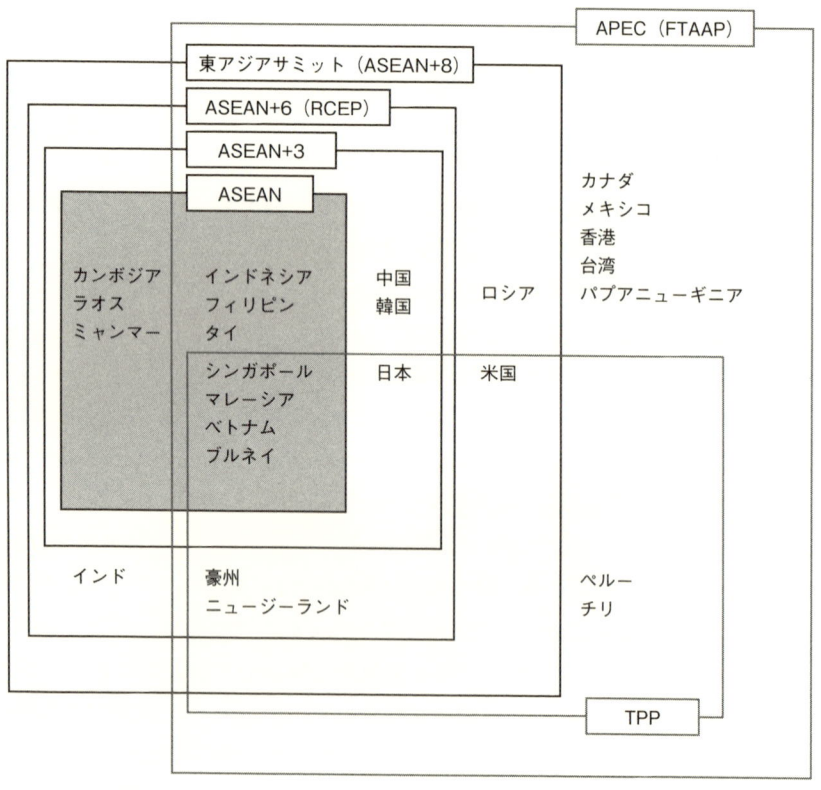

第16-1図　アジア太平洋地域における経済連携の重層関係（2014年5月現在）

APEC（FTAAP）	—
東アジアサミット（ASEAN+8）	—
ASEAN+6（RCEP）	—
ASEAN+3	—
ASEAN	カンボジア，ラオス，ミャンマー／インドネシア，フィリピン，タイ／シンガポール，マレーシア，ベトナム，ブルネイ
ASEAN+3追加	中国，韓国／日本
ASEAN+6追加	インド／豪州，ニュージーランド
東アジアサミット追加	ロシア／米国
APEC追加	カナダ，メキシコ，香港，台湾，パプアニューギニア／ペルー，チリ
TPP	シンガポール，マレーシア，ベトナム，ブルネイ，日本，米国，豪州，ニュージーランド，ペルー，チリ

（資料）筆者作成。

ぎ留めておくことが欠かせないからだ。

　アジア太平洋地域における経済連携の動きは，米中による陣取り合戦の様相を呈し始めている。今後，米中の角逐が強まる中で，TPP，日中韓 FTA，RCEP といった動きが，同時並行的に進行していくことになるが，注意しなければならない点は，その背景に，「国家資本主義対市場経済」という対立の構図が顕在化していることだ。中国は，TPP を横目で見ながら，国家資本主義の体制を維持しながら東アジアの経済統合を進めようとしている。

3．ASEAN の懸念：TPP は危険な誘惑？
(1)　ASEAN の周辺化
　東アジアにおける広域的枠組みの多くは，単に「ASEAN を包含する」のではなく，「ASEAN の中心性（ASEAN Centrality）」を前提として発展してきた。ASEAN が埋没・溶解するような枠組みの構築を敬遠してきたからである。

　東アジアにおける FTA のネットワークは，AFTA（ASEAN 自由貿易地域）を中心に日本，中国，韓国，豪州，NZ，インドの周辺 6 カ国に広がっている。これら ASEAN とその周辺国の FTA は，「ASEAN+1」FTA と呼ばれる。

　ASEAN は東アジアにおいて「ASEAN+1」FTA のネットワークを構築し，ハブ＆スポーク・システムのハブ（軸）としての地位を固めたことによって，東アジアの広域 FTA に向けて「運転席に座る」（＝主導権を握る）ことができたといえる。

　ところが，TPP の浮上によって，経済連携の力学が大きく変わり始めた。広域 FTA の重心が東アジアからアジア太平洋地域にシフトし，米国主導の流れが強まっている。このため，TPP の実現で経済連携の主導権を米国に奪われ，ASEAN が「周辺化」してしまうのではないかと警戒している。

(2)　TPP で二分される ASEAN
　さらに，一部の ASEAN 加盟国による TPP 参加が ASEAN の遠心力を強めるのではないかと危惧する声も上がっている[5]。ASEAN ではすでにシンガポール，ブルネイ，ベトナム，マレーシアが TPP に参加しているほか，タイが交渉参加の意志を表明，フィリピンが参加を前向きに検討している。ASEAN 諸国の TPP 参加は，米国への輸出増加など貿易自由化のメリットや，対中依存

からの脱却，米国との関係強化といった政治的理由も背景にある。

　他方，インドネシアは現時点では不参加を表明している。また，APECに加盟していないミャンマー，ラオス，カンボジアは，米国その他のTPP参加国がAPEC非加盟国の参加を認めなければ，TPPに参加できない。インドネシアやASEAN事務局は，TPPによってASEANが交渉参加組と非参加組に二分されることの影響を懸念し始めている。

　こうしたなか，求心力が弱まることを恐れたASEANは，東アジアの広域FTAをめぐる日中の確執に対してとってきた傍観的な態度を一変，ASEANが主導するRCEPを提案した。RCEPにはASEAN10カ国が全部参加する。

(3)　TPPとRCEP：代替か補完か

　TPPとRCEPの関係は，補完的かそれとも代替（競争）的か。今後のTPP拡大にとってASEAN諸国の参加は必要条件だが，RCEPによる影響について米国内の見方は二つに分かれる[6]。RCEPを歓迎する意見は，TPPとRCEPが相互に影響し合いながら発展し，最後にはFTAAPに融合するので，RCEPは必ずしもTPPにとってマイナスとはならないと楽観的である。

　これに対して，RCEPを警戒する見方は米産業界に多い。RCEPがTPPと比べ参加国に求める自由化レベルが低いため，ASEAN諸国がTPPよりも楽なRCEPの方に流れてしまうのではないかと懸念している。

　RCEPがTPP離れを促すとの懸念もあるなか，ASEAN諸国に将来的なTPP参加を促すため，オバマ政権は2012年11月の米ASEAN首脳会議で，「米国・ASEAN拡大経済対話（Expanded Economic Engagement）イニシアティブ」の開始を表明した。頭文字のEが3つあることから，別名，「E3イニシアティブ」とも呼ばれるこの新たな枠組みは，米国とASEANの間の貿易手続きの簡素化，投資の自由化・保護，サプライチェーンの効率化と競争力強化に資する協力活動を推進するものである。TPPへの参加準備に向けたASEAN諸国の基礎を築くものと位置づけられている。

第2節　TPP交渉の現状と問題点

1．TPPは21世紀型FTAモデル
(1)　WTO離れとメガFTAの潮流

　企業のグローバル化が進むなか，国際分業は生産工程のレベルとなり，今や原材料の調達から生産と販売まで，サプライチェーンの効率化が企業の競争力を左右する。これが21世紀型貿易の特徴である[7]。21世紀型貿易は，企業活動のグローバル化と生産ネットワークの進展によって，貿易と投資の一体化が進み，これまでの枠を超えた新たな貿易ルールを必要としている。

　21世紀型の貿易ルールは，サプライチェーンの効率化を通じて，企業が迅速かつ低コストで製品を生産できるようにすることが求められている。この結果，21世紀型貿易においては，企業の国際生産ネットワークの結びつきを妨げる政策や制度はすべて貿易障壁となった。ルールの重点は，国境措置（on the border）から国内措置（behind the border）へシフトしている。

　昨年12月にインドネシアのバリで開かれたWTO（世界貿易機関）の閣僚会議で，貿易円滑化など3分野の部分合意（バリ・パッケージ合意）が成立した。かろうじて決裂は回避されたが，ドーハ・ラウンドの推進力がこれで簡単に蘇るわけではない。WTOの160カ国による包括的な交渉は，先進国と新興国・途上国の対立が先鋭化し，もはや合意形成は限界にきている。

　主要国はWTO交渉に対する嫌気から，通商戦略の軸足をFTA（自由貿易協定）に置き，巨大なメガFTA締結への動きを加速させている。21世紀の新たなルールづくりの主役は，今やTPP，米欧間のTTIP（環大西洋貿易投資パートナーシップ），東アジアのRCEP，日EUのFTAなどのメガFTA交渉にシフトしてしまった。WTO離れとメガFTAの潮流は止まりそうもない[8]。

　メガFTA交渉は関税撤廃よりも，非関税障壁の撤廃につながる「WTOプラス」（現行のWTOルールではカバーされていない分野）のルールづくりに大きな意義を見出すことができる。グローバルなサプライチェーンの効率化という点からみると，地域主義のマルチ化（multilateralizing regionalism）が進み，

二国間 FTA を包含する広域のメガ FTA ができれば，ルールが収斂・統一されていくことのメリットはきわめて大きい[9]。

(2) 米国の TPP 交渉：官民連携の構図

メガ FTA 交渉の中で最も先行しているのが TPP 交渉である。現在，12 ヵ国により 21 分野について交渉が行われているが，交渉を主導するのは米国だ[10]。米政府は TPP を「21 世紀型の FTA モデル」と位置付けて，極めて高度で包括的な FTA を目指している。

「WTO プラス」（現行の WTO ルールではカバーされていない分野）のルールづくりに向けて，投資，知的財産権，競争政策，政府調達，環境，労働などのほか，従来の FTA では検討されなかった分野横断的事項（規制の調和，サプライチェーンの効率化など）も追加されている。米国が重視する FTA の構成要素をすべて TPP の交渉分野に盛り込み，米国の価値観を反映した内容にしようとしている。

とくに注目すべき点として，米国の TPP 交渉には米産業界の意向が色濃く反映されている。オバマ政権が国家輸出戦略を打ち出してからは，通商政策の決定過程において各業界や企業，団体などの利害関係者（stakeholder）との意見交換を行う場を設け，米産業界の要望を聴取する姿勢を示している。TPA（貿易促進権限）が失効していることも無関係ではない。

米産業界は，TPP の協定に盛り込まれるルールがアジア太平洋地域における米国の産業競争力にとって大きな意味を持つと考えている。このため，電機，IT，通信，金融，製薬，建設，軍事，農業関連など米国を代表する 108 の大企業や，全米商工会議所，全米製造業協会等の主要業界団体が名を連ねている「米国 TPP ビジネス連合（US Business Coalition for TPP）」は，米政府に対して TPP に盛り込むべき具体的内容を要求するだけでなく，USTR に代わって協定の素案づくりも行っている。米国の TPP 交渉は，強力な官民連携を背景としているのである[11]。

2．TPP 交渉の争点：センシティビティの扱い

(1) 難航する TPP 交渉：米国の要求と他国の反発

TPP 交渉はいくつもの厄介な争点に直面している[12]。とくに交渉が難航して

いる分野は，物品市場アクセス，知的財産権，競争政策，環境の4分野とされる（第16-2表）。

まず，物品市場アクセス分野では，関税撤廃がどうなるかは予断を許さない。日本に限らず，センシティブ品目を抱えている交渉参加国は多い。米国も豪州からの砂糖，NZ からの乳製品，ベトナムからの繊維製品，日本からの自動車などについて関税撤廃の例外扱いを求めており，この米国のエゴが関税交渉を複雑にしている。

日本を除く参加国は，昨年7月のブルネイ会合で，段階的に関税を撤廃し最終的に100％の自由化率を達成するとの合意に達しているが，途中から交渉に参加した日本は，農産物5項目（コメ，麦，牛・豚肉，乳製品，砂糖）の関税維持を主張し，対立が続いている。最終的にすべての参加国が自由化率100％を達成するのか，それとも一部のセンシティブ品目について10年超の期間による関税撤廃や関税割当（一定の輸入枠までは無税・低関税であるが，枠の上限を超えると高関税を課す）などの例外的な措置を認めるのかが，交渉の焦点となっている。

一方，TPP のルールづくりでは米国と他の参加国の対立が先鋭化している。知的財産権の分野では，WTO の TRIPS（知的所有権の貿易関連側面）プラスの規定づくりを狙う米国が，映画などの著作権の保護期間を70年に延長することを要求するのに対し，新興国は著作権料の負担増を懸念して反対。さら

第16-2表　TPP 交渉の21分野

(1)	物品市場アクセス（工業，繊維・衣料品，農業）	×	(11)	商用関係者の移動	△
(2)	原産地規則	△	(12)	金融サービス	△
(3)	貿易円滑化	◎	(13)	電気通信サービス	◎
(4)	SPS（衛生植物検疫）	◎	(14)	電子商取引	○
(5)	TBT（貿易の技術的障害）	◎	(15)	投資	△
(6)	貿易救済（セーフガード等）	○	(16)	環境	×
(7)	政府調達	△	(17)	労働	△
(8)	知的財産権	×	(18)	制度的事項	○
(9)	競争政策	×	(19)	紛争解決	○
(10)	越境サービス	△	(20)	協力	◎
			(21)	分野横断的事項	○

（注）◎はほぼ合意，○は実質合意に近い，△は進展，×は見通しつかず（14年2月現在）。
（資料）経済産業省資料と日本経済新聞にもとづき，筆者作成。

に，米国は新薬開発を促すため医薬品の特許期間延長も要求しているが，マレーシアなど新興国は特許が切れた安価な後発薬（ジェネリック医薬品）の製造が妨げられると猛反発している。

競争政策分野では，国有企業と民間企業の対等な競争条件の確立を要求する米国に対して，国有企業の存在が大きいベトナム，マレーシアなどが反対。だが，補助金や優遇措置などの国有企業規律について，米国は中国を仮想対象国にしているため強硬姿勢を崩していない。

政府調達分野では，WTO政府調達協定並みか，それともそれを上回るレベルにするかが争点となっている。とくに地方政府による調達も対象に含めるかをめぐり対立が見られる。マレーシアはブミプトラ政策（マレー人優遇）の存廃にかかわるため，中央政府の調達についても市場アクセスを認めておらず，米国と激しく対立している。

　投資分野では，米国が投資家保護のためにISDS条項（Investor-State Dispute Settlement：投資家対国家の紛争処理手続き）の導入を主張している。投資家が投資受入国の不当な政策によって被害（財産権の剥奪，それと同等な措置）を受けたとき，国際仲裁機関に提訴できるという条項だが，米企業による濫訴を恐れる豪州がこれに反対。ただし，昨年9月発足のアボット豪新政権は，ISDS条項に柔軟な姿勢を見せ始めている。

　環境や労働の分野では，貿易投資の促進のため環境基準や労働基準を緩和する，いわゆる「底辺への競争」を阻止するため，高い基準を米国が要求。規定の実効性を担保するために紛争解決の対象とするかどうかで新興国と対立している。

原産地規則の分野では，繊維製品について締約国の原糸を使用しなければ原産地証明を受けられないという「ヤーン・フォワード（yarn forward）・ルール」の採用を主張する米国に対し，中国産の原糸を輸入するベトナムが反発している。

　以上のように，TPP交渉において米国の提案・要求に他の交渉参加国，とりわけ新興国が強く反発するという対立の構図が目立っている。しかし，その一方ではしたたかな二国間交渉が繰り広げられている。関税撤廃とルールづくりがパッケージになった「ギブ・アンド・テイク」の交渉だ。

例えば，砂糖と ISDS 条項をめぐる米豪の攻防では，豪州が砂糖の市場アクセスと ISDS 条項の除外を求め，農業の輸出競争問題（輸出補助金の規律導入など）を持ち出し，米国を牽制している。繊維関税とヤーン・フォワードをめぐる米越の攻防では，ベトナムが米国の繊維製品の関税撤廃を除外する見返りとして，原産地規則で特別扱いを要求している。

日本と米国の間でも，農産物重要 5 項目と自動車の関税撤廃をめぐり攻防が続いている。日本は事前協議で自動車の関税撤廃を猶予したほか，知的財産権など難航する交渉分野で仲介役を果たすなど米国に協力する姿勢を示すことで，農業分野での交渉を有利に進めようとしたが，日本の思惑通りとはなっていない[13]。

(2) オバマの TPP ジレンマ

昨年 10 月，インドネシア・バリ島で開かれた TPP 首脳会議は，参加国間の溝を政治判断で埋める絶好の機会であった。しかし，財政問題をめぐる米国内の政治的な対立が外交政策にも影響を及ぼす異例の事態となり，牽引役のオバマ大統領の欠席で，「年内妥結」に向けて合意を急ぐ気運は萎んだ。交渉参加 12 カ国は昨年末の妥結を目指したが，関税撤廃や知的財産権，国有企業規律などセンシティブな問題をめぐる対立が解消されず，結局，越年となった。

越年は避けたかったというのが，オバマ政権の本音である。米議会が今年 11 月に中間選挙を控えており，再選のために自動車業界など各利害関係者の支援が必要な議員が，党派を超えて交渉の主体である米政府に対して圧力を強めてくるからだ。

難航している TPP 交渉だが，交渉の成否を決めるカギは，米国がハードルの高さをどう設定するか，つまり，どこまで柔軟な姿勢をとれるかだ。オバマ大統領としては与党の民主党が中間選挙に勝つために，見える TPP 交渉の成果が欲しい。妥結を図るには米国の歩み寄りが必要だが，米産業界・議会（業界と関係の深い議員たち）は高いレベルの TPP にするために安易な妥協はしないよう USTR に圧力をかけている。

しかし，ハードルを高くしたまま強硬姿勢を続けても，TPP 交渉の落としどころを見つけられず，妥結は遅れるだけだ。近づく中間選挙の影響も避けられず，漂流の可能性が高まる。かといって，妥結を急ぎハードルを低くすれば，

米産業界・議会の反発は必至，米議会によるTPP批准は絶望的となる。これがオバマの「TPPジレンマ」である。

3．米国のTPA法案：両刃の剣
(1) 一枚岩でない米議会

TPP交渉が妥結しても，TPPが発効するためには米議会で批准されなければならない。しかし，米国の上下両院議会の対応について，現時点では不透明な部分が多い。

米議会はねじれの状態にある。2010年の米中間選挙で民主党が大敗を喫し，下院は共和党が多数派となっている。共和党には自由貿易主義者でTPPの推進を主張する議員が多いが，共和党イコール貿易自由化，という従来の図式が崩壊し始めている。保守的な主張を掲げる草の根運動「ティーパーティ（茶会）」には反FTAの空気が強く，その支持を得た共和党議員がTPP反対に回る可能性が高い。

一方，上院は民主党がかろうじて過半数を維持しているが，民主党の支持基盤は労働組合である。国内雇用を流出させるFTAへの反発が強く，労組寄りの保護貿易主義者の民主党議員はTPP法案に強硬に反対している。このため，2011年1月の一般教書演説では，オバマ大統領は「FTAは米国の労働者を守り，雇用創出につながるものに限る」とまで言い切っている。

いずれにしてもTPP批准法案の可決には超党派の支持が必要であり，その成否はオバマ大統領の指導力にかかっているといえよう。だが，財政や医療保険改革，シリア問題で失態続きのオバマ政権は弱体化し，米議会への発言力が低下している。オバマには今年11月の中間選挙前にTPPについて議会をまとめる力はないのではないか。

(2) TPA復活は中間選挙後か

昨年3月，オバマ政権が2007年7月に失効した貿易促進権限（TPA：Trade Promotion Authority）の復活に向けて議会との協議を始めた。TPAは，米議会が持つ貿易交渉の権限を大統領（政府）に一任するもの。「ファースト・トラック（fast track）」とも呼ばれ，政府が協定について一括・無修正の承認を議会に求める権利である。TPAの失効中も米政府は交渉に臨めるが，TPAを

欠いたままではたとえ米政府が TPP 交渉を妥結させても，米議会で部分修正される恐れがある。このため，TPA の復活は必要だ。

　米議会で貿易問題を担当する上院財政委員会のボーカス委員長は昨年 4 月，TPA 法案を超党派で 6 月までに提出する考えを示した。しかし，その後の調整は難航，6 月に就任したフロマン USTR 代表も議会に協力を求めたが，財政やシリアの問題など他の重要案件も重なって，法案提出は宙に浮いた。

　TPA の法案提出が遅れた原因の 1 つは，法案の設定をめぐる対立にあった。ボーカス委員長は，貿易自由化により失職した労働者の救済策である貿易調整支援（TAA：Trade Adjustment Assistance）プログラムも TPA と一緒に通そうとしたが，TAA と TPA を組み合わせた法案には共和党が難色を示した。

　また，昨年 9 月，超党派の上院議員 60 人が連名で，ルー財務長官とフロマン USTR 代表に対して TPP に為替操作条項を盛り込むよう要請する書簡を提出した。同条項は，意図的に自国通貨を安く誘導していると認定した国に制裁を課すというもの。背景には，日本の TPP 参加や中国の将来的な参加による影響を懸念する自動車業界や鉄鋼業界からの圧力がはたらいている。米国の産業界では，アベノミクスの大胆な金融緩和は意図的な円安誘導だという批判が多い。

　今年 1 月，米議会の超党派議員によって TPA 法案（この正式名称は Trade Properties Act of 2014）が提出された。しかし，民主党上院のリード院内総務がすぐさま TPA 法案に反対を表明するなど，議会には反対も根強く審議は予断を許さない。昨年 11 月には民主党の下院議員の 8 割が，議会の通商政策への影響力が低下することなどを懸念して，TPA に反対する書簡をオバマ大統領に送った。今年 11 月の中間選挙を控え，議員の間には TPA への賛成をためらう空気が漂っている。そのため，TPP 早期妥結のカギと見られていた TPA 法案も，少なくとも中間選挙が終わるまでは取り上げられないであろう。

　TPA 法案が TPP 交渉に及ぼす影響は，まさに両刃の剣だ。TPA の失効は大きな懸念材料であっただけに，可決すればオバマ政権にとって追い風となる。しかし，TPP 反対派に配慮し，交渉への議会の関与を強めた法案であり，為替操作や国有企業，知財権保護などについて米国の主張に沿った TPP 合意を条件とした法案は，交渉参加国の新たな反発を招いている。

オバマ政権は当初，TPP 交渉を加速させるため TPA の復活に動いたが，その後，米国内の政治事情によって TPP 交渉合意と TPA 法案成立の順序が逆転してしまった。オバマ政権は，ハードルの高い TPP 交渉合意により TPA 法案を成立させ，TPP 批准法案を成立させるつもりだ。USTR は TPA 法案が足かせとなって身動きが取れなくなり，交渉の柔軟性を著しく低下させる結果となっている[14]。

第3節　TPP 交渉と日本の対応

1．TPP とアベノミクスの成長戦略
(1)　TPP は成長戦略の軸

アベノミクスの「第3の矢」とされる成長戦略にとって，TPP 交渉妥結は喫緊の課題である。TPP は高成長を遂げているアジア太平洋地域の活力を取り込み，日本経済を持続的な成長軌道に乗せる重要な手段となっているからだ[15]。TPP への参加は日本企業にとって大きなビジネス・チャンスである。中長期的に人口減少で日本の国内市場は縮小していくと言われるなか，海外市場の獲得に活路を見出すべきである。21 世紀型貿易ルールが確立すれば，サプライチェーンの効率化が可能となり，日本を拠点とした国際生産ネットワークの構築も一段と加速することが期待される。

だが，昨年6月に発表された成長戦略は，「期待外れ」との厳しい評価が下された。法人税率の引き下げや規制緩和のポイントとなる改革項目が先送りされたからだ。とくに，規制改革は成長戦略の一丁目一番地とされているにもかかわらず，医療や農業，雇用における岩盤規制の緩和が積み残されたままだ。第3の矢はいまだ放たれていない。

今年6月に成長戦略の追加策が打ち出されるが，目玉と目されている TPP が躓けば，アベノミクスに期待して日本買いを進めてきた海外投資家の評価が一変，失望に変わる恐れもある。農産物5項目が日本の TPP 交渉を難しくしているが，TPP はアベノミクスの成長戦略の軸である。TPP 交渉が妥結しなければ，安倍政権にとって大きな痛手となる。

(2) 関税固執は農業の競争力強化と矛盾

　TPP 交渉妥結に向けて，日本だけが「無傷で済む」とは誰も思っていない。農産物5項目の一部に踏み込む覚悟が必要である。だからと言って農業の保護を止めるわけではない。日本の農業はジリ貧に陥っている。TPP 参加を好機と捉え，これまで先送りしてきた農政改革を断行すべきでないか[16]。減反（生産調整）を廃止し，農業保護の手段を価格支持（関税）から所得補償（直接支払い）に段階的に切り換えていくべきだ。農業担い手の確保，農地集積による大規模化，農業の成長産業化など，農業再生に向けた取り組みも待ったなしである。「農協栄えて，農業滅びる」といったブラック・ユーモアが流行るなか，農協にも改革のメスを入れるべきだ。

　安倍政権は TPP 交渉への参加表明とともに，農業の競争力強化を打ち出した。農業を成長分野と位置付け，農産物の輸出拡大を図るなど「攻めの農業」を目指している。しかし，TPP 交渉において農産物5項目の関税維持に固執する姿勢は，農業における競争的な環境整備の推進を打ち出したアベノミクスの成長戦略と本質的に矛盾してはいないか。成長戦略に関して国内政策と対外政策の間に一貫性がない。この内外政策の矛盾が，日米協議を難航させた一因といえる。

2．正念場の TPP 交渉：妥結か，漂流か

(1) TPP は日本の FTA 戦略の試金石

　TPP 交渉妥結のためのハードルは，他の FTA 締結交渉を進めるためにも越えなければならないものである。TPP 交渉の妥結は，今後の日本の FTA 戦略の展開にとっての試金石といえる。

　日本のメガ FTA 交渉はワンセットで捉えなければならない。そもそも TPP 交渉参加に向けた日本の動きが，中国や EU を刺激して日中韓 FTA や RCEP，日 EU・FTA の交渉につながった。2011 年 11 月，野田政権が TPP 交渉参加に向けて関係国との協議入りを表明したとき，経済連携の流れは日本に有利に働くかに見えた。米国主導の TPP 交渉に日本が参加すると見て，中国と EU は焦って日本との FTA 交渉を急いだからである。しかし，その後，政府による国内調整の遅れから TPP 交渉の事前協議が進まず，TPP 交渉参加の時期は大

幅に遅れた。この足踏みが日本の FTA 戦略を後退させた。

　日本はいまその同じ轍を踏むのか。TPP 交渉は，相乗効果により他の FTA 締結に向けた日本の交渉力を強める大きなテコになる。TPP 交渉の成否が，日本の他のメガ FTA 交渉にも影響する。TPP 交渉が決着すれば，TPP 交渉に参加していない中国を刺激し，日中韓 FTA と RCEP 交渉に弾みがつく。しかし，逆に TPP 交渉が漂流すれば，同床異夢といわれる日中韓 FTA も RCEP も交渉が停滞する恐れがある。TPP をテコに日本が日中韓 FTA や RCEP の交渉で主導性を発揮するというシナリオが崩れかねない。そうなれば笑うのは中国だ[17]。

　さらに，EU との FTA 交渉にも影響する。正式協議から 1 年たち，EU がこれまでの交渉の進展を評価し，交渉を継続するかの判断をする。TPP に対抗して，昨年 6 月に米国との間で TTIP 交渉を開始した EU は，対米交渉を優先，対日交渉への盛り上がりはいま一つだ。TPP 交渉が漂流すれば，TTIP の方が，日 EU・FTA より先に合意する可能性もある。

(2)　日米協議の攻防：実質合意はヤブの中

　正念場を迎えた TPP 交渉，先行きに暗雲が漂う。今年 2 月にシンガポールで閣僚会合を開いて着地点を探ったが，またも合意は見送られた。最大の原因は，域内 GDP の約 8 割を占める日米の関税協議にある。昨年 2 月の日米首脳会談で「米国は工業品（自動車），日本は農産物にセンシティビティがある」ことを認め合ったと主張する日本に対して，米国はセンシティビティを認めたが，それは関税維持の容認ではないと反論。米国は関税撤廃の原則論に立ち，関税をゼロにするまでの期間を長く設定することが，センシティビティへの配慮だと主張した。日本の農産物に 20 年の関税撤廃期間を認めるとの米国の提案に対して，安倍政権は「聖域を守る」という国会決議を無視できなかった。

　日本には，日豪 FTA 交渉で牛肉の関税削減を認めれば，米国産牛肉が日本市場で不利になるため，米国の姿勢が軟化するのではないかとの期待もあった。しかし，米国が十分な成果を得たといえる内容の TPP 交渉合意を実現できなければ，米議会で TPA 法案は通らない。そのため，TPA 法案の成立を目指すオバマ政権としては，日本の農産物の関税撤廃で大幅な譲歩は難しかった。

今年4月の日米首脳会談が大きなヤマ場とされたが，TPPをめぐる日米協議が実質合意に達したかどうかはヤブの中である。共同声明には「前進する道筋を特定した」と記すにとどまり，「大筋合意」の文言は盛り込まれなかった。

　しかし，読売新聞（2014年4月25日夕刊）だけは，焦点の農産物5項目の取り扱いについて実質的に基本合意に達したとしている。詳細は不明だが，①コメ，麦，砂糖は現行の関税は残すが，コメと麦については米国向けの無税輸入枠を拡大する，②牛肉・豚肉と乳製品は10年以上かけて関税を大幅に引き下げるが，その代わりに輸入量が急増した際に発動する緊急輸入制限措置（セーフガード）を導入する方向だ。

　牛肉の関税では，現行の38.5％から「9％以上」の水準に引き下げることで日米が歩み寄った。豚肉については，安い豚肉ほど高い関税をかける「差額関税制度」は維持する一方，米国の主張に応じて関税率を大幅に下げる見込みである。関税率，猶予期間，セーフガードの発動条件，低関税輸入枠の4つの変数を組み合わせた「方程式」を日米で共有，妥協点を探っている。

　他方，米国は自動車関税の早期撤廃には消極的で，事前協議で農産物も含めた「全品目のうち最も長い期間で撤廃する」ことですでに決着済みであるとしている。逆に，並行協議の枠組みで，米国は一定台数の米国車を日本にそのまま輸出できるように日本の安全・環境基準などの緩和を求めてきたため，日本は強く反発，着地点は見えていない。

　今年5月初め，フロマンUSTR代表は上院財政委員会での公聴会で，TPPの日米協議について「重要な一線を越えた」と進展を強調した。だが，甘利TPP担当相によれば，日米協議はまだ8合目あたりで，協議の成果も「進展以上，合意未満」との表現にとどめている。

(3) TPP年内合意への道筋は付けられるのか

　21世紀型の新たな貿易ルールづくりを先導する立場の日米が，20世紀型の関税撤廃といった次元で対立した。日米共同声明では，日米協議の成果をTPP交渉全体における「キー・マイルストーン（重要な一里塚）」だと位置づけているが，TPP交渉の先行きは不透明さを増している。新興国は，日米協議の着地点を見極めてからカードを切る考えである。したがって，日米は積み残した課題についての調整を急ぐ必要がある。

第16-3表　TPP交渉に関する主な日程

年　月	事　項
2010年　3月	・TPP交渉開始
2013年　3月	・安倍首相がTPP交渉参加を表明
2014年　4月	・事前協議が終了，米政府が議会に日本の交渉参加を通告
7月	・TPP交渉会合（マレーシア），日本交渉入りで12カ国
8月	・TPP交渉会合（ブルネイ），日米並行協議を開始
10月	・APEC首脳会議（バリ），TPP首脳会議で大筋合意ならず
12月	・TPP閣僚会合（シンガポール），年末妥結は断念
2月	・TPP閣僚会合（シンガポール），大筋合意は再度先送り
4月	・日米首脳会談（東京）で実質合意ならず
5月	・TPP首席交渉官会合（ベトナム），APEC貿易相会合（青島），TPP閣僚会合（シンガポール）
11月	・米議会中間選挙，APEC首脳会議（北京）

（資料）日本経済新聞等により，筆者作成。

　TPP交渉は果たして年内に合意できるのか。5月半ばのAPEC貿易相会合（中国・青島）に合わせてTPP閣僚会合（シンガポール）が開催されたが，知的財産権や国有企業などルールの交渉で米国と新興国との溝は依然として埋まっておらず，落としどころは見えていない。米国は，11月のAPEC首脳会合（北京）あたりでの交渉妥結を睨み，今夏の大筋合意を目論んでいるが，現状はまさに「塀の上」だ。このタイミングを逃すと，11月の米中間選挙の影響で実質的な協議は難しくなる。TPP交渉が再び本格化できるのは早くても中間選挙後になるため，交渉妥結は2015年以降にずれ込む。TPP交渉を漂流させてはならない[18]。

注
1) 馬田（2013b）。
2) 馬田（2012b）。
3) 詳細は，Petri, Plummer and Zhai（2012）を参照。
4) 馬田（2012a）。
5) 馬田（2013a）。
6) "TPP Officials See RCEP as Complementary, But U. S. Businesses Worried," *Inside US Trade*, November 28, 2012.
7) Baldwin（2011）。
8) 馬田（2014a）。
9) Baldwin and Patrick（2009），木村（2012）。

10) 馬田（2011）。
11) 2010年9月に同連合が発表した「TPPの基本15原則」を見ると，米産業界の狙いがわかる。U.S. Business Coalition for TPP, "Trans-Pacific Partnership (TPP) Agreement Principles," September 30, 2010.
12) TPP交渉の争点をまとめた最新の文献は，石川 (2013)，中川 (2014)。
13) 馬田（2012c）。
14) 馬田（2013d）。
15) アベノミクスの内容は，経済財政諮問会議（2013）を参照。
16) 本間（2013），山下（2013）。
17) 馬田（2013c）。
18) 馬田（2014c）。

参考文献

Baldwin, R. (2011), "21st Century Regionalism: Filling the Gap between 21st Century Trade and the 20th Century Rules," Centre for Economic Policy Research, *Policy Insight*, No. 56.
Baldwin, R. and Patrick Low eds. (2009), *Multilateralizing Regionalism: Challenges for the Global Trading System*, Cambridge University Press.
Petri, A. P., M. Plummer and F. Zhai (2012), *The Trans-Pacific Partnership and Asia-pacific Integration: A Quantitative Assessment*, Peterson Institute for International Economics, Washington D. C.

石川幸一 (2013)「TPP交渉の論点と米国などの姿勢」国際貿易投資研究所（以下，省略）『季刊国際貿易と投資』No. 92。
馬田啓一 (2011)「米国のTPP戦略：背景と課題」拓殖大学海外事情研究所『海外事情』第59巻第9号。
馬田啓一 (2012a)「TPPと東アジア経済統合：米中の角逐と日本の役割」『季刊国際貿易と投資』No. 87。
馬田啓一 (2012b)「TPPと国家資本主義：米中の攻防」『季刊国際貿易と投資』No. 89。
馬田啓一 (2012c)「TPPと日米経済関係：強気な米国と弱気な日本」『季刊国際貿易と投資』No. 90。
馬田啓一 (2013a)「TPPとRCEP：ASEANの遠心力と求心力」『季刊国際貿易と投資』No. 91。
馬田啓一 (2013b)「APECとTPPの良い関係・悪い関係：アジア太平洋の新通商秩序」『季刊国際貿易と投資』No. 92。
馬田啓一 (2013c)「TPPとアジア太平洋の新通商秩序：経済連携の潮流をどう読むべきか」世界経済研究協会『世界経済評論』Vol. 57, No. 5。
馬田啓一 (2013d)「オバマの通商戦略に死角はないか：WTOとメガFTAの対応」『季刊国際貿易と投資』No. 94。
馬田啓一 (2014a)「メガFTA時代のWTO：主役か脇役か」『季刊国際貿易と投資』No. 95。
馬田啓一 (2014b)「TPP交渉とアジア太平洋の通商秩序」日本国際問題研究所『国際問題』No. 632。
馬田啓一 (2014c)「正念場のTPP交渉と日本の対応：合意への道筋」『季刊国際貿易と投資』No. 96。
木村福成 (2012)「TPPと21世紀型地域主義」馬田啓一・浦田秀次郎・木村福成編著『日本のTPP戦略：課題と展望』文眞堂。
経済財政諮問会議 (2013)「経済財政運営と改革の基本指針―脱デフレ・経済再生―」(13年6月14日，閣議決定)（http://www.kantei.go.jp/jp/kakugikettei/…/20130614_05.pdf）。
佐々木高成 (2012)「米国とTPP：米産業界の狙い」山澤逸平・馬田啓一・国際貿易投資研究会編著『通商政策の潮流と日本：FTA戦略とTPP』勁草書房。
中川淳司 (2014)「TPP交渉の行方と課題・1～4」『貿易と関税』第62巻第1号～第4号。
本間正義 (2013)「TPP参加と日本の農業再生」石川幸一・馬田啓一・木村福成・渡邊頼純編著『TPP

と日本の決断』文眞堂。
山下一仁（2013）『日本の農業を破壊したのは誰か』講談社。
渡邊頼純（2013）「日本の通商戦略とTPP―地域主義のマルチ化を求めて―」山澤逸平・馬田啓一・国際貿易投資研究会編著『アジア太平洋の新通商秩序：TPPと東アジアの経済連携』勁草書房。

（馬田啓一）

索　引

【数字・アルファベット】

18期3中全会　48
21世紀型FTAモデル　223
21世紀型貿易　223, 230
AANZFTA　85
ABAC　9
ACFTA　78, 79, 81
　──税率　78, 81
AEC　39, 44, 186
AFTA　35, 38, 79, 81, 85, 221
AMRO　184
APEC　39, 157, 177, 216
　──ビジネス諮問委員会　9
ASEAN
　──経済共同体（AEC）　33, 34
　──自由貿易地域（AFTA）　33, 34, 79, 221
　──中国FTA　78
　──の中心性　221
　──プラス・ワン　7
　──＋1　33, 78
　──＋1FTA　37-40, 221
　──＋3　9, 13, 52, 179, 183-185, 189, 216
　──＋3債券市場育成イニシアティブ　184
　──＋6　9, 13, 52, 216
　──連結性マスタープラン　35
BIT　49
BRICS　53
CAFTA-DR　95
CEPEA　37-40
Dairy America　86
E3イニシアティブ　222
EAFTA　37-40
EPA　5
EU
　──韓国FTA　88, 99

　──シンガポールFTA　99
FTA　33, 62
　──戦略　66, 231
　──ロードマップ　62
FTAA　8
FTAAP　8, 44, 52, 157, 216
GATS　185
GATT　4
　──政府調達協定　134
　──第20条　202
GPAのオブザーバー　139
ICSID　149-151
ISDS　68
　──条項　161, 226
ITO　4
MFN税率　78, 79, 81, 85
NAFTA　83, 87, 88, 94
P4　10
　──政府調達章　136
PSE　20
RCEP　7, 13, 39-43, 44, 77-79, 88, 164, 219, 222, 232
　──税率　81
SPS　89
　──協定　90
TAA　229
TPA　5, 228
TPL　94, 95
TPP　10, 38-44, 51, 67, 77, 79, 81-84, 87-90, 154, 216, 222
　──アクセス・ウインドウ　121, 128
　──協定交渉の分野別状況　137
　──ジレンマ　227, 228
　──税率　81
　──のおおまかな輪郭　136
TRIPS　225

238　索　引

――協定　118, 123, 126
TRS 表　78, 79
TTIP　16, 51, 223
USTR　90, 156
WTO　4, 37, 44, 155, 180, 185, 186, 223
　　――繊維協定　92, 97
　　――の政府調達協定（GPA）　133
　　――プラス　223, 224

【ア行】

アジア太平洋自由貿易圏（FTAAP）　8, 38, 52, 157, 168, 216
アジア通貨危機　61
アベノミクス　229, 230
域外適用　203
一時的入国　173
イルカ・マグロ紛争　197
インキュベーター（孵卵器）　217
ウルグアイ・ラウンド　4
　　――交渉　27, 28
エコラベル　193
越境サービス　170
円安誘導　229

【カ行】

改革開放政策　48
外国人労働者の参入　142
外国貿易障壁報告書　162
価格支持　231
カット・アンド・ソー　89
為替操作条項　229
環境中立的　192, 209
漢江の奇跡　61
関税
　　――化　27
　　――譲許　9
　　――負担率　64
　　――貿易一般協定　4
　　――割当　83, 83, 85, 87, 88, 225
　　――割当枠　84, 87, 88
間接収用　146, 147, 152
環大西洋貿易投資パートナーシップ　223
環太平洋経済連携協定（TPP）　10, 33
韓中 FTA　68

岩盤規制　230
韓米 FTA　68
管理貿易　12
基軸通貨　4
技術仕様　135
偽装された保護主義　156
逆進性　19
供給管理政策　86
供給管理制度　86, 87
供給不足（Short-Supply）例外　94, 95, 100
競争政策　86, 154, 161, 226
漁業フレンズ　200
漁業補助金　199, 204
緊急輸入制限措置　233
金融規制改革法　188
近隣窮乏化政策　4
クリティカル・マス　10
グリーン・ペーパー　191, 196
経済
　　――特区　51
　　――領土　63
　　――連携　216, 221
　　――連携協定　5
原産地規則　89, 226
原糸（yarn-forward）基準　93, 96
原繊維　96
　　――（fiber-forward）基準　93
減反　21, 22, 26, 30, 31
　　――補助金　31, 32
広域 FTA　8, 67, 216
公正な競争　158
国営企業　30
国際
　　――生産ネットワーク　223, 230
　　――投資紛争解決センター　149
　　――貿易機関　4
　　――綿製品短期取極め　92
　　――綿製品長期取極め　92
国内措置　223
国有企業　78, 133, 154, 155, 158, 218, 226
　　――改革　54
　　――規律　154, 159, 226
国家資本主義　154, 155, 159, 218, 221
国境措置　223

索引　239

【サ行】

差額関税制度　233
サービス市場　78
サービス貿易　167
サプライチェーン　223, 230
サポーティング・インダストリー　177
産業財産権　107
産品非関連 PPM　191, 192, 203
ジェネリック医薬品　226
自己証明制度　102
自主創新政策　156
市場アクセス　77, 87
市場開放　87
事前協議　233
上海協力機構　55
自由貿易試験区　56
譲許表　78
所得補償　231
シルクロード経済帯　55
親告罪　112-115
数量規制　167
スコーピング作業　16
聖域　232
　　──5 分野　82
成長戦略　230
政府関係機関　140
政府調達　226
　　──市場　133
　　──の外国企業からの調達割合　142
生物多様性条約　207
世界経済フォーラム　54
世界貿易機関　4, 155, 223
セーフガード　233
繊維 FTA セーフガード　96
　　──措置　94
センシティビティ　12, 224, 232
センシティブ品目　10, 78, 83, 225
全米自由貿易地域　8
全米熱帯マグロ類委員会　207
ソニー・ボノ法　110

【タ行】

第 1 モード　168

第 2 モード　168
第 3 モード　169
第 4 モード　169
第 3 の矢　230
第 2 次 WTO 加盟　48
ダブルミスマッチ　184
地域経済統合　77
地域主義　216
　　──のマルチ化　223
地域統合　53
チェンマイ・イニシアティブ　183
知的財産権　78, 225
知的所有権の貿易関連側面　225
地方政府機関　134
中央アメリカ・ドミニカ FTA（CAFTA-DR）　94
中央政府機関　134
中韓 FTA　52
中間選挙　227, 229
中国（上海）自由貿易試験区　48
中国包囲網　51, 157, 219
直接支払い　19, 26, 29, 30, 231
地理的表示　89, 90
ティーパーティ（茶会）　228
底辺への競争　226
適用除外　135, 140
データ保護　122, 125-128, 131
電気通信サービス　172
投資家対国家の紛争処理手続き　226
同種産品　209
毒素条項　68, 145-147, 152
特許期間延長　124
特許使用料等　108
ドーハ・ラウンド　5, 223
ドミノ効果　217, 218

【ナ行】

内国民待遇　134, 135
南米共同市場　8
二国間緊急措置　95
二国間投資協定　49
日 EUEPA　15, 88
日米事前協議　162
日中韓 FTA　14, 40-42, 54, 77-79, 81, 88, 164,

219, 232
日中共同提案 219
ネガティブリスト 54
　　──方式 182, 187
農協 21, 24, 26
農産物 5 項目 225, 231

【ハ行】

バーゼルⅢ 188
パテント・リンケージ 120, 128, 131
ハブ＆スポーク・システム 221
反ダンピング措置 102
反トラスト法 86
東アジア
　　──共同体構想 216
　　──サミット 220
　　──自由貿易地域（EAFTA） 35
　　──地域包括的経済連携（RCEP） 7, 33, 39, 219
　　──包括的経済連携（CEPEA） 36
非関税障壁 5, 15
非関税措置 12
非原産地繊維製品特恵関税割当 94
ビジネス環境章 141
ファースト・トラック 228
フォンテッラ 85, 86
付加価値ベース 71
複数国協定 133
物品市場アクセス 225
ブミプトラ企業 139
ブミプトラ政策（マレー人優遇政策） 139, 159, 226
プラザ合意 6
紛争処理 206
分野横断的事項 11, 224
米韓 FTA 88, 96, 113, 138, 188
平均関税削減率 78, 81
米豪 FTA 83, 138
並行協議 233
米国議会調査局 77
米国 TPP ビジネス連合 158, 224
米シンガポール FTA 96
米中
　　──戦略経済対話 54

　　──投資協定 54
　　──貿易摩擦 156
米通商代表部 156
米農業法 84
ベストプラクティス 158
ベルヌ条約 105, 109, 110, 115
貿易
　　──創出効果 88
　　──促進権限 5, 228
　　──調整支援 229
　　──転換効果 202
　　──と環境 195
方式主義 114
報復関税 32
北米自由貿易協定（NAFTA） 83, 94
ホクマン指数 174
保護
　　──期間の延長 123
　　──主義 3
　　──貿易主義 53
ポジティブリスト方式 182, 187
補償的調整 202
ボルカールール 189
ホーレー・スムート関税 4

【マ行】

ミッキーマウス保護法 110
ミニマム・アクセス 28
民業圧迫 155, 162
無差別待遇 167
無方式主義 114
メガ FTA 3, 5, 8, 16, 223, 231
メガ・リージョン 16
メルコスール 8
モントリオール議定書 207

【ヤ行】

ヤーン・フォワード 89, 226, 227
郵政民営化 162
輸出主導 60
緩やかな協議体 217

【ラ行】

ラチェット 68, 170

リーマンショック　61, 188
量的緩和政策　54
連邦バイ・アメリカン　138

【ワ】

ワイタンギ条約　138
ワシントン条約　196, 207

執筆者紹介（執筆順）

渡邊 頼純	慶應義塾大学総合政策学部教授		第1章
山下 一仁	キヤノングローバル戦略研究所研究主幹		第2章
清水 一史	九州大学大学院経済学研究院教授		第3章
江原 規由	国際貿易投資研究所研究主幹		第4章
奥田 聡	亜細亜大学アジア研究所教授		第5章
高橋 俊樹	国際貿易投資研究所研究主幹		第6章
梅島 修	ホワイト＆ケース法律事務所外国法事務弁護士		第7章
吉野 文雄	拓殖大学国際学部教授		第8章
増田 耕太郎	国際貿易投資研究所研究主幹		第9章
石川 幸一	亜細亜大学アジア研究所教授		第10章
髙安 雄一	大東文化大学経済学部教授		第11章
馬田 啓一	杏林大学総合政策学部・大学院国際協力研究科教授		第12, 16章
石戸 光	千葉大学法経学部教授		第13章
赤羽 裕	亜細亜大学大学院非常勤講師		第14章
岩田 伸人	青山学院大学経営学部教授		第15章

編著者紹介

石川　幸一（いしかわ　こういち）

1949年生まれ。東京外国語大学外国語学科卒業。ジェトロ国際経済課長，国際貿易投資研究所研究主幹等を経て，現在，亜細亜大学アジア研究所所長・教授。主要著書に，『ASEAN経済共同体』（共編著，ジェトロ，2009年），『TPPと日本の決断』（共編著，文眞堂，2013年）『ASEAN経済共同体と日本』（共編著，文眞堂，2013年）など多数。

馬田　啓一（うまだ　けいいち）

1949年生まれ。慶應義塾大学大学院経済学研究科博士課程修了。現在，杏林大学総合政策学部／大学院国際協力研究科教授。主要著書に，『日本のTPP戦略：課題と展望』（共編著，文眞堂，2012年），『国際経済の論点』（共編著，文眞堂，2012年），『アジア太平洋の新通商秩序：TPPと東アジアの経済連携』（共編著，勁草書房，2013年）など多数。

渡邊　頼純（わたなべ　よりずみ）

1953年生まれ。上智大学大学院国際関係論専攻博士課程修了。大妻女子大学教授，GATT事務局，外務省参事官，同参与等を経て，現在，慶應義塾大学総合政策学部教授。主要著書に，『GATT・WTO体制と日本』（北樹出版，2007年），『解説FTA・EPA交渉』（監修，日本経済評論社，2008年），『TPP参加という決断』（ウェッジ，2011年）など多数。

TPP交渉の論点と日本
―国益をめぐる攻防―

2014年6月30日　第1版第1刷発行　　　　　　　　検印省略

編著者	石　川　幸　一	
	馬　田　啓　一	
	渡　邊　頼　純	
発行者	前　野　　　弘	
発行所	株式会社 **文　眞　堂**	

東京都新宿区早稲田鶴巻町533
電　話　03（3202）8480
FAX　03（3203）2638
http://www.bunshin-do.co.jp/
〒162-0041　振替00120-2-96437

印刷・モリモト印刷　製本・イマキ製本所
© 2014
定価はカバー裏に表示してあります
ISBN978-4-8309-4823-7　C3033

【好評既刊】

日本の通商戦略論の最新版！
通商戦略の論点―世界貿易の潮流を読む―
馬田啓一・木村福成 編著
ISBN:978-4-8309-4822-0／C3033／A5判／232頁／定価:2600円＋税

2015年，世界の成長センターASEANが巨大統合市場に
ASEAN経済共同体と日本―巨大統合市場の誕生―
石川幸一・清水一史・助川成也 編著
ISBN:978-4-8309-4778-0／C3033／A5判／238頁／定価:2600円＋税

真の国益を問う！TPP推進論の決定版！
TPPと日本の決断―「決められない政治」からの脱却―
石川幸一・馬田啓一・木村福成・渡邊頼純 編著
ISBN:978-4-8309-4779-7／C3033／A5判／240頁／定価:2600円＋税

日本経済再生への処方箋を提示！
日本経済の復活と成長へのロードマップ
―21世紀日本の通商戦略―
浦田秀次郎・21世紀政策研究所 編著
ISBN:978-4-8309-4776-6／C3033／A5判／258頁／定価:2800円＋税

TPP，欧州危機など焦眉の課題を鋭く考察！
国際経済の論点
馬田啓一・木村福成 編著
ISBN:978-4-8309-4771-1／C3033／A5判／259頁／定価:2800円＋税

TPP推進論！気鋭の研究者14名の視点。
日本のTPP戦略―課題と展望―
馬田啓一・浦田秀次郎・木村福成 編著
ISBN:978-4-8309-4755-1／C3033／A5判／256頁／定価:2800円＋税